Inge Deutschkron:
Ich trug den gelben Stern

Mit 19 Abbildungen

Deutscher
Taschenbuch
Verlag

Ungekürzte Ausgabe
April 1985
6. Auflage Mai 1990
Deutscher Taschenbuch Verlag GmbH & Co. KG,
München
© 1978 Verlag Wissenschaft und Politik
Berend von Nottbeck, Köln
ISBN 3-8046-8555-2
Umschlaggestaltung: Celestino Piatti unter
Verwendung der Kennkarte von Inge Deutschkron
Gesamtherstellung: C. H. Beck'sche Buchdruckerei,
Nördlingen
Printed in Germany · ISBN 3-423-10402-3

Das Buch

Viele Angehörige der älteren Generation erinnern sich noch daran, wie die Nazis ihre Kindheit mißbrauchten, ohne daß sie dies damals erfassen konnten. Wie aber erlitten die Söhne und Töchter jüdischer Eltern diese Zeit? Inge Deutschkron, in Berlin aufgewachsen, mußte erfahren, was es heißt, ein jüdisches Kind zu sein. Zunächst bedeutete dies nur, nicht mit Gleichaltrigen spielen zu können, vom Schwimm- und Sportunterricht ausgeschlossen zu sein, mehrmals die Schule zu wechseln und in andere Stadtviertel umziehen zu müssen. Allmählich kommt die Angst vor Verhaftungen hinzu, und bald wird der Familie klar, daß es sich um eine planmäßige Diskriminierung handelt, an deren Ende die totale Menschenverachtung und Mord stehen. Der Ausbruch des Krieges verhindert die Emigration. Ab 1941 mußten die Juden den gelben Stern tragen, die ersten Deportationen unter den 35 000 Berliner Juden setzten ein. Die verzweifelte Angst vor dem offenbar unausweichlichen Schicksal wurde übermächtig. Für Inge Deutschkron und ihre Mutter begann nun ein Leben in der Illegalität, unter fremder Identität, lebensbedrohend für sie selbst wie für ihre Freunde, die ihnen in menschlicher Solidarität Beistand gewährten. Nach Jahren der quälenden Angst vor der Entdeckung haben sie schließlich den bürokratisierten Sadismus des nationalsozialistischen Systems überlebt: zwei unter 1200 Juden in Berlin, die dem tödlichen Automatismus entronnen sind.

Die Autorin

Inge Deutschkron, in Finsterwalde bei Cottbus geboren, war nach dem Krieg 1945 Sekretärin in der Zentralverwaltung für Volksbildung in Berlin. Nach Aufenthalten in England, Indien, Burma, Nepal, Indonesien und Israel seit 1955 Journalistin in der Bundesrepublik, seit 1958 als Korrespondentin der israelischen Zeitung ›Maariv‹, 1960 als Deutschland-Korrespondentin. 1966 erwarb sie die israelische Staatsangehörigkeit und arbeitet seit 1972 in der Redaktion von ›Maariv‹ in Tel Aviv. Weitere Veröffentlichungen: ›... denn ihrer war die Hölle. Kinder in den Gettos und Lagern‹ (1979), ›Israel und die Deutschen. Das besondere Verhältnis‹ (1983); ›Milch ohne Honig. Leben in Israel‹ (1989).

Inhalt

»Du bist Jüdin« 9
Wechselvolle Schulzeit 23
Der 9. November 34
England antwortet nicht 44
In Berlin gehen die Lichter aus 56
Blindenwerkstatt Otto Weidt 70
Vorhof der Hölle 81
Die »Listen« 90
Untergetaucht 103
Von einem Versteck ins andere 113
In »Sicherheit« 127
Ausgebombt 136
Menschliches, Allzumenschliches 147
Nazis und andere 157
Flüchtlinge aus Guben 164
»Bleib übrig« 174
Danach 182

»Du bist Jüdin«

»Du bist Jüdin«, hörte ich die Stimme meiner Mutter. »Du mußt den anderen zeigen, daß du deshalb nicht geringer bist als sie.«

Was war das, eine »Jüdin«? Ich fragte nicht danach, denn meine Aufmerksamkeit galt dem, was sich auf der Hufelandstraße im Berliner Nordosten abspielte, auf die ich aus dem Fenster meines Zimmers schaute. Das tat ich gerne, denn obgleich die Hufelandstraße nur eine stille Nebenstraße war, gab es für ein zehnjähriges Mädchen viel zu beobachten. Ich sah anderen Kindern beim Spielen zu. Meine Eltern hatten mir untersagt, auf der Straße zu spielen. Sie meinten, dort lauerten zu viele Gefahren für ein kleines Mädchen. Das Verbot erschien mir sehr hart. Obgleich ich alle Kinder bei ihrem Namen kannte, konnte ich an ihren Spielen nur aus der Ferne meines Beobachtungspostens teilnehmen. Das war bitter.

Meine Mutter bemühte sich darum, mir verständlich zu machen, was sie gesagt hatte. Ich weiß heute nicht mehr, welche Erklärung sie mir gab. Ich weiß nur, daß ich sie nicht verstand. Aber auch zu einem späteren Zeitpunkt unterließ ich es, auf dieses Thema zurückzukommen und auf eine Erläuterung zu drängen. Ich fühlte, daß ich damit für sie wie für mich Konflikte heraufbeschworen hätte. Ich hatte zu diesem Zeitpunkt – Anfang des Jahres 1933 – andere Probleme, die mich viel unmittelbarer berührten. Der Übergang in die höhere Schule stand bevor.

Der Direktor des Königstädtischen Oberlyzeums in Berlin NO, den meine Eltern mit mir aufgesucht hatten, um mich anzumelden, war offensichtlich überrascht gewesen zu erfahren, daß ich die ersten vier Schuljahre in einer weltlichen Schule im Norden Berlins absolviert hatte, in der Religion nicht auf dem Lehrplan stand und der Unterricht in einer Form gehalten wurde, die viel freier und moderner war als zu jener Zeit üblich. So hatte er nicht ohne Sarkasmus festgestellt: »Ach was, eine weltliche Schule hat Ihre Tochter besucht?!« Nach diesem Gespräch hatte meine Mutter mir gesagt: »Du mußt es ihnen zeigen, daß eine weltliche Schule eine ebenso gute, ja eine bessere Schule ist als die anderen.« Diese mütterliche Mahnung war mir sehr viel verständlicher als die Enthüllung, daß ich Jüdin sei.

Ich wußte, daß meine Eltern Sozialisten waren, und ich identifizierte mich mit ihren Anschauungen wie jedes Kind, das in einem harmonischen Familienleben heranwächst. Mein Vater war Funktionär der SPD, und seine Freizeit – über die er als Lehrer reichlich verfügte – gehörte ebenso selbstverständlich der Partei, wie es selbstverständlich war, in allen Lebensäußerungen ein bewußtes und kompromißloses Bekenntnis zum Sozialismus abzulegen, etwa Mitglied der Volksfürsorge zu sein, beim Konsum einzukaufen usw.

Die politische Überzeugung meiner Eltern teilte sich mir nicht nur mit, sie machte mich selbstbewußt und stolz. Es mag seltsam klingen, aber zu meinen schönsten Kindheitserinnerungen gehört nicht irgendeine Ferienreise oder ein kindliches Vergnügen, sondern die Tatsache, daß ich gemeinsam mit den Erwachsenen in einem verräucherten Hinterzimmer einer Berliner Kneipe sitzen und helfen durfte, Wahlflugblätter zu falten. Auch die Teilnahme am sogenannten Symbolbummel, bei dem sich Sozialdemokraten auf verkehrsreichen Straßen »zufällig« begegneten und einander mit dem Ruf »Freiheit« grüßten, war für mich ein stolzes Vergnügen. Die Kundgebungen am 1. Mai im Berliner Lustgarten ließen mich die Begeisterung spüren, die politisch engagierte Menschen beseelt und stark und einig machen kann.

Natürlich war mir die Zuspitzung des politischen Kampfes zu Beginn der dreißiger Jahre nicht entgangen. Dieser Atmosphäre konnte sich keiner entziehen, der an den politischen Vorgängen jener Zeit teilnahm. Nachdrücklich hatten sich mir die verschiedenen marschierenden Kolonnen eingeprägt: Die Kommunisten mit ihren roten Fahnen, die Schalmeien ihrer Spielmannszüge klangen mir sehr anmutig; die Männer vom Reichsbanner Schwarz-Rot-Gold gehörten zu uns, das machte sie mir sympathisch; die militärisch exakt ausgerichteten braunen Kolonnen der SA waren mir unheimlich. Der Anblick eines tödlich verletzten Kommunisten, der, seiner Sinne nicht mehr mächtig, die Straße entlangtorkelte, in der Kommunisten und Nazis aufeinandergestoßen waren, hat sich mir unauslöschlich eingeprägt. Er verband sich für mich mit den Berichten über Straßen- und Saalschlachten, die sich die politischen Gegner – auch Kommunisten und Sozialisten – in jenen Jahren lieferten und über die ich in der Zeitung las.

Wer die Nazis waren, was sie taten und wollten, erfuhr ich aus den Äußerungen meines Vaters: »Hitler – das bedeutet Terror, Diktatur, Krieg!« Im letzten freien Wahlkampf vor der Machtübernahme Hitlers gönnte er sich keine Rast. »Berlin bleibt rot!« rief er beschwörend in Wahlversammlungen und spontanen Straßenkundgebungen Teilnehmern und Passanten zu. Sein Engagement ließ auch nicht nach, als ein Miteinwohner im Flur unseres Hauses von einer Kugel verletzt worden war, die meinem Vater gegolten hatte.

Obgleich ich Einzelheiten und Zusammenhänge nicht kannte und übersehen konnte, spürte ich doch die Spannung, die damals mein Elternhaus und auch die Straße beherrschte. Als anläßlich der Reichstagswahl am 5. März 1933 das Leuchtplakat »Wählt Liste 1« an unserem Balkon durch Steinwürfe zerfetzt wurde, begriff ich intuitiv, daß wir, auch ich, in den Kampf mit einbezogen waren.

An jenem Abend des 31. März 1933 schaute ich von meinem Fensterplatz nicht wie sonst spielenden Kindern zu. Es fiel mir schwer, mich zu konzentrieren. Mich beunruhigte das unbestimmte Gefühl der Gefahr. Ich wußte, daß die Nazis für den morgigen Tag, den 1. April, den Boykott jüdischer Geschäfte als erste öffentliche Maßregelung von Juden geplant hatten. Immer wieder blickte ich in die Richtung der Kneipe an der Ecke Esmarchstraße und Pasteurstraße, die ich von meinem Fenster aus nicht sehen konnte. Ich wußte, daß dieses Lokal von Nazis bevorzugt wurde. Unwillkürlich lauschte ich auf den schnellen Schritt meines Vaters, der längst hätte zu Hause sein müssen. Auch meine Mutter war beunruhigt. Ich hörte, wie sie wiederholt die Wohnungstür öffnete und in das Treppenhaus und die mit Marmor getäfelte Eingangshalle lauschte. Dann trat meine Mutter ins Zimmer, zog mich vom Fenster fort und hieß mich, barscher, als sie gewiß wollte, mit unserem Mädchen Lotte Domino spielen. Sie selber blieb am Fenster zurück und starrte wie zuvor ich auf die dunkle Straße.

Ich saß bei unserem Mädchen und nahm lustlos die Domino-Steine auf. Da schrillte die Glocke der Wohnungstür. Meine Mutter erschien im Türrahmen und schaute mit starrem Blick auf unser Mädchen. Lotte saß regungslos da. In diesem Augenblick schien unsere Angst Gestalt anzunehmen und das Zimmer erdrückend auszufüllen. Dann sagte meine Mutter sehr beherrscht: »So öffnen Sie doch.« Lotte ging zur Tür. Kaum hatte meine Mutter die Stimme eines unserer politischen Freunde gehört, stürzte sie in den Flur und zog ihn in ein anderes Zimmer. Alles, was ich noch hören konnte, waren die Worte: »Ihr Mann muß sofort verschwinden!«

Der Besucher blieb nur wenige Minuten. Dann sah ich, daß

auch meine Mutter sich zum Ausgehen bereit machte. Die Angst schnürte mir die Kehle zu. Aber ich fragte nichts. Es war, als sähe meine Mutter mich gar nicht. Sie erklärte, scheinbar völlig ruhig, sie wolle meinen Vater aufsuchen, der gewiß noch mitten in der Abiturientenprüfung stecke. Sie werde bald wieder zurück sein. Ohne ein weiteres Wort der Mahnung oder der Erklärung schloß sie die Wohnungstür hinter sich. Lotte hatte stumm genickt. Sie mag nicht älter als 18 Jahre gewesen sein. Ich weiß nicht, wer von uns beiden damals mehr Angst gehabt hat. Wir wandten uns wieder dem Domino zu, aber wir konnten uns nicht auf das Spiel konzentrieren. Immerzu horchten wir auf jeden Schritt im Treppenhaus und sahen uns verstört an, wenn es nicht der Klang eines gewöhnlichen Halbschuhs zu sein schien.

Ich weiß nicht, wie lange wir so gesessen hatten. Ich weiß nur, daß es längst Nacht geworden war, als meine Mutter zurückkehrte. Wieder schien sie ganz ruhig, als sie uns erzählte, mein Vater würde die Nacht bei Freunden verbringen. Eine Begründung dafür gab sie nicht, und ich begriff, daß es besser wäre, keine weiteren Fragen zu stellen. Ohne Widerspruch ließ ich mich zu Bett schicken. Aus meinem Zimmer konnte ich aber noch hören, wie sie unserem Mädchen sagte: »Dr. Ostrowski ist verhaftet worden und auch Herr Weber. Keiner weiß, was noch alles kommen mag. Ich werde einen Koffer mit den nötigsten Sachen bereitmachen. Es wird besser sein, wenn wir alle morgen nicht hier schlafen.«

Zum ersten Mal waren zwei Männer aus dem engeren Freundeskreis meiner Eltern verhaftet worden, und auch mein Vater war offensichtlich gefährdet. »Die Nazis weisen heute abend ständig auf Ihre Wohnung«, hatte der Besucher meiner Mutter gesagt. Jeder kannte uns in dieser Gegend und unsere politische Einstellung.

Verhaftungen – das Wort hatte ich die letzte Zeit oft genug gehört und gelesen, aber es war doch ein abstrakter Begriff geblieben. An diesem Abend erhielt es für mich eine beängstigende Wirklichkeit. Damals galten die Maßnahmen der Nazis noch in erster Linie ihren politischen Gegnern und erst in zweiter den Juden. Die meisten Juden in Berlin waren politisch nicht aktiv. Das politische Engagement meines Vaters wurde von den wenigen jüdischen Freunden, die er noch aus seiner Studienzeit hatte, nicht verstanden und geringschätzig belächelt. Gelegentlich äußerten sie auch die Ansicht, daß allein

Hitler Ordnung in das politische Durcheinander der Weimarer Republik bringen könnte. Die Verhaftungen jener Tage bezeichneten sie als »Übergriffe«.

Die Nacht zum 1. April verlief ruhig. Am nächsten Morgen kehrte mein Vater zurück. Mir fiel nichts Ungewöhnliches an ihm auf. Er schien heiter, und fast übermütig erzählte er, daß ihm der Vater einer Schülerin aus Freude darüber, daß seine Tochter das Abitur bestanden hatte, ein Nachtquartier angeboten hätte, als ihm die Sorgen meiner Eltern bekannt wurden. Es war ein unpolitischer jüdischer Arzt, der meinem Vater sein Sprechzimmer für die Nacht zur Verfügung stellte. Wir mußten bei seiner Erzählung über das unbequeme Lager auf der Untersuchungscouch, umgeben von ärztlichen Instrumenten und einem Skelett, das seltsame Schatten geworfen hatte, herzlich lachen. Was sich damals drohend andeutete, hatte für uns alle noch allzusehr den Anschein des Einmaligen, des Unwirklichen, ja des Kuriosen. Keiner von uns konnte ahnen, daß wir eines Tages für eine solche Unterkunft von Herzen dankbar sein würden.

Draußen marschierten sie »... mit ruhig festem Tritt ...«. Demonstrativ zerrissen sie in unserer Straße die schwarzrotgoldene Fahne der Weimarer Republik in kleine Fetzen. Andere trugen Spruchbänder und Schilder mit den Parolen: »Deutsche, kauft nicht bei Juden. Das Weltjudentum will Deutschland vernichten. Deutsches Volk, wehr Dich ...!« Das konnte ich aus dem Fenster unserer Wohnung mit ansehen. Auf die Straße gingen wir an diesem Tag nicht. Meine Eltern hatten Wichtigeres zu tun. Die Türen der beiden schweren Bücherschränke im sogenannten Herrenzimmer standen weit aufgerissen. Auf dem gewaltigen schwarzen Schreibtisch, an dem mein Vater die Hefte seiner Schüler korrigierte, türmten sich Broschüren, Papiere und Bücher in wüstem Durcheinander. Schonungslos lichtete meine Mutter die Reihen der Bücher, während mein Vater ein wenig hilflos und unglücklich daneben stand. Bücher gehörten zu den heiligsten Besitztümern meiner Eltern. Ein Buch war das erste Stück gewesen, das sie sich nach ihrer Heirat gemeinsam angeschafft hatten. Noch blieben die Werke der politischen Klassiker wie Marx und Engels von der Aussortierung unberührt. Sie erhielten lediglich andere Plätze, an denen sie nicht sogleich ins Auge fielen. Damals meinten auch meine Eltern noch, daß die Existenz dieser Werke und ihre Lehren doch nicht einfach geleugnet werden könnten. Wichtiger schien es, jene Broschüren mit militantem politischem Inhalt, die Aufforderungen zum Kampf gegen den Nationalsozialismus enthielten, und die provokatorischen Reden, die mein Vater in säuberlich gebündelten Manuskripten aufbewahrte, zu beseitigen. Um jedes Pamphlet gab es so etwas wie einen kleinen Kampf zwischen meinen Eltern. Wenn mein Vater ein bereits zur Vernichtung verdammtes Bändchen aufnahm, noch einmal darin blätterte und zweifelnd fragte: »Meinst du wirklich?«, dann konnte meine Mutter, die stets die Aktivere von beiden war und ein fein entwickeltes Gespür für Gefahren hatte, geradezu unwirsch reagieren.

In unregelmäßigen Abständen erschien Lotte mit einem gewaltigen Waschkorb im Herrenzimmer, um einzusammeln, was meine Mutter aussortiert hatte. Bücher und Schriften, die von meinen Eltern stets sorgsam bewahrt worden waren, packte Lotte nun rücksichtslos und warf sie in ihren Korb. Während meine Eltern nach der Radikalrevision der Bücherschränke den Inhalt des Schreibtisches einer ebenso rigorosen Prüfung unterzogen und damit einige Stunden beschäftigt waren, mußte sich Lotte um die Vernichtung der Bücher und Manuskripte bemühen. Das wäre in der Waschküche, die sich im Keller des Miethauses befand, gewiß ein leichtes gewesen, aber das hätte sowohl bei der Portierfrau wie auch bei den Nachbarn unweigerlich Verdacht erregt.

Über Nacht hatte sich das Mißtrauen in unser Leben eingeschlichen. Wie unsere Nachbarn dachten, das wußten wir nicht. Über einen unverbindlichen Gruß im Treppenhaus hinaus hatte es keine Kontakte gegeben. Konnten wir sicher sein, daß aus so indifferenten Nachbarn über Nacht nicht überzeugte oder opportunistische Anhänger der neuen Ordnung geworden waren? Dann aber bedeuteten sie eine Gefahr für uns, deren Gegnerschaft zum Nationalsozialsimus nie geleugnet worden war. Früher hatten wir uns nicht darum gekümmert, wes Geistes Kind der Nachbar war. Nun beobachteten wir unwillkürlich, ob in seinen Bewegungen, seinen Blicken etwas entdeckt werden konnte, was auf seine Einstellung schließen ließ.

Nein, es war undenkbar, die unumgängliche Vernichtung der aussortierten Bücher und Schriften gewissermaßen vor dem Forum aller Nachbarn in der Waschküche vorzunehmen. Das konnte und mußte in unserem Küchenherd bewältigt werden. Er war diesen Papiermassen nicht gewachsen. In kürzester Zeit war unsere Küche vom Qualm erfüllt. Das ergab ein neues unerwartetes Problem. Wir konnten nicht wagen, den Qualm durch unser Küchenfenster in den Hof abziehen zu lassen. Die Bewohner der Hinterhäuser hätten Verdacht geschöpft und uns Polizei oder Feuerwehr ins Haus geschickt. Diese Hinterhäuser, die als Seitenflügel und Quergebäude den engen Hof umschlossen, hatte ich nie betreten. Ich wußte nur, daß dort arme Leute lebten, ohne daß der Begriff Armut recht klar war. An diesem Tag erschienen die Hinterhäuser mit Leben erfüllt. Aus Rundfunkgeräten dröhnten Marschmelodien in den Hof. In den Treppenhäusern herrschte geschäftiges Kommen und Gehen.

Lotte scheuchte mich vom Küchenfenster fort, das nur einen Spalt offenstand, um wenigstens einen Teil des Rauches unauffällig abziehen zu lassen. Wie eine Hexe aus dem Märchen stand Lotte am Herd, Gesicht und Hände geschwärzt vom Ruß und verzweifelt darum bemüht, den Papierberg zu »verarbeiten«. Ich verließ die Küche mit der strengen Mahnung von Lotte, ja nicht wiederzukommen oder die Küchentür offenstehen zu lassen. Es war äußerst ungemütlich für ein kleines Mädchen, das an dem geschäftigen Treiben der Erwachsenen nicht teilnehmen durfte und ihnen im Wege stand, das aber auf seine Weise sich vor dem Unbestimmten fürchtete, das diese unverständlichen und unheimlichen Aktivitäten veranlaßte. Wer hätte mir damals erklären können, was 1933 in Deutschland vor sich ging? Warum Menschen wegen ihrer Rassenzugehörigkeit, ihres Glaubens oder ihrer politischen Überzeugung verfolgt, erniedrigt und gepeinigt wurden? Habe ich es später verstanden? Ich glaube nicht.

Als die Flammen im Kochherd erloschen und das letzte Papier zu Asche verglommen war, atmeten wir auf. Meine Mutter überlegte bereits, was als nächstes getan werden mußte. »Sobald es dunkel wird, fahren wir nach Spandau«, entschied sie. Das hörte ich gerne. In Spandau wohnte Tante Elsa Hannes, eine Schwester meines Vaters, mit ihrem Mann. Sie hatten selber keine Kinder und verwöhnten mich bei jeder Gelegenheit. Die Hannes waren wohlhabende Leute, denen in Spandau ein Herren- und Knabenbekleidungshaus gehörte. Bei ihnen gab es im Überfluß, was in unserem sparsamen Beamtenhaushalt nur selten auf den Tisch kam.

Am Abend dieses 1. April verließen wir das Haus. Wir vermieden jedes laute Geräusch. Fast schlichen wir uns davon. Nach dem Lärm des Tages, nach Trommeln, Querpfeifen und

Marschmusik war die Stille des Abends fast spürbar. Wir trafen nur wenige Menschen auf der Straße. An einigen jüdischen Geschäften waren Spuren des Geschehens zu erkennen. Ein Davidstern in weißer Ölfarbe auf eine Schaufensterscheibe gemalt oder Glasscherben auf dem Pflaster vor einem Geschäft, die darauf hindeuteten, daß es hinter den herabgelassenen Rolläden keine Scheiben mehr gab. Das war alles, was wir an diesem Abend sehen konnten. Ich bin überzeugt, daß meine Eltern sich angesichts dieses friedlichen Abends fragten, ob wir nicht auch hätten zu Hause bleiben können und ob alles, was wir in den letzten Tagen erlebt hatten, nicht mehr als ein böser Spuk war, der so schnell, wie er gekommen war, wieder verschwinden würde.

Was wir in Spandau zu hören bekamen, wirkte ebenfalls beruhigend. Gewiß, SA-Posten hatten vor dem Geschäft von Onkel Hannes gestanden. Einer dieser SA-Männer hatte sich sogar entschuldigt: »Es ist nur so eine Maßnahme...« Gute Kunden hatten, ohne belästigt zu werden, das Geschäft betreten können. Es herrschte eine seltsame Stimmung an jenem Abend. Es war, als hätte die Hoffnung, daß alles doch noch gut werden könnte, ein Stückchen Wirklichkeit gewonnen.

Nach diesem Ausflug nach Spandau, der mehrere Tage gedauert hatte, waren wir wieder in unsere Wohnung zurückgekehrt. Mir schien es dennoch nicht mehr das gleiche »Zuhause« zu sein. Mit ihm verband sich nicht mehr das einstige Gefühl der Geborgenheit. Immer wieder horchte ich auf Schritte im Treppenhaus, als könnten sie eine nahende Gefahr ankündigen. Meine Eltern schienen nicht mehr so besorgt zu sein. Einige unserer Freunde waren aus der Gestapo-Haft in der Prinz-Albrecht-Straße entlassen worden. Ich hörte nur Bruchstücke ihrer Berichte: »... da war ein langer Gang, durch den ich rennen sollte, und als ich ihrem Befehl nicht schnell genug folgte, schlugen sie aus allen Richtungen auf mich ein, bis ich wie bewußtlos dahintorkelte...« Andere schwiegen über ihre Erlebnisse, und wieder andere gelangten nie mehr in die Freiheit. Sie wurden sofort in ein Konzentrationslager eingewiesen, und nur die wenigsten von ihnen überlebten. Der Begriff Konzentrationslager hatte damals noch nicht die Bedeutung erlangt wie heute. Hinter vorgehaltener Hand wurden Namen genannt: Oranienburg oder Dachau.

Eine Woche später erhielt mein Vater ein Schreiben des Provinzialschulkollegiums. Es enthielt die Mitteilung, daß das erste von der neuen Reichsregierung gegen ihre politischen Gegner und gegen Juden erlassene Gesetz auch gegen meinen Vater angewandt wurde. Ich sehe ihn noch heute vor mir, wie er erblaßte und jeden Satz, jedes Komma dieses Schreibens genau studierte, als könnte er in ihm doch noch einen anderen Sinn finden. Der Text war eindeutig. Das Gesetz zur Wiederherstellung des Berufsbeamtentums bestimmte die Entlassung all derer aus dem Staatsdienst, deren »politische Betätigung nicht die Gewähr dafür bot«, daß sie jederzeit rückhaltlos für den Nationalstaat eintreten würden, und solcher, die nichtarischer Abstammung waren, sofern sie nicht als Frontsoldaten im Ersten Weltkrieg gedient hatten. Mein Vater hatte als Freiwilliger am Ersten Weltkrieg teilgenommen. Mit Stolz hatte meine Großmutter stets erwähnt, daß ihre drei Söhne ihre Pflicht gegenüber dem »Vaterland« erfüllt hätten. Auf meinen Vater traf also jene Bestimmung des Gesetzes nicht zu, die sich gegen »nichtarische« Beamte richtete. Seine politische Einstellung und Betätigung waren der Grund seiner Entlassung. Diese gesetzliche Maßnahme bedeutete für die davon Betroffenen praktisch die Vernichtung ihrer beruflichen Existenz. Von einem Tag zum anderen waren sie ihrer Posten enthoben und wurden damit zunächst arbeitslos. Drei Monate wurden ihnen noch die vollen Bezüge belassen, danach sollte denjenigen, die über zehn Jahre im öffentlichen Dienst gestanden hatten, das Recht auf drei Viertel ihrer Pension zugestanden werden. Ob und wie sie wieder in den Arbeitsprozeß eingegliedert werden sollten, blieb völlig offen.

Unsere jüdischen Freunde, die nicht von den neuen Gesetzen betroffen worden waren, klopften meinen Eltern auf die Schulter und meinten, es würde sich schon irgendeine Lösung aus der Misere finden lassen. Jemand wie Hitler hätte schließlich kommen müssen, um der Arbeitslosigkeit und der Ausbeutung Deutschlands durch die Alliierten ein Ende zu machen. So hätte es doch nicht weitergehen können. Sie zitierten dann das Beispiel Mussolinis und die Trockenlegung der Pontinischen Sümpfe. So und nicht anders würde es mit Hitler auch werden.

Daß auch unter Mussolini Menschen ihrer Gesinnung wegen hatten sterben müssen, wurde in diesem Zusammenhang nicht erwähnt. Für diejenigen, die schon damals Deutschland verließen, weil ihnen die neuen Gesetze keinerlei Existenzmöglichkeiten boten, hatten die meisten Juden in Berlin nur ein mitleidiges Lächeln übrig. Wie konnte man sich nur so von Panik erfassen lassen! Auch meinen Eltern erschien der Gedanke an eine Auswanderung absurd. »Ich bin schließlich preußischer Beamter, der nicht einfach alles im Stich lassen kann«, meinte mein Vater.

Die Hoffnung, daß sich in nicht allzu ferner Zeit alles wieder zum Besseren wenden könnte, war keineswegs erloschen. Überdies galt auch für die Juden in Deutschland das Gesetz der Gewöhnung. Man gewöhnte sich an die Tatsache, als Jude diskriminiert zu werden. Man nahm es hin und richtete sich ein. Der Grundsatz, daß Juden, die im Ersten Weltkrieg gedient hatten, nicht zu maßregeln seien, sofern sie nicht politisch antinationalsozialistisch engagiert waren, wurde im wesentlichen eingehalten. Um die »privilegierte« Stellung dieser Juden zu betonen, wurde ihnen noch im August 1935 »im Namen des Führers und Reichskanzlers« das von Hindenburg gestiftete Ehrenkreuz für Frontkämpfer zur Erinnerung an den Ersten Weltkrieg überreicht. Auch mein Vater wurde aus diesem Anlaß auf unser Polizeirevier in der Grolmannstraße bestellt. Es war eine groteske Situation: Vor ihm, dem wegen seiner politischen Einstellung gemaßregelten Juden, salutierten die diensthabenden Polizeibeamten, um ihm für seinen Einsatz im Ersten Weltkrieg zu danken. Mit Handschlag gratulierten sie ihm zu der Ehrung, die sie im Auftrag des Führers und Reichskanzlers vornehmen durften. Die vom Polizeipräsidenten Berlins unterzeichnete Ehrenurkunde befindet sich noch heute im Besitz meines Vaters. Allerdings galt diese Sonderstellung der ehemaligen Frontkämpfer nicht für die Provinz, wo Ausschreitungen auch vor ehemaligen Frontkämpfern nicht haltmachten.

Die politischen Parteien und die Gewerkschaften waren zerschlagen, ihre Führer verhaftet. Widerstand einzelner gegen die Übermacht des Staates schien sinnlos zu sein. Der Massenrausch der Sieger hielt an. Der 1. Mai 1933 war für uns besonders schwer zu ertragen. Gewaltige Marschblöcke von HJ, SA, SS zogen durch Berlin. Spielmannszüge begleiteten sie mit Marschmusik. Immer wieder von neuem brandete Gesang auf: »Es zittern die morschen Knochen...« oder »... wenn's Judenblut vom Messer spritzt, dann geht's noch mal so gut...«. Wir schlossen an diesem 1. Mai die Fenster, um nicht zu hören, wie dieser Tag von den neuen Machthabern politisch verwandelt und geschändet wurde.

Die durch die vorzeitige Pensionierung erzwungene Untätigkeit war für meinen Vater eine schwer erträgliche psychische

Belastung. Ihm war zwar Dreiviertel seines Ruhegehalts zugebilligt worden, aber es reichte nicht aus, den Lebensunterhalt zu bestreiten. Was sollte er tun? Er konnte sich nicht in dieser neuen Situation zurechtfinden. Freunde, die sich in einer ähnlichen Lage wie er befanden, holten ihn aus seinen Grübeleien. Überdies konnte es nachteilig sein, sich ständig zu Hause aufzuhalten. So verlagerte sich unser Leben im Sommer 1933 in eine jener zahlreichen Berliner Schrebergartenkolonien. Freunde meiner Eltern, der einstige Gewerkschaftsfunktionär und Metallarbeiter Kurt Hähnel und der einstige Stadtrat und Drucker Hans Weber, besaßen eine solche Laube mit dazugehörigem Gartenland. Dort traf sich ein kleiner Kreis jener, die wie meine Eltern wegen ihrer politischen Betätigung vom sogenannten Dritten Reich ausgeschieden worden waren. Dazu gehörte der Tischler Paul Garn, ein großer, kräftiger Mann mit gütigen Augen. Auch er war wegen seiner Aktivität für die SPD arbeitslos geworden. Für ihn war damit eine Welt zusammengebrochen. An Hans Weber erinnere ich mich nur als an einen hageren, ergrauten Mann, der selten lachte. Er schien über die Ereignisse und Vorgänge, deren Zeuge er geworden war, mehr zu meditieren, als daß er entschlossen Stellung bezogen hätte. Meine ganze Sympathie gehörte dem hünenhaften Kurt Hähnel und seiner Frau. Beide waren wohl die Jüngsten in diesem Kreis und fanden trotz ihrer eigenen Sorgen immer wieder auch ein gutes Wort für mich. Aber das war es nicht allein, was sie mir so sympathisch machte. Von ihnen ging Energie und Bereitschaft zum Kampf aus, während die anderen sowie auch mein Vater resignierten. An Wochenenden erweiterte sich dieser Kreis ehemaliger Kampfgefährten aus der SPD. Ich erinnere mich besonders an den Sattler Jakob Hein und an die Familie Richard Junghans, weil unsere Verbindung zu ihnen auch später nicht abriß. Die Männer beschäftigten sich mit Gartenarbeit oder spielten Skat. So verging der Sommer 1933 in den Lauben von Webers und Hähnels.

Natürlich beherrschte die politische Lage und ihre Entwicklung alle Gespräche in diesem Kreis. Jeder der Betroffenen war der Überzeugung, daß der nationalsozialistische Spuk im Höchstfall drei Monate dauern könnte. Auch das war die seltsame Blüte einer irrealen Hoffnung, denn die gleichen Menschen hatten zuvor ihre deutschen Mitbürger vor Hitler gewarnt: »Hitler bedeutet Krieg!« Nun war Hitler an der Macht, und nichts deutete zunächst darauf hin, daß ihm diese Macht genommen werden könnte.

Meine Eltern beschlossen, in eine Gegend Berlins umzuziehen, in der sie und ihre politische Einstellung nicht bekannt waren. In einem Gartenhaus in der Uhlandstraße im Westen Berlins fanden sie eine kleinere Wohnung. Der Zufall wollte es, daß ein auch aus politischen Gründen suspendierter Rektor einer weltlichen Schule, Walter Rieck, in dem gleichen Haus in der Uhlandstraße eine Wohnung über uns bezog. Durch seine Vermittlung konnte bald darauf einer seiner Kollegen, Dr. Thaus, dem das gleiche Schicksal widerfahren war, ebenfalls in eine Wohnung dieses Hauses einziehen. Für unsere drei Familien brachte das erhebliche Vorteile mit sich. Allein die neue Nachbarschaft von Gesinnungsgenossen war in diesen schwierigen Zeiten von großem Wert. Alle drei Familien hatten zunächst mit wirtschaftlichen Schwierigkeiten zu kämpfen, denn die dreiviertel Pension bot keine ausreichende materielle Basis. Dr. Thaus übernahm Adressenschreiben als zusätzliche Einnahmequelle. Wir alle halfen bei dieser mühseligen Arbeit, sobald wir Zeit dazu fanden. Ich tat es im Unterschied zu den Erwachsenen gern. Frau Jenny Rieck begann wieder zu schneidern und ernährte damit ihre Familie. Mein Vater gab Ausländern Deutschunterricht. Zu seinen Schülern gehörten vornehmlich chinesische Studenten, die zu jener Zeit in großer Zahl an der Berliner Universität studierten. Als er später eine andere Beschäftigung fand, übernahm Dr. Thaus diese Nachhilfestunden.

Den Mitbewohnern unseres Hauses konnte der enge Kontakt dieser drei Familien nicht entgehen. Es verging kein Tag, an dem wir nicht in einer der drei Wohnungen zusammenkamen. Dabei wurden natürlich in erster Linie die innen-und außenpolitischen Vorgänge und Ereignisse diskutiert. Als der Röhm-Putsch am 30. Juni 1934 bekannt wurde, schien sich der Zusammenbruch des Hitler-Regimes anzukündigen. Im engsten Kreis um Adolf Hitler hatte die Selbstzerfleischung offensichtlich begonnen.

Uns störte es nicht, daß die enge Beziehung zwischen diesen drei Familien von anderen im Haus beobachtet wurde. Die neue Umgebung, in der uns niemand kennen konnte, hatte uns die Gefahren vergessen lassen, die mit einer politischen Gegnerschaft gegen das neue Regime verbunden waren. Wir wurden sehr unsanft daran erinnert, als eines Morgens zwei Beamte der Geheimen Staatspolizei erschienen und einen Haussuchungsbefehl vorwiesen. Meine Mutter und ich waren allein zu Hause.

Ich wurde in die Küche geschickt und vertiefte mich in ein Buch. So geschah es, daß ich die Gefahr nicht spürte, in der sich meine Mutter befand. Wenn ich daran denke, schäme ich mich noch heute, damals »versagt« zu haben. Als die Beamten schließlich unsere Wohnung verlassen hatten, fragte meine Mutter, warum ich nicht Riecks über das Erscheinen der Gestapo bei uns informiert hätte. Da wurde mir mein Versäumnis mit einem Schlage bewußt. Ich war elf Jahre alt, aber ich empfand es als schweren Makel, auf die Gefahr nicht reagiert zu haben.

Die beiden Gestapo-Beamten hatten eine Stunde lang in allen Schubfächern und Schränken unserer Wohnung gewühlt. Was sie schließlich als Ergebnis ihrer Aktion beschlagnahmten, waren zwei Broschüren: ›Marx und die Juden‹ und ›Heinrich Heine‹.

Wie sich herausstellte, hatten sie erwartet, bei uns und bei Riecks, die anschließend ebenfalls eine Haussuchung mit ähnlichem Ergebnis über sich ergehen lassen mußten, belastendes Material über unsere konspirative Arbeit zu finden. Sie machten kein Hehl daraus, daß wir und Riecks von den unter uns wohnenden Mietern angezeigt worden waren. Die in diesem Zusammenhang geäußerten Verdächtigungen zeugten von einer geradezu grotesken Phantasie. Dr. Thaus, der auf Reisen war, sollte danach den Riecks Nachrichten und Meldungen übermittelt haben, die gegen das Hitler-Regime ausgewertet werden konnten. Einige Briefe von Dr. Thaus an Riecks, die »unverständliche« Bemerkungen enthielten, wurden aus diesem Grunde auch zunächst beschlagnahmt. Wie die Denunzianten angegeben hatten, sollten diese Nachrichten von uns auf Matrize geschrieben worden sein. »Die Schreibmaschine wäre unentwegt in Betrieb gewesen.« Tatsächlich hatte mein Vater zu jener Zeit sehr viele Briefe zu schreiben, da er, um unseren Lebensunterhalt zu verbessern, noch eine Hausverwaltung übernommen hatte. Das Geräusch der elektrischen Nähmaschine von Frau Rieck war nun in der Phantasie der Denunzianten von einem Vervielfältigungsapparat verursacht worden, auf dem Flugblätter abgezogen wurden. Diese Flugblätter hätte die Tochter Rieck, die oftmals mit einem Koffer das Haus verließ, zu einer auswärts gelegenen Verteilungsstelle gebracht.

Ursel Rieck, die als Krankenschwester arbeitete, konnte nicht regelmäßig zu Hause übernachten. Das war der Grund, warum sie die Wohnung gelegentlich mit einem Koffer in der Hand verließ. Selbst die beiden mißtrauischen und wachsamen Gestapo-Beamten konnten nichts ermitteln, was diese aus der Luft gegriffene Denunziation auch nur in Ansätzen hätte bestätigen können. So blieben diese Haussuchungen ohne jede Folge. An dem engen Kontakt zwischen uns und der Familie Rieck und der Familie von Dr. Thaus änderten sie nichts. Die Denunzianten straften wir mit ostentativer Verachtung. Die Tatsache, daß diese unsinnige Anzeige von keiner Stelle gegen uns ausgenutzt wurde, schien uns Beweis dafür zu sein, daß es in Deutschland noch Gerechtigkeit gab.

Wechselvolle Schulzeit

Ungeachtet aller politischen Ereignisse und der Bedeutung, die sie für meine Eltern hatten, war für mich der Übergang in die höhere Schule ein wichtiger Einschnitt in meinem Leben. Die weltliche Schule, die ich vier Jahre lang besucht hatte, war nach der Machtübernahme Hitlers sofort geschlossen worden, und die Lehrer hatte man entlassen. Keine meiner früheren Klassenkameradinnen war im Königstädtischen Oberlyzeum angemeldet worden. Ich kannte keine meiner neuen Mitschülerinnen. Außer mir besuchten noch fünf jüdische Mädchen dieselbe Klasse. Das wußte ich natürlich nur durch den Religionsunterricht, der uns von der jüdischen Religionslehrerin Fräulein Katz erteilt wurde. Mit meinen jüdischen Mitschülerinnen verband mich im Grunde genommen nichts, außer der Tatsache, daß ich gelegentlich für sie eintrat. Da in der weltlichen Schule Jungen und Mädchen gemeinsam unterrichtet wurden, hatte ich gelernt, wie man sich wirkungsvoll zur Wehr setzt. Ich hatte Gelegenheit, das auch jetzt in der neuen Klasse zu beweisen, wenngleich mich keine meiner Mitschülerinnen je angegriffen hat, obschon sie wußten, daß ich Jüdin bin. Ich erinnere mich aber an zwei jüdische Klassenkameradinnen, die kleiner und schwächer waren als die anderen Mädchen. Sie rannten immer davon, wenn sie gehänselt wurden, und provozierten damit natürlich noch mehr Spott und Aggression.

Jeden Mittag begleitete mich eine meiner Klassenkameradinnen nach Hause. Erika Seidel war ein richtiges deutsches Mädchen mit langen blonden Zöpfen. Sie trug eine braune Kletterweste als Zeichen ihrer Zugehörigkeit zum Bund Deutscher Mädel (BDM). Und jedesmal, wenn sie sich von mir verabschiedete, grüßte sie mit erhobener Hand und »Heil Hitler«. Ich weiß nicht, ob es ihr auffiel, daß ich ihr stets nur »Auf Wiedersehen« zurief. Ich tat es sehr bewußt. Auf solch kleine »Beiträge« politischer Opposition war ich stolz. Das galt besonders für die immer wieder neue und keineswegs leichte Überwindung, die es mich jedesmal kostete, nicht einen Pfennig in eine der vielen Sammelbüchsen zu stecken, mit denen damals für alle möglichen nationalen und sozialen Zwecke gesammelt wurde. Das Klimpern der Münzen in diesen Sammelbüchsen hörte ich zu gerne, und natürlich waren die für eine Spende gebotenen bunten Abzeichen außerordentlich attraktiv und verlockend für ein Kind. Dennoch widerstand ich dem Wunsch, es den anderen Kindern gleichzutun.

Das Königstädtische Oberlyzeum besuchte ich nur kurze Zeit. Unser Umzug in die Uhlandstraße hatte zwangsläufig für mich auch einen Schulwechsel zur Folge. Als meine Mutter mich deswegen im Königstädtischen Oberlyzeum abmelden mußte, äußerte derselbe Direktor, der den Wert des Unterrichts in einer weltlichen Schule bei meiner Anmeldung so offenkundig angezweifelt hatte, lebhaftes Bedauern, daß ich seine Schule nunmehr verlassen wollte. Wir konnten nicht feststellen, ob er damit mein Verhalten und meine Leistungen in seiner Schule loben oder auf diese Weise sein Mißfallen gegenüber den antijüdischen Maßnahmen des neuen Regimes zum Ausdruck bringen wollte. Die Gegnerschaft zur NS-Diktatur fand viele subtile Ausdrucksformen.

In der Fürstin-Bismarck-Schule, die ich nach unserem Umzug in den Berliner Westen besuchte, herrschte eine völlig andere Atmosphäre. Die Hälfte meiner Klassenkameradinnen kam aus jüdischen Elternhäusern. Es waren in der Mehrzahl Kinder alteingesessener und wohlhabender Familien aus West-Berlin. Die Lehrer, die nach 1933 gezwungen waren, bei ihrem Eintritt in die Schulräume mit »Heil Hitler« zu grüßen, taten dies in dieser Schule mit offensichtlicher Abneigung. Sie machten auch keinerlei Unterschied zwischen uns und den nichtjüdischen Kindern meiner Klasse. Lediglich die Tochter eines hohen SA-Führers war in dieser Beziehung eine Ausnahme, denn sie durfte ungeachtet ihrer eindeutig erwiesenen mangelnden Schulbegabung nicht sitzenbleiben. Auch das Landschulheim der Fürstin-Bismarck-Schule, die von allen Schülerinnen geliebte »Hütte« bei Ferch, hieß weiterhin »Robula« nach dem zwar bereits ausgewanderten, aber doch noch ganz offen verehrten langjährigen Direktor dieser Schule Robert Burg, der Halbjude war und seinerzeit den Erwerb dieses Landschulheimes veranlaßt hatte. In der Schule unterrichteten auch noch einige jüdische Lehrerinnen, und nie habe ich dort ein böses Wort gegen die Juden gehört.

Aber auch die Fürstin-Bismarck-Schule konnte ich nur verhältnismäßig kurze Zeit besuchen. Als die Schulbehörde verfügte, daß jüdische Schulkinder nicht mehr an Ausflügen teilnehmen, nicht mehr Landschulheime besuchen dürften und auch dem Schwimmunterricht fernzubleiben hatten, beschloß mein Vater, mich auf eine jüdische Schule zu schicken, um mich dieser Art Diskriminierung nicht auszusetzen. Er hielt die jüdische Mittelschule für geeignet, weil sie noch eine der wenigen staatlich anerkannten jüdischen Schulen war. Ihr Besuch beziehungsweise Abschluß hätte mir die Möglichkeit geboten, »nach dem Nazireich« wieder auf eine staatliche Höhere Schule zurückzukehren. Am gleichen Tag, an dem meine Eltern ihren Entschluß der Schulleitung der Fürstin-Bismarck-Schule mitteilten, rief meine Klassenlehrerin bei uns an, um meinen Eltern zu versichern, wie sehr sie meinen Abgang bedauere, die Gründe, die ihn veranlaßten, jedoch nur zu gut verstehen könne.

Wie alle jüdischen Schulen in Berlin war auch die jüdische Mittelschule in der Großen Hamburger Straße zu jener Zeit überfüllt. Das war nicht immer so gewesen. Vor 1933 hatten nur jene jüdischen Eltern Wert darauf gelegt, ihren Kindern jüdischen Schulunterricht zuteil werden zu lassen, die bewußt ein Judentum in Deutschland erhalten wollten. Das war sicher nicht die Mehrheit der damals in Deutschland ansässigen Juden. Den Statistiken dieser Zeit läßt sich entnehmen, daß weniger als ein Viertel aller jüdischen Kinder in Deutschland jüdische Schulen besuchte. Dabei ist zu berücksichtigen, daß zu diesem Zeitpunkt bereits alle jüdischen Kinder, deren Väter nicht Frontkämpfer des Ersten Weltkrieges gewesen waren, zum Besuch einer jüdischen Schule gezwungen wurden. Selbst orthodoxe jüdische Eltern vertraten oftmals die Ansicht, daß der Besuch einer nichtjüdischen Schule eine bessere Vorbereitung für das Leben ihrer Kinder in Deutschland wäre. Die jüdische Schule erzog ihre Schüler in erster Linie für ein Leben in einer jüdischen Gemeinschaft, wie sie in Berlin vornehmlich von den jüdischen Einwanderern aus Polen aufrechterhalten wurde.

Als nun Partei und Staat im Dritten Reich immer rigoroser begannen, die Juden in Deutschland zu isolieren, sie aus dem öffentlichen Leben auszuschalten und vom Umgang mit anderen Deutschen fernzuhalten, setzte ein Ansturm auf die wenigen jüdischen Schulen ein. Zwar wurden einige neue jüdische Schulen errichtet, aber ihre Zahl blieb dennoch weit hinter dem Bedarf dieser ersten Jahre zurück. Die staatlich anerkannte Mittelschule hatte natürlich den stärksten Zulauf. Während sie 1932 von 470 Schülern besucht wurde, waren es 1934 bereits 1025 Schüler.

Wenn ich an meinen ersten Schultag in dieser Schule zurückdenke, empfinde ich noch heute die Verwirrung, in die mich die große Zahl meiner Mitschülerinnen stürzte. In den beiden Schulen, die ich vorher besucht hatte, war der Klassendurchschnitt auf etwa 30 Kinder begrenzt gewesen. In der jüdischen Mittelschule waren wir nie weniger als 50 Kinder in einer Klasse. Ein geordneter Lehrbetrieb war unter diesen Verhältnissen kaum möglich. Unter Schülern und Lehrern herrschte ein ständiges Kommen und Gehen. Einige wanderten aus, andere kamen aus deutschen Schulen hinzu. 1935 mußten alle jüdischen Beamten, also auch jüdische Lehrer an deutschen Schulen, aus dem öffentlichen Dienst ausscheiden. Die ständige Ungewißheit ließ keinen zu rechter Besinnung kommen. Ein konzentrierter und kontinuierlicher Unterricht war unmöglich. Die gleichen Probleme beherrschten das Dasein der Lehrer wie auch die Atmosphäre der Elternhäuser. Sollte man auswandern? Sollte man bleiben? War ein menschenwürdiges Dasein in Deutschland überhaupt noch möglich? So war es nicht verwunderlich, daß uns oftmals Lehrkräfte gegenüberstanden, die – nervös bis zur Hysterie – unfähig waren, uns Sachwissen zu vermitteln, geschweige denn, pädagogisch auf uns einzuwirken. Andere wieder verfügten über eine bewundernswerte innere Ruhe und Haltung, die auch auf ihre Umgebung ausstrahlte.

Auf den Schulbetrieb dieser jüdischen Mittelschule wirkte sich natürlich auch die Tatsache aus, daß die meisten Kinder in einer Atmosphäre aufwachsen mußten, die keine Sicherheit und Geborgenheit kannte. Auch war die Zusammensetzung der Schüler dieser Schule keineswegs einheitlich. Das soziale und damit auch intellektuelle Gefälle der Elternhäuser wirkte sich zwangsläufig auch auf den Unterricht nachteilig aus. Aber ungeachtet all dieser Beeinträchtigungen und Unbilden haben wir in dieser Schule etwas gelernt. Vielleicht nicht das, was auf einer Mittelschule in normalen Zeiten an Schulwissen vermittelt werden kann, aber doch das, was in der damaligen Zeit für uns von Nutzen sein konnte.

Der Lehrplan war darauf zugeschnitten, Wissen zu vermitteln, das auch bei einer Auswanderung einen Sinn haben würde. So hatten Fremdsprachen, insbesondere Hebräisch, den Vorrang. In den letzten beiden Schuljahren wurde auch Unterricht in Stenographie und Schreibmaschine erteilt. Je eine Stunde in der Woche war dem kaufmännischen Englisch und Französisch gewidmet. Schüler, die eine hauswirtschaftliche Ausbildung vorzogen, hatten Gelegenheit, sich im Kochen und Nähen ausbilden zu lassen. Ein solches Unterrichtsprogramm mußte natürlich auf Kosten der traditionellen Schulfächer wie Geschichte, Mathematik, Chemie oder Physik gehen, von Literatur oder anderen schöngeistigen Fächern ganz zu schweigen.

Die Bemühungen dieser Schule, aber auch anderer jüdischer Schulen, ungeachtet der Ausnahmesituation, in der sie sich befanden, ihre Aufgabe optimal zu lösen, waren beachtlich. Da es jüdischen Kindern verboten war, mit anderen Kindern denselben Sportplatz oder die Umkleidekabinen zu benutzen, erwarben alle jüdischen Schulen in Berlin gemeinsam einen Sportplatz im Grunewald. Dort wurden Sportfeste abgehalten, bei denen jede Schule um den Sieg kämpfte. Das waren Ereignisse, die uns völlig in Anspruch nahmen und denen wir entgegenfieberten. Vielleicht ist die Erinnerung an diese Stunden auf dem Sportplatz Grunewald die einzige wirklich angenehme Erinnerung an meine Schulzeit. Alles Bedrückende, das auf uns auch in der Schule lastete, war dort wie weggeweht. Wenn wir allerdings zur Rückfahrt in den S-Bahn-Zug einstiegen, war diese gelöste Atmosphäre ebenso schnell wieder verflogen. Es ist gewiß nicht zufällig, daß ich mich nicht an einen einzigen dummen Schülerstreich aus jener Zeit erinnere. Ich bin auch sicher, daß wir keine nennenswerten Dummheiten begangen haben. Natürlich nannten wir auch einige unserer Lehrer mit Spitznamen, aber sie waren nicht von uns geprägt und erfunden worden, sondern von unseren Vorgängern. Von wenigen Ausnahmen abgesehen, erscheint mir diese Schulzeit in der Erinnerung grau und trübe. Dazu trug auch das düstere massive Schulgebäude in der Großen Hamburger Straße, einer ärmlichen Gegend um den Hackeschen Markt, bei. Aber auch, wenn ich mich an bestimmte Szenen zu erinnern suche, dann scheint es mir, als wäre der Himmel alle Tage verhangen gewesen. Nie hat sich in meiner Erinnerung ein Ereignis an einem Sonnentag abgespielt.

Sicherlich waren wir keine Musterkinder, aber gewiß auch nicht so unbefangen und kindlich, wie Kinder unseres Alters im allgemeinen zu sein pflegen. Unser Übermut war, wenn auch völlig unbewußt, doch gehemmt. Wenn ich mit meinen Kameradinnen mit der S-Bahn mittags nach Hause fuhr, dann achteten wir sorgsam und nicht ohne Ängstlichkeit darauf, kein Aufsehen, geschweige denn Anstoß zu erregen. Wenn eine von uns zu laut auflachte, dann wurde sie von den anderen zurechtgewiesen. Auch wenn wir nicht darüber sprachen, wir ahnten doch, daß wir von Mitreisenden als jüdische Kinder erkannt und angepöbelt werden könnten. Mir ist jedoch nie etwas Derartiges zugestoßen.

Wenn ich an diese Zeit zurückdenke, fällt mir auf, daß wir Kinder untereinander nie über unser Schicksal sprachen. Wenn eine sich verabschiedete, weil sie auswanderte, dann beneideten wir sie natürlich, aber nicht, weil sie das bisher mit uns geteilte Los gegen ein Dasein in Sicherheit eintauschte, sondern um das Abenteuer, das ihr bevorstand. Daß unser Dasein ein immer gefährlicheres Abenteuer zu werden begann, war uns und vielfach auch unseren Eltern keineswegs bewußt. Nur flüsternd gaben wir einander die Nachricht weiter, wenn der Vater einer Mitschülerin verhaftet worden war. Wir konnten das in der Regel feststellen, wenn die Betreffende einige Tage dem Unterricht fernblieb und eine Freundin sie aufsuchte, um den Grund ihres Fehlens zu erfahren. Es geschah ohne Absicht, aber wiederholte sich wie ein unbewußtes Ritual, daß eine solche Mitschülerin nach ihrem Wiedererscheinen in der Klasse die ersten Tage isoliert blieb, als wäre sie von einem besonderen Schicksal gezeichnet. Danach schien diese Kennzeichnung verblaßt. Wir vergaßen, was wir erfahren hatten. Vielleicht ahnten wir auch, daß jeder von uns ein ähnliches Leid widerfahren konnte.

So blieb uns Kindern auch die erste größere Verhaftungswelle im Juni 1938 nicht verborgen. Von ihr wurden 1500 Juden erfaßt. Es handelte sich dabei um »Vorbestrafte«, Juden, die von den Behörden als »Asoziale« und »arbeitsscheue Elemente« bezeichnet wurden. Ein Vetter von mir gehörte zu diesen Opfern, weil er in einen Autounfall verwickelt gewesen und verurteilt worden war. Ungeachtet dieses Sachverhaltes erschien uns das Wort »vorbestraft« doch so gewichtig, daß es auch Zweifel an der Persönlichkeit des Betroffenen rechtfertigte. Obgleich wir uns über die Unrechtmäßigkeit dieser Aktion empörten, so berührte uns das Ereignis doch nicht unmittelbar.

Viel härter berührte mich ein anderes, scheinbar bedeutungsloses Ereignis. Ich saß beim Fotografen. Wie jedes sechzehnjährige Mädchen war auch ich eitel. Als der Fotograf mich anwies, das Haar hinter das linke Ohr zu streichen, war ich völlig verstört und den Tränen nahe. Die Bemerkung des Fotografen war sachlich und ohne jeden Hohn geäußert, ein geschäftsmäßiger Hinweis, nicht mehr. Und dennoch empfand ich die Demütigung wie einen Peitschenhieb, aber ich hatte Disziplin gelernt. Dieses Foto von mir sollte nicht verraten, was in mir vorging. Dennoch wußte ich schon damals, daß es mir nicht gelang, daß es nicht Härte, sondern Bitterkeit, Trotz und Tränen erkennen lassen würde.

An der Form des linken Ohres würde die Rassenzugehörigkeit erkennbar. Das war eine Entdeckung der nationalsozialistischen Rassenforscher. Eines Juden linkes Ohr verriet demnach die semitische Abstammung. Aus diesem Grunde mußten die Paßfotos von Juden so aufgenommen werden, daß die Form des linken Ohres deutlich sichtbar war. Diese Fotografien waren für die Kennkarten bestimmt, die jeder über 15 Jahre laut Gesetz vom 22. Juli 1938 bei sich zu tragen und »jeder Amtsperson unaufgefordert« sofort vorzulegen hatte. Diese Kennkarten waren für Juden zudem mit einem großen »J« auf der Außenseite und einem gelben »J« auf der Innenseite kenntlich gemacht, so daß keinerlei Zweifel über die Abstammung des Inhabers möglich waren.

Ich habe in jenen Tagen oft versucht, an den Ohren meiner Mitbürger in Berlin, denen ich im Autobus oder in der Untergrundbahn nahekam, festzustellen, was ihr linkes Ohr wohl von dem meinen unterschied. Ich konnte nichts entdecken. Mein Ohr, im Spiegel hundertmal überprüft, glich dem der Arier von Berlin.

Meinen Eltern erzählte ich nichts von dem, was ich beim Fotografen empfunden hatte. Ich fürchtete, ausgelacht zu werden. Sie amüsierten sich über die damals in Berlin kolportierte Begebenheit, wie im Rahmen einer NS-Veranstaltung ein Teilnehmer aus dem Publikum auf das Podium gebeten worden war, um am Beispiel seines Ohres die rein arische Abstammung zu verdeutlichen. Der NS-Propagandaredner ahnte nicht, daß der Herr, den er zum Podium gebeten hatte, Jude war. Aus begreiflichen Gründen legte der keinen Wert darauf, sich vor dieser NS-Gemeinde zu offenbaren, und so wurde das Ohr eines Juden zum arischen Demonstrationsobjekt.

Ob sich diese Begebenheit tatsächlich ereignet hat, danach fragte damals niemand in Berlin. Man erzählte sie weiter. Man lachte über die primitive Einfalt, und dieses Lachen verhalf gewiß manchem dazu, die Demütigung dieser 1938 erlassenen Anordnung zu überwinden. Um das »Kriminelle« als Wesensmerkmal des Juden hervorzuheben, mußte die Kennkarte nicht nur mit dem vorschriftsmäßigen Foto, sondern auch mit den Fingerabdrücken versehen sein. Linker Zeigefinger, rechter Zeigefinger ... Ich weiß noch genau, wie der Polizeibeamte unseres Reviers in der Grolmannstraße meine beiden Finger behutsam, fast zärtlich von der schwarzen Farbe säuberte. Trog mich mein Instinkt? Mir schien, als wäre ihm die ganze Prozedur peinlicher als mir.

Als ich diesen Ausweis ausgehändigt erhielt, mußte ich zum ersten Mal mit dem Zusatznamen »Sara« unterzeichnen. Ich hieß nun Ingeborg Sara Deutschkron. Laut Gesetz vom 17. August 1938 erhielten alle männlichen Juden den Zusatznamen Israel, die weiblichen den Zusatznamen Sara. Dieser Zusatzname mußte zwischen Vor- und Nachname eingefügt werden und ab 1. Januar 1939 auf allen Ausweisen, Urkunden und dergleichen aufgeführt sein. »Zuwiderhandlungen«, also das Weglassen dieses Zusatznamens bei Unterschriften, wurden mit bis zu einem Monat Gefängnis bestraft.

Ich bewundere die Charakterstärke meiner Eltern, die es zumindest mir gegenüber vermochten, diese anmaßende Schikane mit heiterer Ironie abzutun. Mein Vater sprach nun von den zwei Zores, in Abwandlung des Namens Sara, die er nun hätte. Zores, das auch in den deutschen Sprachgebrauch übergegangen ist, oder Zaroth, wie es auf hebräisch heißt, bedeutet Sorgen.

Die Verordnungen, die im Jahr 1938 gegen die Juden in Deutschland erlassen wurden, ließen den Schluß zu, daß es dem NS-Regime mit der Ankündigung, die »Judenfrage« zu lösen, ernst war. Beihilfen und Steuernachlässe für die in der Wirtschaft tätigen Juden wurden gestrichen. Besonders einschneidend wirkte sich die Verordnung über die Anmeldung des Vermögens der Juden vom 26. April 1938 aus. Danach mußte das gesamte in- und ausländische Vermögen jedes Juden, sofern es 5000,– Reichsmark überstieg, angemeldet werden. Damit erhielten die NS-Behörden eine vollständige Übersicht über das gesamte jüdische Vermögen im Deutschen Reich. Meine Eltern waren von dieser Verordnung nicht betroffen. Die Familie eines Beamten verfügte in der Regel nicht über ein solches Vermögen. Ich erinnere mich jedoch noch genau der Unruhe, die auch bei uns und in unserem engsten Freundeskreis ausgelöst wurde, Onkel und Tante Hannes aus Spandau kamen ratsuchend zu meinem Vater. Die Freunde meiner Eltern, die Hitler zu Beginn der Machtübernahme als notwendigen Ordnungsfaktor begrüßt hatten, schwiegen nun betreten.

Im Juni mußten dann aufgrund einer weiteren Verordnung jüdische Gewerbebetriebe öffentlich als solche gekennzeichnet werden. Ich sah, wie am Kurfürstendamm emsige Maler die Namen der jüdischen Geschäftsinhaber mit großen Lettern auf die Scheiben der Schaufenster malten. Natürlich mit dem entsprechenden Zusatznamen »Israel« oder »Sara«. Im Juli erfolgte der Entzug der Approbation für jüdische Ärzte und im September der für jüdische Anwälte. Einige durften als »Krankenbehandler« bzw. »Konsulenten« weiter praktizieren.

Am 28. Oktober 1938 wurden 15 000 bis 17 000 in Deutschland ansässige polnische Juden und solche, denen nach 1933 die nach dem Ersten Weltkrieg angenommene deutsche Staatsangehörigkeit abgesprochen worden war, von SS und Polizei in einer Nacht-und-Nebel-Aktion gewaltsam aus ihren Wohnungen geholt und an die polnische Grenze gebracht. Sie durften nur 10,– Reichsmark mitnehmen und die Kleidungsstücke, die sie auf dem Leib trugen. An der deutsch-polnischen Grenze irrten diese Menschen längere Zeit im Niemandsland umher, weil die polnischen Behörden ihre Aufnahme zunächst verweigerten. Um die in Deutschland verfolgten polnischen Staatsangehörigen jüdischen Glaubens nicht wiederaufnehmen zu müssen, hatte die polnische Regierung vorsorglich verfügt, daß der polnische Paß seine Gültigkeit verliert, wenn der Inhaber länger als fünf Jahre außerhalb Polens gelebt hat.

Am Morgen des 28. Oktober blieben viele Schulbänke in meiner Klasse leer. Als unsere Klassenlehrerin die Namen der Schülerinnen einzeln aufrief, meldeten sich viele nicht mehr. Wortlos legte sie dann das Schulheft der Betreffenden beiseite. Selten wohl war es so mucksmäuschenstill in einem Klassenzimmer wie an diesem Morgen. Wir waren schon alt genug und hatten genügend gehört und gesehen, um uns vorstellen zu können, was in der Nacht zwischen dem 27. und 28. Oktober in jenen Straßen Berlins vor sich gegangen war, in denen vornehmlich jüdische Familien aus dem Osten gewohnt hatten.

Das alles waren Kennzeichen einer Entwicklung, die den Juden in Deutschland praktisch jede Existenzgrundlage entzog. Sie wurden überdies mit allen Mitteln staatlicher Macht schikaniert und gedemütigt. Die wenigen jüdischen Handwerker in Berlin schienen noch am besten dran zu sein. Das galt auch für ihre beruflichen Möglichkeiten im Falle einer Auswanderung. Sie waren plötzlich zur Aristokratie unter den deutschen Juden geworden. Und dennoch: Ich erinnere mich noch genau daran, wie lächerlich uns das alles erschien. Onkel Hannes begann in entsprechenden Kursen der Jüdischen Gemeinde die Herstellung von Konfekt zu erlernen und mußte unendlich viel Spott über sich ergehen lassen. Mein Vater, handwerklich so ungeschickt, daß er zu Hause nicht einen Nagel in die Wand einschlagen konnte, wandte sich dem Schuhmacherhandwerk zu und ging bei einem jüdischen Schuster in der Pariser Straße in Berlin-Wilmersdorf in die Lehre. Das geschah wohl mehr, um sich selber keiner Unterlassungssünde bezichtigen zu müssen und für den Notfall nicht völlig ungerüstet zu sein und gewiß sehr viel weniger mit der Absicht, eine solche Tätigkeit auch einmal beruflich auszuüben. Eine kaum benutzte Lederschere erinnert noch heute in unserem Haushalt an dieses Zwischenspiel. Schließlich hatte mein Vater in der Theodor-Herzl-Schule, einer jüdischen Privatschule, einen Arbeitsplatz gefunden.

Die Theodor-Herzl-Schule, die zunächst noch den Namen Schule am Kaiserdamm geführt hatte, war eine Volksschule mit der Genehmigung, Unterricht in Sprachen zu erteilen. In dieser Schule wurden die Schüler bewußt im zionistischen Sinn erzogen. Für meinen Vater bedeutete dies eine gewaltige Umstellung. Er, der ehemalige Oberstudienrat, der sehr weltliche Ideale und Vorstellungen vertrat, war alles andere als ein überzeugter Anhänger des Zionismus. Sein bemerkenswertes pädagogisches Talent hat ihn diese Schwierigkeiten überwinden lassen. Um seinen Wirkungsbereich in der Schule zu erweitern, beschloß er, sich in Abendkursen zum Religionslehrer ausbilden zu lassen. Dabei kam ihm zugute, daß er aus einer orthodoxen jüdischen Familie stammte. Der äußere Druck, die Anfeindung und der aktive Antisemitismus des Dritten Reiches ließen ihm sein Judentum wieder bewußt werden, zu dem er sich rückhaltlos bekannte. Außerdem begann er, Buchführung und Schreibmaschineschreiben zu lernen, was ihm nicht leichtfiel, denn für beide Fächer hatte er wenig Begabung. Aber mit der ihm eigenen Energie und Konzentration schaffte er schließlich auch diese Aufgabe, die er sich selber gestellt hatte.

Als Religionslehrer ist er dann zwar nie tätig gewesen, aber bald erhielt er Gelegenheit, die neu erworbenen Kenntnisse der Büroarbeit anzuwenden. Die Theodor-Herzl-Schule, in der er nun aufgrund seiner pädagogischen Befähigung und seines Organisationstalentes zum Assistenten der Schulleitung aufgerückt war, übertrug ihm nach dem Lehrverbot, das auch für jüdische Schulen galt, die Verwaltung der Schule. Durch eine zusätzliche Hausverwaltung, für die er an freien Abenden und Sonnabenden tätig war, konnte der Lebensunterhalt der Familie gesichert werden. Zwar war er so mit Arbeit eingedeckt, daß ich ihn kaum zu sehen bekam, und auch meine Mutter, die vor ihrer Heirat als Prokuristin gearbeitet hatte, wurde mit eingespannt. Unser Leben hatte eine Form angenommen, in der die Sorge um das wirtschaftliche Wohlergehen im Vordergrund allen Denkens stand. Auch unseren politischen Freunden erging es nicht viel anders. Herr Rieck und Herr Thaus fanden ebenfalls Arbeitsmöglichkeiten, die den Lebensunterhalt sicherten.

Die politischen Tagesereignisse traten demgegenüber in den Hintergrund. Es schien auch so sinnlos, mit einem baldigen Ende des NS-Regimes zu rechnen. Ihm war gelungen, was die Demokratie in den Jahren der Weimarer Republik nicht erreicht hatte: Das Ausland respektierte das Dritte Reich. Die Arbeitslosigkeit war beseitigt worden. Der Versailler Vertrag gehörte der Vergangenheit an.

Der 9. November

Es war Abend. Wir saßen im Dunkeln. Die Wohnungstür knarrte. Jemand mußte sie ganz leise aufgeschlossen haben. Meine Mutter zuckte zusammen, sprang auf und lief in den Flur.

»Martin, was willst du hier?« rief sie meinem Vater zu, der müde, bleich und ganz verloren in der Tür stand. Er schien mir noch kleiner als sonst. Verwirrt und ratlos sah er meine Mutter an.

»Bist du denn wahnsinnig, hierher zu kommen?« rief sie noch erregter.

»Ich dachte, ich müßte mich wohl stellen«, sagte mein Vater sehr langsam und sehr leise, »schließlich bin ich doch noch immer preußischer Beamter, und wenn die Polizei mich abholen will, dann kann ich mich doch nicht einfach verstecken.«

»Das ist doch heller Wahnsinn!« Meine Mutter reagierte entsetzt und verzweifelt. Dann ließ sie sich von meinem Vater erzählen, daß er den Tag wie immer in der Theodor-Herzl-Schule am Kaiserdamm verbracht hatte.

»Auch nach meinem Anruf?« fragte meine Mutter ungläubig. Wohin hätte er sich denn sonst wenden sollen? Und nun gedachte er, die Nacht zu Hause zu verbringen. Morgen würde man weitersehen.

Am Morgen jenes 10. November hatten sich die Nachrichten überschlagen. Auf den Straßen Berlins war die Hölle los. Mit Äxten, Beilen und Knüppeln hatten SA-Männer in der Nacht des 9. November die Fensterscheiben der durch ihre Kennzeichnung leicht auszumachenden jüdischen Geschäfte eingeschlagen und eine heillose Zerstörung angerichtet. Auf dem Kurfürstendamm lagen besudelte Schaufensterpuppen inmitten von Glasscherben. Aus leeren Fensterhöhlen flatterten Kleiderfetzen im Wind. Plünderer hatten das Bild der Zerstörung und der Gewalt noch vervollständigt. In den Geschäften lagen herausgerissene Schubladen, verstreute Wäschestücke, zertrümmerte Möbel, zerschlagenes, zertretenes Porzellan, verbeulte Hüte. Dichte Rauchschwaden hingen über der Fasanenstraße, dort wo die Synagoge stand. Wir wagten uns nicht näher heran. Wir wußten schon, daß alle Synagogen von der »spontanen«

Volkswut, wie es im Rundfunk geheißen hatte, angezündet und niedergebrannt worden waren. Polizei und Feuerwehr hatten untätig dabeigestanden und sich darauf beschränkt, die Schaulustigen von den Brandstellen fernzuhalten.*

Wir hatten uns davon überzeugen wollen, was unsere Freunde am Telefon berichtet hatten, und waren am frühen Morgen auf die Straße gegangen. Meine Eltern blickten wie versteinert auf das angerichtete Unheil. Plötzlich rief ein Friseur, der in seinem weißen Kittel vor seinem Laden stand und uns beobachtet haben mußte, meinem Vater zu:

»Telech man, du Jude, telech man!« Sein fettes grinsendes Gesicht drückte Schadenfreude aus. Mein Vater war herumgefahren, hatte meine Mutter am Ärmel gefaßt, um schleunigst mit uns davonzueilen.

Meine Mutter indes, die keine Angst kannte, fuhr den verdutzten Friseur an: »Sie verfluchtes Schwein!«

Mein Vater wurde kreideweiß vor Angst: »Um Gottes willen, schweig!« rief er. Aber meine Mutter riß sich von ihm los und auf den in seinen Laden zurückweichenden Friseur zugehend schrie sie ihn noch mal an: »Sie verfluchtes Schwein!« Als sie schließlich von dem Friseur abgelassen hatte, wandte sie sich wieder meinem Vater zu und sagte, nun ganz ruhig: »Man darf sich schließlich nicht alles gefallen lassen.«

Der Ausbruch der »spontanen Volkswut«, der Berichten zufolge in der Provinz durch Übergriffe auf die Privatwohnungen jüdischer Mitbürger noch schlimmere Formen angenommen hatte als in Berlin, war der harmlose Auftakt einer »Vergeltung«, wie es hieß, für den »feigen Mord« des Polen Herschel Grynszpan an dem deutschen Diplomaten Ernst vom Rath in der Deutschen Botschaft von Paris. Der siebzehnjährige Grynszpan hatte sich für das Leid seiner Familie rächen wollen, die wenige Tage zuvor** von den Nazis aus Hannover an die polnische Grenze verschleppt worden war. So wenigstens hörten wir es nach dem Krieg. Damals wurde auch von einem homosexuellen Verhältnis des Herrn vom Rath mit Grynszpan gemunkelt. Andere hatten andere Erklärungen. »Das Weltjudentum reißt die Maske vom Gesicht«, so hieß es in Schlagzeilen

---

* Die New York Times meldet dazu, daß 195 Synagogen niedergebrannt, 800 Läden zerstört und 7500 geplündert worden waren. Arthur D. Morse: Die Wasser teilten sich nicht. Wien, Bern, München 1968, S. 210.
** Siehe S. 31.

von Morgenausgaben der Zeitungen. Es folgten spaltenlange Schilderungen der Verdienste und des Lebenslaufs des Herrn vom Rath. Grynszpan war am 7. November in die Deutsche Botschaft in Paris eingedrungen und hatte Botschafter von Welczeck zu sprechen verlangt. Legationsrat vom Rath empfing ihn. Grynszpan, der ihn wohl irrtümlich für den Botschafter hielt, schoß auf vom Rath und verletzte ihn schwer. Zwei Tage lang rang vom Rath mit dem Tode. Im Rundfunk wurde alle Stunde ein ärztliches Bulletin über sein Befinden verlesen. Damals hat ganz gewiß nicht nur die Mutter für das Überleben ihres Sohnes gebetet.

»Wenn der bloß nicht stirbt ...«, mit diesem Satz begannen alle Gespräche, die Juden damals in der berechtigten Furcht führten, daß der Mord an vom Rath den Nazis sehr gelegen käme. Am Nachmittag des 9. November starb er. Wenige Stunden später rief uns ein Freund erregt an und teilte mit, daß einer meiner Onkel, ein reicher Geschäftsmann, soeben in seiner Wohnung von der Gestapo verhaftet und vermutlich in ein Konzentrationslager abtransportiert worden sei. Genaueres wisse niemand. Die Beamten hätten jede Angabe von Gründen verweigert. Wenige Minuten später erhielten wir eine ähnliche Nachricht. Dieses Mal betraf es einen der engsten Freunde meiner Eltern, einen Frauenarzt im Norden Berlins.

Und so ging es während der folgenden Stunden weiter. Das Telefon klingelte, erregt sagte jemand mit knappen Worten eine Hiobsbotschaft durch und hängte sofort wieder ein. Nun begannen auch meine Eltern Freunde anzurufen, von denen sie noch nichts gehört hatten. Aber wo immer sie anriefen, antwortete entweder niemand, oder sie hörten die beklommene Stimme der Ehefrau: »Mein Mann ist eben von der Gestapo abgeholt worden.« Sehr bald fiel uns auf, daß es sich im wesentlichen um intellektuelle und wohlhabende Personen handelte, die von dieser Aktion betroffen waren.[*]

Sehr bedrückt hatte mein Vater an jenem Morgen des 10. November das Haus verlassen und war wie immer zur Schule gefahren. Mich allerdings hieß er, zu Hause zu bleiben. Meine

---

[*] »1. Es werden in kürzester Frist in ganz Deutschland Aktionen gegen Juden, insbesondere ihre Synagogen, stattfinden. Sie sind nicht zu stören ... 3. Es ist vorzubereiten die Festnahme von 20000–30000 Juden im Reich. Es sind auszuwählen vor allem vermögende Juden ...«, so hieß es in einem geheimen Fernschreiben der Gestapo an alle ihre Dienststellen in Deutschland (Reimund Schnabel: Macht ohne Moral. Frankfurt 1957, S. 78f.).

Eltern verabredeten, in regelmäßigen Abständen miteinander zu telefonieren.

Meine Mutter begann wie immer mit der Hausarbeit, die sie, seit sie ohne Hilfe war, nach einem genau festgelegten Plan vornahm. So tat sie es auch an jenem 10. November. Gegen 10 Uhr vormittags klingelte es kurz und energisch. An den Augen meiner Mutter erkannte ich, daß sie genauso verängstigt war wie ich. Sie öffnete. Vor ihr standen zwei Männer in Zivil, groß, feist, mit leeren, unbestimmbaren Gesichtern. Sie sagten, sie seien von der Gestapo, und wünschten, eingelassen zu werden. Meine Mutter forderte, ihre Ausweise zu sehen. Sie zeigten sie vor. Dann traten sie ein, gingen meiner Mutter voran ins Herrenzimmer. Dort nahm einer von ihnen sofort hinter dem Schreibtisch meines Vaters Platz.

»Wo ist Ihr Mann?« herrschte er meine Mutter an, die an der anderen Seite des Schreibtisches stand und sich mit beiden Händen an der Kante festhielt.

»Ich habe keine Ahnung«, sagte sie scheinbar ganz ruhig. »Er ist wie immer aus dem Hause gegangen. Ich nehme an, zur Arbeit. Aber ich bin ein bißchen unruhig, denn ich kann ihn an seiner Arbeitsstelle nicht erreichen.«

Von mir nahmen die beiden Männer keine Notiz. Ich stand in der Tür und hatte unsagbare Angst.

»Also sagen Sie Ihrem Mann, wenn er nach Hause kommt, daß er sich sofort bei seinem Polizeirevier zu melden hat, verstanden?« befahl energisch und kalt der zweite, der stehengeblieben war, als wollte er die Situation besser überschauen.

»Natürlich«, erwiderte meine Mutter ruhig und geleitete die »Herren« zur Tür. Kaum war sie geschlossen und die Schritte im Treppenhaus verhallt, da stürzte meine Mutter ans Telefon. Sie zitterte am ganzen Körper.

»Paß auf, ob die vielleicht zurückkommen!« rief sie mir zu. Und während ich die Wohnungstür einen Spalt öffnete, um lauschen zu können, wählte sie hastig die Nummer der Schule, in der mein Vater arbeitete.

»Verschwinde so schnell wie möglich, sie sind hinter dir her!« So rief sie ins Telefon, als sich offensichtlich mein Vater am anderen Ende der Leitung gemeldet hatte, und hängte wieder ein. Dann warf sie sich in einen Sessel und begann laut nachzudenken. Man müßte Ostrowski benachrichtigen; vielleicht könnte er meinen Vater verstecken. Aber das wußte mein Vater gewiß ebenfalls. Vielleicht würde er jetzt zu ihm gehen. Man müßte abwarten. Sie könnte nun nichts mehr tun. Dann begann sie, ihre Hausarbeit wiederaufzunehmen. Aber das gelang ihr nicht so recht. Die Unruhe machte sie unaufmerksam. Ich stand ihr auch im Weg, in dem sehr verständlichen Wunsch, ihr nahe zu sein. Schließlich beschloß sie, mit mir einkaufen zu gehen. Es wäre am besten, meinte sie, so zu tun, als wäre nichts geschehen. Vor sich selber und vor den anderen.

Im Nebenhaus wehten aus dem Schaufenster des Kleidergeschäfts Gardinenfetzen, Stoffe lagen herum. Wir schauten an den von den Nazi-Horden geplünderten Läden vorbei – so wie die anderen Fußgänger auch, die es an jenem Tag sehr eilig zu haben schienen, als wollten sie nicht Zeugen oder gar Hehler werden.

Bei Frau Gesche, der Inhaberin des Kolonialwarenladens in der Uhlandstraße, war alles wie immer; vielleicht eine Spur herzlicher als sonst in unserem seit Jahren bestehenden guten Verhältnis zueinander. Andeutungen über das nächtliche Geschehen wurden gemacht. »Was soll das nur?« Kopfschütteln, das Unverständnis ausdrückte. Die Gesches hatten in ihrem langen Kaufmannsleben viel Umgang mit Juden gehabt. In der Gegend rund um den Kurfürstendamm wohnten viele vermögende Juden, die ihre Kunden waren. »Gute Kunden«, wie sie immer betonte, »Kunden, die immer nur Qualität kauften«, sagte die füllige Frau, »und vor allem vergaßen sie nie ihre Hausangestellten. Die ›anderen‹«, sie schüttelte mißbilligend den Kopf, »das Billigste ist gerade gut genug für das Mädchen.«

Meine Mutter und ich kehrten mit gefüllten Einkaufstaschen zu unserem Haus zurück. Als meine Mutter aufschließen wollte, entdeckte sie, daß sie den Schlüssel vergessen hatte. »Um Gottes willen, wenn Papa jetzt anruft!« Sie erschien ganz verloren in jenem Augenblick. Ein paar Minuten war sie ratlos, der Verzweiflung nahe, faßte sich dann aber schnell wieder: »Da hilft ja nun alles nichts.« Und mit der ihr eigenen Energie ging sie, als wäre nichts Besonderes, zur Portierfrau und bat lachend um Hilfe.

»Wie dumm von mir«, meinte meine Mutter entschuldigend. So etwas käme doch alle Tage vor, sagte die Portierfrau und bat uns, ein wenig zu warten. Ihr Mann sei für ein paar Minuten aus dem Haus gegangen. Wir sollten es uns in ihrer Küche bequem machen, während sie ihren Hausfrauenpflichten in den anderen Zimmern nachginge. Da saßen wir nun auf harten Küchenstühlen und schauten gebannt durch die offene Tür in den viereckigen Hof mit seinem kärglichen Rasenplatz und den Eingängen zum Keller. Wie gut man von hier aus alles übersehen konnte! Auch die Menschen, die das Haus betraten. Ob sie wohl Bescheid wußte über den Besuch der Gestapo? Mit keiner Silbe hatte die junge Portierfrau sich etwas anmerken lassen.

Plötzlich zischte meine Mutter mich an: »Was machst du denn da?« Ich hatte es fast unbewußt getan. An der Wand neben dem Küchenbord mit den Porzellankrügen hatte ich das Konterfei Adolf Hitlers entdeckt. Nur so groß wie eine Postkarte, aber immerhin an einem gut sichtbaren Platz, als sei der »Führer« der Beschützer des Hauses. Meine Mutter hatte mich dabei ertappt, wie ich dem Bild die Zunge rausstreckte. Wir lachten. Die Spannung löste sich. Eigentlich waren wir bei der Portierfrau sicherer als in unserer Wohnung. Schließlich kam der Portier. Auch er tröstete meine Mutter über das Mißgeschick, das so vielen Leuten zustoße. Dann ging er voraus die Treppe hinauf und öffnete unsere Wohnungstür mit einer Drehung seines Dietrichs.

Wie gut war es, wieder in der eigenen Wohnung zu sein, obwohl sie längst nicht mehr den Schutz zu bieten vermochte wie einst.

Den ganzen Tag über hörten wir nichts von meinem Vater. Meine Mutter hatte sich Wäsche zum Ausbessern vorgenommen. Ich hockte ihr zu Füßen oder lief hin und her, horchte ins Treppenhaus oder schaute aus dem Fenster. Als es dunkelte, wagten wir nicht, Licht zu machen. Immer wieder fragten wir uns, wo mein Vater wohl sei. Meine Mutter mochte nicht noch einmal in der Schule anrufen; der Apparat könnte überwacht werden, sowohl unserer als auch der in der Schule. Ja, und nun stand mein Vater vor uns.

Meine Mutter lief zum Telefon. Ich hörte nur, wie sie Dr. Ostrowski zu kommen bat. »Nun laß ihn entscheiden, ob du dich stellen sollst oder nicht«, sagte meine Mutter. Mein Vater ging unruhig auf und ab. Noch immer war Ostrowski, ehemals Bürgermeister von Finsterwalde, später des Bezirks Prenzlauer Berg im Norden Berlins und nun von den Nazis als SPD-Funktionär gemaßregelt, für meine Eltern eine anerkannte Autorität.

»Sind Sie verrückt geworden, Deutschkron?« rief er aus, als er kurz darauf mit seiner Freundin Grete Sommer vor uns stand. »Sie fahren sofort mit Grete zu ihren Eltern nach Neukölln!« Die Sommers waren uns aus Finsterwalde gut bekannt. Sie hatten ein Lebensmittelgeschäft in Neukölln, Thüringer

Straße 20. Auch das war eine Art Tarnung, denn Bernhard Sommer war Gewerkschaftsfunktionär gewesen und hatte in Finsterwalde nicht bleiben können, da seine politische Vergangenheit in der kleinen Stadt beim Aufbau einer neuen Existenz hinderlich gewesen wäre. Niemand wollte einen von den Nazis »Gemaßregelten« in seinem Betrieb beschäftigen, und das oft mehr aus Angst vor den Nachbarn als aus eigener Überzeugung. In Berlin aber kannte ihn niemand. »Und auch ihr beide solltet nicht zu Hause bleiben«, meinte Ostrowski zu meiner Mutter und mir. »Was, wenn die Gestapo noch einmal kommt und Fragen stellt?«

So fuhren wir in zwei Taxis in entgegengesetzter Richtung davon. Ostrowski brachte uns zu Frau Giese, einer älteren Dame; sie war Sozialdemokratin und einstige Rektorin einer weltlichen Schule in Berlin. Sie war alleinstehend und verfügte über eine Zweizimmerwohnung in einem Gartenhaus in der Brandenburgischen Straße 36. Ostrowski hatte sie telefonisch in Andeutungen vorbereitet. Obgleich es inzwischen spät geworden war, hatte sie sich sofort bereit erklärt, uns aufzunehmen. Zwei Wellensittiche, Nikki und Pippa, waren die einzige Gesellschaft der Frau Giese, die wir übrigens bis dahin nur dem Namen nach gekannt hatten. Die beiden Vögel waren gewohnt, des Nachts frei im Zimmer umherzufliegen. Die Einquartierung von meiner Mutter und mir erregte sie. Offensichtlich empfanden sie uns als Eindringlinge. Während wir uns mit Hilfe einiger Sessel eine Art Bett zurechtmachten, flatterten die Vögel aufgeregt um uns herum, so daß meine Mutter fürchtete, sie würden sich in ihrer Frisur verfangen. Gewiß nicht nur wegen der Vögel konnte sie die ganze Nacht kein Auge zutun. Die folgenden Nächte wurden die beiden in ihrem Bauer eingesperrt, was sie als unerhörten Eingriff in ihre Freiheit empfanden und mit einem fürchterlichen, nicht enden wollenden Gezeter quittierten. Dennoch haben diese beiden Vögel dafür gesorgt, daß die Erinnerung an unseren fast zweiwöchigen Aufenthalt bei Frau Giese nicht in Vergessenheit geriet. Bald pflegte sich nämlich einer von ihnen an die Gardinenstange zu krallen und den kleinen Körper hin- und herschwingend, laut und deutlich im Tonfall meiner Mutter zu rufen: »Martin, bist du wahnsinnig?«

Mein Vater war gelegentlich aus seinem »Exil« in Neukölln zu uns gekommen, um die Lage zu besprechen und darüber nachzudenken, was nun geschehen sollte. Wir konnten ja nicht ewig in einem Versteck bleiben, obwohl es uns im Grunde genommen noch gutging. Die wenigen Male, die wir uns im Schutz der Dunkelheit auf die Straße gewagt hatten, konnten wir Männer und Frauen beobachten, die sich, offenbar in ähnlicher Lage wie wir, in Hausfluren trafen, hastig einige Worte wechselten, Pakete tauschten und sich ebenso rasch wieder voneinander trennten.

Frau Rieck, die unser Versteck natürlich kannte, hatte uns wissen lassen, daß ihrer Meinung nach die Gestapo noch einmal da gewesen sei. Sie habe sich im Treppenhaus aufgehalten, als sie zwei Männer vor unserer Wohnungstür entdeckte. »Suchen Sie die Deutschkrons?« hatte sie gefragt. Als die Männer bejahten, habe sie auf die zahlreichen Milchflaschen vor unserer Wohnungstür gewiesen und gesagt: »Sie sehen doch, daß die Deutschkrons verreist sind.« Dann seien die Männer wieder abgezogen.

»Meinst du nicht doch, daß ich mich stellen muß?« Mein Vater fragte es immer wieder. Er konnte nicht fassen, daß es rechtens wäre, dieser neuen staatlichen Autorität und ihren kriminellen Gesetzen mit Mitteln zu trotzen, die »illegal« waren. Immer wieder kam es zu Diskussionen zwischen meinen Eltern, die meine Mutter, energisch und kämpferisch, zu so drastischen Ausrufen verleiteten, die der eine Wellensittich schließlich übernahm.

Ohne das ständige Zureden von Ostrowski wäre mein Vater meiner Mutter wohl kaum gefolgt. In den Gesprächen meiner Eltern war auch gelegentlich von Auswanderung die Rede. Man müßte den Verwandten schreiben, hörte ich meine Eltern sagen, doch wurde dies bis zur Rückkehr in die Wohnung aufgeschoben. Es gab da eine Kusine meines Vaters in England. Sie war dort geboren, da schon ihre Eltern nach England eingewandert waren. Wir hatten nur einmal im Jahr Kontakt zu ihr und ihrer Familie, wenn gute Wünsche zum Jahreswechsel ausgetauscht wurden. Jetzt war das anders geworden. Wir hatten ihnen von Zeit zu Zeit Berichte über das Geschehen in Deutschland geschickt, die von Freunden, die ins Ausland fuhren, mitgenommen und dort eingesteckt worden waren. Vielleicht konnte mein Vater nach England? Diese Möglichkeit erschien zum ersten Mal fast verlockend. Später, nach ungefähr vierzehn Tagen, als wir wieder zusammen waren und den Eindruck gewonnen hatten, die Gestapo habe ihre judenfeindlichen Aktionen zunächst abgebrochen, wurde bekannt, daß England bereit wäre,

Männer aufzunehmen, die in jenen Novembertagen ins KZ gebracht worden waren.

»So muß man also erst ins KZ kommen, um gerettet zu werden!« Mein Vater sagte es mit Bitterkeit. Tatsächlich waren einige der verhafteten Männer aus den KZ entlassen worden, weil sie, wie sie sagten, konkrete Auswanderungspläne vorweisen konnten. Wie sahen diese Männer aus! Die Köpfe kahl geschoren, einige hatten erheblich an Gewicht verloren, andere waren von Schlägen ganz entstellt. Die meisten schienen verstört. Kaum einer von ihnen sprach über das Erlebte, und das nicht nur, weil sie bei der Entlassung eine Erklärung hatten unterschreiben müssen, sie seien gut behandelt worden. Daß es auch viele Todesfälle gegeben hatte, und dies nicht nur unter den alten und kranken Verhafteten, wurde nur hinter vorgehaltener Hand erzählt.

Dem physischen Leiden der Juden folgten nun Gesetze und Strafen. Eine Milliarde Reichsmark als Buße für den Tod des Diplomaten vom Rath, zahlbar in vier Raten, mußten die Juden in Deutschland auf Beschluß der Reichsregierung vom 11. November 1938[*] aufbringen. Weiter wurde angeordnet, daß die Juden für die Behebung der Schäden in Geschäften und Wohnungen allein aufzukommen hätten. Deren sofortige Wiederherstellung war ebenfalls Pflicht. Entschädigung durch Versicherungen für die an Gebäuden entstandenen Schäden wurde den Juden nicht zugesagt. In einem Kommuniqué hieß es, die Schäden seien auf die Abneigung des deutschen Volkes gegenüber der Agitation des internationalen Judentums gegen das nationalsozialistische Deutschland am 8., 9. und 10. November zurückzuführen. Dann folgte ein Verbot, Museen, Parks, Konzertsäle, Theater zu besuchen. Am 23. November 1938 verkündete der ›Völkische Beobachter‹ in einem Leitartikel, das deutsche Volk sei zur »endgültigen und unweigerlich kompromißlosen Lösung des Judenproblems aufgebrochen«.[**]

Zögernd begannen die deutschen Juden, die Wirklichkeit zu begreifen. Für viele war es zu spät, denn die Auswanderungsmöglichkeiten wurden immer geringer. Immer mehr Staaten schlossen ihre Pforten oder stellten unerfüllbare Bedingungen – hohe Geldsummen, Verwandte ersten Grades als Bürger und

---

[*] H. G. Adler: Der verwaltete Mensch. Tübingen 1974, S. 494.
[**] A. D. Morse: Die Wasser teilten sich nicht. Wien, Bern, München 1968, S. 216.

Bürgen. Wie viele deutsche Juden hatten noch frei verfügbare Mittel oder Angehörige im Ausland, die als Garanten in Frage kamen? Das Klirren der Scheiben am 9. November hatte das Ausland nicht dazu veranlaßt, seine Einwanderungspolitik auch nur um ein Jota zu ändern. Für die deutschen Juden, auch die deutschesten unter ihnen, wurden die Geschehnisse des 9. November zum Alarmsignal. Manche meinten, es sei nun in der Tat fünf Minuten vor zwölf. Tatsächlich aber war es für die meisten von ihnen bereits fünf Minuten nach zwölf – zu spät.

England antwortet nicht

Ganz klein und aschfahl im Gesicht, so sah ich meinen Vater an jenem 19. April 1939 am Fenster des Eisenbahn-Coupés stehen. Mit beiden Händen hielt er sich am Griff des Fensters fest, als brauchte er einen Halt. Meine Mutter rief ihm auf dem Bahnsteig stehend wohl zum zehnten Mal immer den gleichen Satz zu:

»Nicht wahr, du wirst versuchen, uns so schnell wie möglich nachzuholen! Es ist ganz gleich wie – als Hausmädchen, als Köchin – nur raus hier!«

Mein Vater nickte immer nur. Er schien mir mutloser und hilfloser als jemals. Er blickte auf seine beiden Schwestern, seinen Bruder und ihre Familien, die mit uns auf dem Bahnsteig des Lehrter Bahnhofs am Zug nach Ostende standen. Das geschäftige Leben und Treiben in der hohen dunklen Halle dieses Bahnhofs berührte uns nicht; wir sahen nichts davon. Meines Vaters älteste Schwester schluchzte herzzerreißend. Die anderen wischten stumm ihre Tränen.

Während meine Mutter und ich damals nicht daran zweifelten, daß wir in Kürze meinem Vater nach England folgen würden, hatte keines seiner Geschwister eine reale Möglichkeit dazu. Die älteste Schwester war mit einem Invaliden aus dem Ersten Weltkrieg verheiratet, der bettlägerig war. Sie hatte ein schweres Leben hinter sich. Ihre erste Ehe war zerbrochen, weil sie, wie man sagte, ein »unstetes Leben« geführt hatte. Zur damaligen Zeit galten in jenen gutbürgerlichen jüdischen Kreisen sehr strenge Sitten. Und eine Frau, die noch dazu sehr schön war und es angeblich mit der Treue nicht sehr genau nahm, war bald eine Art »outcast«. Die zweite Ehe mit dem nicht sehr vermögenden Invaliden wurde als eine Art Strafe angesehen, eine »arrangierte Ehe« natürlich, wie es damals noch in jüdischen Familien Anfang des zwanzigsten Jahrhunderts üblich war und für die sie quasi noch dankbar zu sein hatte.

Die andere Schwester war mit einem sehr viel älteren Mann verheiratet. Diese Ehe – ebenfalls nach Gut und Geld und nicht nach Zuneigung zustande gekommen – bestand nur noch auf dem Papier und wurde »wegen der Leute« aufrechterhalten. Auch dieser Mann hätte kaum noch körperliche Arbeit leisten können und war damit zu jener Zeit von einer Auswanderung ausgeschlossen. Nur der Bruder meines Vaters träumte noch von einer Auswanderung. Er war eine Spielernatur. Man sagte ihm unreelle Geschäftspraktiken nach und nahm ihn eigentlich nicht recht ernst. Seine Geschwister waren immer in Sorge, daß er den Namen seiner Familie in Mißkredit bringen könnte. Und so nahmen sie ihn auch nicht sonderlich ernst, wenn er von Auswanderungsplänen sprach. Aber genau wie er, so hofften damals viele Juden auf ein Visum für einen afrikanischen oder asiatischen Staat, von dem Gerüchte besagten, daß er bereit wäre, Flüchtlinge aufzunehmen.

»Vielleicht könnte man hierhin oder auch dorthin ...« Und die Finger wanderten unruhig auf der Landkarte hin und her. Oder: »Was ist eigentlich mit Paraguay?«

»Hast du schon Neuseeland probiert?«

»Ich habe gehört, daß der X ein Visum für Panama bekommen hat.«

»Zehntausend Mark soll ein Visum nach Venezuela kosten ...« Diese Gespräche waren wie ein Gesellschaftsspiel, das nie zu Ende gespielt werden konnte. Denn ein Staat nach dem anderen verschloß sich der Aufnahme von Juden aus Deutschland. Der eine früher, der andere später.

Eines der grausamsten Beispiele für die Art, wie ein Land nach dem anderen seine Tore verschloß, ist die Irrfahrt der »St. Louis«, ein Schiff, das am 13. Mai 1939 mit 930 Flüchtlingen an Bord aus Deutschland nach Kuba auslief. Sie alle glaubten, im Besitz gültiger Papiere zu sein, die sie für viel Geld erworben hatten, und wußten bei ihrer Einschiffung noch nicht, daß der kubanische Präsident kurz zuvor diese Visa für ungültig erklärt hatte. Als die »St. Louis« am 27. Mai in kubanische Gewässer einlief, verweigerte ihr die kubanische Regierung die Anlegeerlaubnis. Nach quälenden Verhandlungen mußte das Schiff am 2. Juni wieder Kurs auf Europa nehmen. Die kubanische Kriegsmarine hatte Anweisung, Gewalt anzuwenden, wenn der deutsche Kapitän, der für seine jüdischen Passagiere in beispielhafter Weise eintrat, die kubanischen Gewässer nicht verlassen sollte. Wie viele von diesen 930 Menschen überlebt haben können, von denen einige in England und Holland, andere in Belgien und Frankreich Asyl fanden, vermag man lediglich zu schätzen.[*]

---

[*] A. D. Morse: Die Wasser teilten sich nicht. Wien, Bern, München 1968, S. 240–250.

Mein Vater hatte sehr viel Glück. Während er noch bis zu jenen Novembertagen im Jahre 1938 eine Auswanderung für ein nicht notwendiges Risiko gehalten hatte, begriff er schließlich in jenen Stunden der Verfolgung und des Untertauchens, daß auch er in Deutschland nicht mehr in Frieden und Sicherheit würde leben können. Aber wohin fliehen? In Amerika lebte ein Onkel meiner Mutter, von dem wir immer gemeint hatten, daß er reich sei, weil er bei seinen Besuchen in Europa stets mit großartigen Gesten aufgetreten war. Als eine Cousine meiner Mutter frühzeitig nach Amerika auswanderte, stellte sie fest, daß dieser Onkel auf seinen Europareisen nur eine Schau geboten hatte. Ohne den Nachweis von Verwandten, die notfalls Hilfe leisten konnten, vergab die amerikanische Regierung keine Einwanderungserlaubnis. Aber auch selbst wenn solche Garantien vorlagen, gab es noch Quoten, die die Einwanderung in Grenzen hielten.[*]

In ihrer Verzweiflung versuchten viele deutsche Juden bei jenen Hilfe zu finden, die selber vor wenigen Jahren ausgewandert waren und Berichten zufolge auch schon Fuß gefaßt hatten. Sie müßten doch besser als jeder andere unsere Situation begreifen und wissen, wie dringend unsere Auswanderung geworden ist, so hieß es damals in vielen Gesprächen. Aber auch dort war oft nur wenig Verständnis zu finden. Ich erinnere mich noch, wie groß die Enttäuschung unserer Freunde Blumenthal war, die ihre Geschwister in Brasilien gebeten hatten, ihnen auf irgendeine Weise zur Auswanderung zu verhelfen. »Wir wollen noch ein zweites Geschäft einrichten; danach werden wir Eure Einreise nach hier beantragen.« Solch einen Brief – und es waren nicht wenige dieser Art, die damals in Deutschland eintrafen – empfanden die Empfänger wie Keulenschläge. Phantastische Überlegungen, die Scheinehen mit unbekannten Ausländern und Betrug nicht ausgeschlossen, wurden angestellt, nur um Deutschland verlassen zu können.

Mein Vater hatte vor Jahren einen Antrag auf Einwanderung nach Palästina gestellt, obgleich er sich im klaren darüber war, daß die von England verfügte Einwanderungsbegrenzung die Erteilung eines Visums auf Jahre hinaus völlig unwahrschein-

---

[*] Das Stuttgarter US-Konsulat war ermächtigt, 850 Visa pro Monat auszustellen; es gingen jedoch 110000 Anträge auf Einwanderung ein (siehe A. D. Morse: Die Wasser teilten sich nicht. Wien, Bern, München 1968, S. 215).

lich sein ließ.* Meinen Eltern gab dieser Antrag jedoch Sicherheit. Sie hatten etwas unternommen, obwohl sie niemals ernsthaft an die Möglichkeit einer Auswanderung gedacht hatten. Überdies waren sie keine Zionisten, sondern Juden, die durch äußere Umstände auf ihre Zugehörigkeit zum Judentum hingewiesen worden waren. Aber Judentum war auch in jenen Jahren nicht gleich Zionismus. In der sozialistischen Ideologie war die Judenfrage als Problem stets heruntergespielt worden. Sie würde sich von selbst erledigen, wenn der Sozialismus gesiegt und die Klassenunterschiede, die wesentlich den Antisemitismus verursachten, aus der Welt geschafft hätte. Wer, wie meine Eltern, mit diesen Ideen verbunden war, konnte schwerlich über Nacht Zionist werden. Schon die Rückkehr zum Judentum war ihnen nicht leichtgefallen. Ich hatte Klassenkameradinnen, für die ein Leben in »Erez Israel« das höchste Glück bedeutete. So jedenfalls äußerten sie sich in ihren Schwärmereien. Ich fand das ein wenig albern und kam mir sehr viel erwachsener und ausgeglichener vor, indem ich die Argumente meiner Eltern akzeptierte, daß das alles vorübergehen würde und wir gewiß eines Tages wieder in Ruhe und Frieden in Berlin leben könnten. Es galt halt, die Nazi-Zeit irgendwie zu überstehen.

Darum bedrückte meine Eltern auch nicht sonderlich, was ein enger Freund meines Vaters über die angeblich haarsträubenden Verhältnisse in Palästina berichtete, als er, nach kurzem Aufenthalt dort, wieder nach Berlin zurückgekehrt war. Ich höre ihn noch, wie er die Plage mit den zahlreichen Insekten schilderte, die schmutzigen Ecken des Hafenviertels von Haifa, die »seltsamen« Menschen, die ihm dort begegneten. Alles schien ihm in Deutschland – selbst im Nazi-Deutschland – so viel besser. Aber meines Vaters Wahl war ja ohnehin nur aus sehr praktischen Erwägungen auf Palästina gefallen. Das Deutsche Reich transferierte nämlich Staatspensionen nach Palästina. Das Arrangement sah vor, daß die in Palästina seßhafte Tempelgesellschaft Investitionsgüter für ihre landwirtschaftlichen Siedlungen aus Deutschland beziehen und in Palästina bezahlen konnte. Aus diesem Fonds wurden die Gelder in Palästina an jene ausgezahlt, die in Deutschland das Recht auf Transfer hatten. Meines Vaters Pension, so klein sie auch war,

* Am 17. Mai 1939 beschränkte England die Einwanderungsquote nach Palästina für die folgenden fünf Jahre auf 75 000

wäre schließlich eine gute Grundlage für einen neuen Anfang in einem fremden Land gewesen, hätte es denn sein müssen...

Natürlich begrenzte die englische Einwanderungspolitik auch diese Möglichkeit. Immerhin erleichterten die Engländer nach jenen Novembertagen des Jahres 1938 die Einwanderung in ihr eigenes Land für solche, die im KZ gewesen waren oder Verwandte in England hatten und Anträge auf Auswanderung in andere Länder vorweisen konnten. Mit anderen Worten: England war bereit, einigen Menschen vorübergehend Asyl zu gewähren. Der Name »Richmond Camp«, in dem diese Menschen zunächst untergebracht waren, hatte bald einen legendären Klang für uns. Später erfuhren wir, daß die Baracken in diesen Aufnahmelagern von den ersten Ankömmlingen bewohnbar gemacht werden mußten. Aber ganz gewiß hat diese Möglichkeit der Übergangsauswanderung zur Rettung vieler Menschen beigetragen. England und Schweden öffneten ihre Tore auch für Kinder ohne Eltern. Wenn auch jene jüdischen Kinder auf diese Weise physisch gerettet worden sind, so haben viele von ihnen, wie sich später herausstellte, doch psychische Schäden erlitten, da ihnen die elterliche Führung in den entscheidenden Entwicklungsjahren fehlte. Ich lehnte die Überlegung meiner Eltern, eventuell ohne sie auszuwandern, mit Entschiedenheit ab, und meine Eltern drängten mich auch nicht dazu.

Ich bin sicher, daß meine entschiedene Ablehnung auch durch ein Erlebnis mitbestimmt worden ist, dessen unfreiwilliger Zeuge ich geworden war. Es geschah in den Sommermonaten des Jahres 1936. Wir warteten auf die Abfahrt unseres Zuges am Anhalter Bahnhof, um in die Ferien zu fahren. Damals war es noch möglich, ins Ausland zu reisen, und wer irgend konnte, nahm die Gelegenheit wahr, um sich von der mit latenter Spannung geladenen Situation in Deutschland zu erholen. In Ferienstimmung schlenderten meine Eltern und ich am Zug entlang. Da sahen wir, daß dem Zug einige Waggons nach Genua angehängt wurden. Aus den Fenstern der Abteile lehnten junge Menschen, die offenbar auf dem Weg nach Palästina waren. Auf dem Bahnsteig standen ihre Mütter und Väter. Die schmerzliche Verzweiflung des Abschieds, die sich in den Gesichtern dieser Menschen spiegelte, war so ergreifend und beeindruckend, daß ich diese Szene nie vergessen habe. Ich schämte mich, daß wir so vergnügt in den Urlaub fuhren. Weder meine Eltern noch ich sprachen ein Wort über das, was wir gemeinsam gesehen hatten. Die Erinnerung daran blieb über alle Jahre lebendig.

Da erhielten wir plötzlich die Nachricht, daß die Cousine meines Vaters in England bereit sei, meinen Vater aufzunehmen. Sie könne dies nur für ihn tun, da für jeden Einwanderer eine hohe Garantiesumme hinterlegt werden müsse, die die englische Regierung von einer möglichen Belastung befreie. Der Antrag auf ein Zertifikat nach Palästina erleichterte überdies die Möglichkeit der zeitlich begrenzten Einwanderung nach England.

Meinen Eltern fiel offensichtlich ein Stein vom Herzen, gab es doch auf diese Weise auch eine Hoffnung, daß meine Mutter und ich meinem Vater nach England folgen könnten – als Hausgehilfinnen, die England nötig zu brauchen schien, wie ihre Visa-Politik bewies. England, das erschien uns nicht so weit, war sogar ein erstrebenswertes Aufnahmeland im Hinblick auf seine damalige Stellung in der Welt und im Vergleich zu anderen Auswanderungsmöglichkeiten wie etwa Shanghai oder Aleppo; das waren die letzten Häfen vor dem Krieg, die deutsche Juden in ihrer Verzweiflung anstrebten, da sie für Einwanderer noch nicht verschlossen waren. Ich erinnere mich, wie mein Vater das Lexikon zu Hilfe genommen hatte, um festzustellen, was über dieses Aleppo mitgeteilt wurde. Eine Stadt in Syrien, hieß es da. Die Aleppobeule, eine ansteckende Hautkrankheit, sei nach ihr benannt. Uns dreien grauste bei dem Gedanken, dorthin zu müssen oder zu den Chinesen, von denen wir eigentlich ebensowenig wußten, außer daß dort ständig Krieg und eine für Europäer unbegreifliche Armut herrschte. England, das war etwas ganz anderes.

Wir hatten unsere Wohnung bereits mehr oder weniger zwangsweise aufgegeben. Wohnungsvermieter hatten damals zwar noch keine besondere rechtliche Handhabe, ihren jüdischen Mietern zu kündigen, aber doch ausreichende Möglichkeit dazu. Unser Hauswirt machte davon auch unverzüglich Gebrauch. Aber da mein Vater bereits vor der Auswanderung stand und wir ihm bald zu folgen hofften, schien es uns ohnehin sinnlos, eine Wohnung halten zu müssen. Und so beschlossen meine Eltern, alles, was für die Auswanderung sinnvoll schien, in einen Lift zu packen und ihn im Hamburger Freihafen abrufbereit zu lagern. Ich erinnere mich noch genau daran, wie meine Eltern jedes Stück ihres Besitzes prüften, ob es des Mitnehmens wert sei. Kleinmöbel, so hatte man ihnen geraten, seien überall unterzubringen. Wir mußten damit rechnen, daß der Wohnraum, den wir uns beim Aufbau einer neuen Existenz im neuen Lande erlauben könnten, sehr begrenzt sein würde. So begann das Überlegen: »Der Schreibtisch muß weg, und wir brauchen natürlich auch keine Schlafzimmermöbel.« Wiederum siegten die Entschiedenheit und der praktische Sinn meiner Mutter über das Zögern und Bedauern meines Vaters. Jedes Möbelstück hatte doch eine besondere Bedeutung, war doch alles unter Opfern angeschafft worden. Am schwersten war die Entscheidung über den Inhalt des Bücherschrankes. War es 1933 noch um die politisch geächteten Titel gegangen, so ging es jetzt um Meter von Büchern – was sie enthielten, war völlig gleichgültig. Es mußte alles verkauft und verschleudert werden. Wir übertrugen diese unsympathische Aufgabe einem »Spezialisten«, der sich dieser routiniert und ohne jegliche Gefühlsregung unterzog. Dann kamen die Käufer, die Händler.

»Die Meißner Vase wollen Sie mitnehmen? Das ist doch nur Ballast für Sie.«

»Schöne Vorhänge haben Sie da. Wollen Sie die auch mitnehmen?«

»Nur drei Meter Bücher für diesen Preis? Na, da legen Sie mal noch einen halben dazu!« Die Käufer waren wie Aasgeier. Niemand dachte daran, daß es uns schmerzte, erleben zu müssen, wie unsere einstige Heimstatt ausgeschlachtet wurde. Für sie war es eine günstige Gelegenheit, sich billig einzurichten. Von dieser Gier wurden auch gebildete oder wohlhabende Leute befallen.

Endlich war unsere Habe so weit reduziert, daß sie verpackt werden konnte – ein kompakter Bestand des Notwendigsten. Ein hölzerner Lift, wie man ihn in jenen Tagen in den Straßen Berlins häufig sehen konnte, nahm alles auf, während ein Beamter vom Foreign Exchange Office jedes Stück prüfte – vom Kochherd bis zum Aschenbecher –, ob es auch auf der Liste verzeichnet war und nicht unbefugt »herausgeschmuggelt« werden sollte. Der Lift enthielt auch ein paar Dinge aus meiner Kinder- und Jungmädchenzeit. Einige Puppen, von denen ich mich auch als Halbwüchsige nicht trennen wollte, der Teddybär, die Schlittschuhe, der Tennisschläger ...

Der mit einem »J« versehene Reisepaß war meinem Vater bereits ausgehändigt worden. Die sogenannte Reichsfluchtsteuer[*], eine der sadistischen Steuern, die für jene Juden galt, die zur Auswanderung gezwungen wurden, war ebenfalls entrichtet. Dennoch hatte mein Vater den Termin seiner Abreise immer

---

[*] H. G. Adler: Der verwaltete Mensch. Tübingen 1974, S. 12.

wieder hinausgezögert. Eines Tages setzten die Nazis diesen Termin indirekt für ihn fest.

Mein Vater erhielt eine Vorladung zur Gestapo. Sie war auf einen Sonnabend, 9 Uhr früh, terminiert. Da wir nicht religiös sind, traf uns diese Schikane nicht. Als mein Vater wenige Minuten vor 9 Uhr das auf der Vorladung angegebene Zimmer betrat, war der zuständige Beamte hinter seinem Schreibtisch in die Lektüre des ›Völkischen Beobachter‹ vertieft. Als er das Öffnen der Tür hörte, schob er die Zeitung beiseite, sah meinen Vater an und schrie: »Wann sind Sie bestellt, Sie Jude?«

»Um 9 Uhr«, antwortete mein Vater.

»Dann kommen Sie gefälligst um 9 Uhr. Machen Sie, daß Sie rauskommen!«

Mein Vater verließ den Raum und wanderte im Gang auf und ab. Als es Punkt 9 Uhr war, betrat er erneut den Raum. Der Beamte war nun für ihn bereit.

»Sie heißen Deutschkron?«

Ohne die Antwort abzuwarten, brüllte er: »Ein Jude hat kein Recht, einen Namen zu tragen, in dem das Wort deutsch vorkommt!«

Und mit schneidender Stimme fragte er nach den Mädchennamen der beiden Großmütter meines Vaters.

»Russ und Besser«, antwortete mein Vater.

»Also wählen Sie zwischen diesen beiden Namen!«

Mein Vater pflegte zu erzählen, Russ sei ihm gänzlich unpassend erschienen, da er Deutschkron heiße. Also wählte er den Namen Besser. Er unterschrieb ein vorbereitetes Formular, mit dem er »freiwillig« auf den Namen Deutschkron verzichtete und den Wunsch aussprach, nunmehr Besser heißen zu dürfen. Dieser Zwischenfall sorgte dafür, daß selbst meinem Vater die Abreise nunmehr als dringend geboten erschien, da sein Paß mit dem englischen Visum auf den Namen Deutschkron ausgestellt war. Wenige Wochen nach der Abreise meines Vaters wurden meine Mutter und ich ebenfalls zur Gestapo bestellt, um gleichfalls die »freiwillige« Änderung unseres Namens zu beantragen. Die Angelegenheit ist nach Kriegsausbruch wegen Personalmangels selbst bei der Gestapo nicht mehr weiterverfolgt worden.

Nach der Abreise meines Vaters mietete meine Mutter ein möbliertes Zimmer für uns beide in Schönebergs Hohenstaufenstraße. Es schien uns ziemlich unwichtig, ob es schön oder bequem war. Es sollte schließlich nur eine Bleibe »auf Zeit« sein.

Das Zimmer war groß und mit vielen alten Möbeln vollgestopft. Das Bad und die Küche waren, wie wir später entdeckten, wegen des schlechten Augenlichts der Wohnungsinhaberin nicht unbedingt sauber. Es war eine der typischen großen Wohnungen Berlins mit langem Korridor, knarrenden Dielen und dunklen großen sogenannten Berliner Zimmern, deren Fenster auf einen viereckigen Hof hinausgingen. Wir wählten das angebotene Zimmer eigentlich nur, weil wir in einem der anderen möblierten Zimmer dieser Wohnung, die alle vermietet waren, Freunde entdeckten: Max und Lily Blumenthal. Für meine Mutter bedeutete es eine große Hilfe und Ermutigung, sie in nächster Nähe zu wissen, da sie nun allein ohne meinen Vater fertig werden mußte.

Lily und Max wohnten schon lange in einem möblierten Zimmer. Anders als wir, lebten sie völlig ziellos. Er, ein ehemaliger erfolgreicher Bankier, hatte es bereits im Ausland versucht und war enttäuscht mit seiner tuberkulosekranken Frau nach Deutschland zurückgekehrt. Damals schien es immer noch besser, in der Heimat Not zu leiden als im Ausland, wo es so wenig Möglichkeiten für einen Menschen gab, der physische Arbeit nicht gewohnt war. So verzehrten sie in Deutschland die Reste ihres einstigen Vermögens und warteten auf irgendein Wunder, das ihnen aus ihrer Misere helfen würde.

Meines Vaters Briefe waren interessant. Er entdeckte eine neue Welt. Aber die Arbeitsmöglichkeiten schienen auch für ihn sehr gering zu sein. Eine entsprechende Erlaubnis wurde ihm nicht erteilt. Dennoch gehörte er für uns zu den Glücklichen, zumal aus den deutschen Zeitungen immer deutlicher zu entnehmen war, daß Hitler auf einen Krieg zusteuerte. Damals ging es ihm um Danzig und den polnischen Korridor. Es konnte doch nicht sein, daß die Westmächte abermals seinen Forderungen nachgeben würden. Meine Mutter schrieb meinem Vater drängende Briefe, in denen sie forderte, daß er schleunigst etwas unternähme, um uns aus Deutschland herauszuholen. »Liest Du denn keine Zeitungen?« schrieb sie ihm, da offene Hinweise auf die politische Situation in Auslandsbriefen gefährlich waren und als Spionage ausgelegt werden konnten. Sie rang die Hände vor Verzweiflung, wenn er in seinen Antworten entweder nicht darauf einging oder sie vertröstete. Sie fürchtete, mein Vater könne, wie so viele andere, nachdem sie in Freiheit waren, die Lage in Deutschland nicht mehr richtig einschätzen. Briefe von Ausgewanderten klangen oft so, als hätten sie beim Grenzübertritt alles vergessen, was sie erlebt hatten. Daß es tatsächlich nicht so leicht war, eine Anstellung für meine Mutter und mich in einem englischen Haushalt zu finden – die einzige Möglichkeit, meinem Vater nach England zu folgen –, das wollte meine Mutter nicht wahrhaben. Ich habe es noch im Ohr, wie sie beschwörend auf Paula Fürst einsprach, meinem Vater die Lage in Deutschland und die Kriegsgefahr in den düstersten Farben zu schildern. Paula Fürst, ehemals Leiterin der Theodor-Herzl-Schule in Berlin am Kaiserdamm, sollte am 3. August 1939 einen Kindertransport nach England begleiten. Zur Überraschung ihrer Freunde kehrte sie nach Deutschland zurück, weil sie nicht so recht gewußt hätte, was sie in England anfangen sollte. In Berlin hatte sie ihre Wohnung, ihre Pension, ihre Freunde. Im Ausland aber? So wie sie haben viele deutsche Juden gedacht.

Frau Fürsts Schilderung der Verhältnisse in Deutschland und der drohenden Kriegsgefahr schien auf meinen Vater nicht ohne Wirkung geblieben zu sein. Kurz nach ihrer Rückkehr erreichte uns endlich die gute Nachricht, daß meine Mutter und ich im Haushalt eines Professors in Glasgow arbeiten könnten – meine Mutter als Köchin und ich als ihre Hilfe. Unserer baldigen Abreise aus Deutschland schien nun nichts mehr im Wege zu stehen.

Nur wenige Wochen, am 23. August, erschreckte uns die Nachricht vom Freundschaftspakt der Sowjetunion mit dem Dritten Reich. Wir konnten sie zunächst überhaupt nicht begreifen; sie schien uns ein unglaublicher Verrat der Sowjetunion an der freien Welt, den natürlichen Verbündeten im Kampf gegen die Nazis, zu sein. Dann wieder schien uns, als würde dieses Bündnis die Kriegsgefahr – wenigstens fürs erste – bannen. Dennoch beobachteten wir mit Argwohn junge Männer mit Rucksack und Pappkarton in den Straßen Berlins – offensichtlich Reservisten, die insgeheim eingezogen worden waren. Es folgten außerdem in regelmäßigen Abständen Aufrufe im Rundfunk und in den Zeitungen an die Berliner Bevölkerung, die Luftschutzkeller bereitzuhalten und die Gasmasken auf ihre Funktionsfähigkeit zu prüfen.

Wir hatten zu jener Zeit nicht sehr viel Kontakt zu unseren früheren politischen Freunden. Nur einmal waren wir zu Gast bei Dr. Ostrowski. Er hatte meinem Vater vor seiner Abreise versprochen, sich unserer, wenn nötig, anzunehmen. Er war damals ungewöhnlich demoralisiert. Dieser 23. August war für alle Sozialisten und Kommunisten eine herbe Enttäuschung. »Die Hakenkreuzflagge zu Ehren Ribbentrops in Moskau – Hitler, mit der Sowjetunion im Freundschaftspakt verbunden, kann jetzt alles wagen«. Er sprach, als ob er es immer noch nicht fassen könne.

Die Paradoxie der Gesinnungslage jener Deutschen bestand darin, daß sie einen Weltkrieg herbeisehnten, weil sie ganz sicher waren, daß Hitler ihn verlieren würde. Und nur auf diese Weise konnte Deutschland von den Nazis befreit werden. Die Sowjetunion und Polen auf der einen Seite, England und Frankreich mit Amerika auf der anderen – einem Zwei-Fronten-Krieg konnte Hitler nicht gewachsen sein. Dieser Pakt schien die Möglichkeit eines solchen Krieges zunächst auszuschließen und damit die Existenz des Unrecht-Regimes in Deutschland zu verlängern.

Am 27. August verteilte die Portierfrau Lebensmittelkarten. Die unseren waren bereits mit einem »J« gekennzeichnet. Die praktische Bedeutung erfuhren wir erst später. Sie schloß uns von allen Sonderzuteilungen und dem Kauf nichtrationierter Lebensmittel aus. Meine Mutter war entsetzlich unruhig, denn die Formalitäten unserer Auswanderung nahmen kein Ende. In jener Zeit schlief sie wenig. Ich war ihr sicherlich keine große Hilfe, unsere Freunde Blumenthal aber um so mehr. Jede neue Phase, jede Nuance in der Entwicklung besprachen wir mit ihnen auf dem Balkon ihres Zimmers. Ich sah das sehr gern, denn ich mochte Max Blumenthal. Er war der erste erwachsene Mann, der von mir Notiz nahm. Mir, der Siebzehnjährigen, bedeutete der gutaussehende Mann mit dem dichten schwarzen Haar, den dunklen Augen und der hohen Stirn mit der Zeit immer mehr, was ich natürlich nicht verriet. Er tanzte manchmal mit mir oder führte mich zu einer Tasse Kaffee aus. Er lehrte mich Lieder von Schubert und Hugo Wolf lieben. Ich hörte sie von einer der wenigen Schallplatten, die die Blumenthals noch besaßen. Das waren – so unwahrscheinlich es klingen mag – Höhepunkte im Leben eines jungen Mädchens, das keine Gelegenheit hatte, junge Männer kennenzulernen, und auch gar nicht wußte, daß dies normal gewesen wäre.

»Genau wie damals, genau wie 1914«, sagte meine Mutter vor sich hin und wies auf die Pferde, die, von Soldaten geführt, auf unserer Straße vorbeitrabten. Wir ahnten, daß Hitler den Krieg vorbereitete. Der Pakt mit der Sowjetunion sicherte ihm die Möglichkeit, getrost und ohne Einmischung aus dem Osten befürchten zu müssen, den Westen provozieren zu können. Die Greuelgeschichten über »Untaten der Polen an Volksdeutschen« füllten ganze Zeitungsseiten. Vor der Konferenz von München im Jahre 1938 war es ähnlich gewesen. Damals galt die »Sorge« des Führers den Sudetendeutschen, die unter den schrecklichen Verfolgungen durch die Tschechen gelitten haben sollten.

Und dann kam die Nachricht: Am 1. September hatten deutsche Truppen in breiter Front die polnische Grenze überschritten. »Das ist der Krieg«, meine Mutter sagte es tonlos. England hatte nun, da es mit Polen verbündet war, keine Wahl. Es mußte eingreifen. Wir versuchten, mit meinem Vater zu telefonieren. »Fräulein, so versuchen Sie es doch noch einmal«, meine Mutter sagte es beschwörend.

»England antwortet nicht«, sagte das Fräulein vom Amt kurz. Und so blieb es sechs schreckliche Jahre lang.

In Berlin gehen die Lichter aus

An jenem 1. September 1939 schien es, als würde in Deutschland Krieg gespielt. Nachmittags gab es in Berlin Fliegeralarm. Bis zum heutigen Tag weiß ich nicht, ob er begründet war. Es hatte den Anschein, als wollte die Reichsregierung der Bevölkerung begreiflich machen, daß es tatsächlich einen bösen Feind gab. Die Menschen zogen dann auch diszipliniert mit Luftschutztasche, die nach Vorschrift eine Flasche Trinkwasser, ein paar Lebensmittel und Medikamente enthalten mußte, und umgehängter Gasmaske in den Keller. Das alles wirkte ein bißchen komisch. Die Leute saßen artig auf ihren Plätzen, horchten in die Stille hinaus und spekulierten in flüsternden Gesprächen, was es wohl mit diesem Alarm auf sich habe. Draußen »über Tage« war es unheimlich still. Der Luftschutzwart in seiner neuen grauen Uniform kontrollierte anhand seiner Liste, wer von den Hausbewohnern anwesend war, und tat sich wichtig, indem er Anweisungen gab, was im Ernstfall zu tun, wo das Wasser zum Feuerlöschen und wo der Notausgang zu finden sei. Uns Juden wies er eine Ecke im Keller an, in der wir schweigend saßen und unsere »arischen« Hausgenossen nicht anzusehen wagten. Als es nach etwa 30 Minuten völliger Stille Entwarnung gab, warteten wir »respektvoll«, bis die »Arier« den Keller verlassen hatten.

Es folgte der erste Abend mit verdunkelten Fenstern. Gesetzestreue Bürger brüllten Drohungen zu allen jenen hinauf, aus deren Fenster ein Lichtstrahl drang. Hunderte von Berlinern machten sich bei Dunkelheit auf, um Berlin ohne Lichter und die bekannten Leuchtreklamen zu sehen – etwa das regelmäßig aufflammende Sarotti-Mohrchen und den ins Glas perlenden Deinhard-Sekt am Kurfürstendamm/Ecke Joachimsthaler Straße. Was für ein Bild! An jenem Abend war es noch Sensation. Der Mond und die Sterne beherrschten die nächtliche Szene. Die Gedächtniskirche, das häßliche Wahrzeichen des Berliner Westens aus jenen Tagen, wirkte fast schön; das Mondlicht stilisierte es zur zarten Silhouette.

Die Nazis nahmen den Beginn des Krieges zum Anlaß, eine Vielzahl einschneidender Verordnungen zu erlassen. Rücksicht auf ausländische Kritiker war hinfällig geworden. Die härteste Verordnung dieser Art für Nichtjuden war das Verbot, ausländische Sender abzuhören. Zuwiderhandlungen wurden unter Strafe gestellt, später sogar mit der Todesstrafe geahndet. Die Regierung appellierte an die Bevölkerung, alle jene der Polizei zu melden, die diesem Gesetz zuwiderhandelten. Für viele Nazigegner waren die Sendungen ausländischer Rundfunkstationen seit 1933 von ungeheurer Bedeutung, vermittelten sie doch Informationen, die von den Nazi-Medien nicht verbreitet wurden: etwa über die politische Entwicklung im Ausland, Reaktionen auf Maßnahmen des Dritten Reiches, aber auch einiges über Ereignisse in Deutschland, über die wir nichts erfahren durften, wie Verhaftungen von Nazi-Gegnern, Ausschreitungen gegen Juden, Widerstände in der deutschen Wehrmacht usw. Für die meisten Nazi-Gegner waren diese Rundfunksendungen von so großer Wichtigkeit, daß sie das neue Gesetz mißachteten und lediglich noch vorsichtiger wurden.

»Ich habe ja noch meine Kopfhörer«, sagte Franz Gumz triumphierend. Er war Inhaber einer Wäscherei und Plätterei in der Knesebeckstraße 17, in der seit Jahren unsere Wäsche gewaschen wurde. Wenn er sie holte oder brachte, setzte er sich zu uns und politisierte. Die Nazis haßte er, denn er gehörte zu den Zeugen Jehovas*, die im Dritten Reich ebenfalls verfolgt wurden. Franz Gumz war ein schlichter und naiver Mann, der sich seine Meinung und seine Lebensanschauung aus Büchern zusammengeklaubt hatte. Nun saß er, wie so viele damals, jeden Abend vor dem Rundfunkgerät und bemühte sich, die Sendungen der BBC zu empfangen und aus ihnen Ermutigung und Hoffnung zu beziehen. Das war nicht leicht, denn diese Sendungen wurden gestört. Es war außerordentlich irritierend, wenn nur einzelne Worte zu verstehen waren und der Zusammenhang unverständlich blieb. Kopfhörer ließen sich in Berlin schon nach kurzer Zeit nicht mehr auftreiben. Der Versuch, sie in einem Geschäft zu verlangen, in dem man nicht bekannt war, wurde in der Regel als zu riskant unterlassen. Wer ausländische Sender abhörte, der hielt sich streng an die Regel, nach Empfang die Sendeskala zu verstellen. Nicht selten erlebte ich bei Freunden einen regelrechten Ehekrach, wenn der Hausherr in der Erregung über das Gehörte jene eiserne Regel, die übrigens später vom Ansager der BBC am Ende jeder Sendung wiederholt wurde, zu befolgen vergaß.

Für die Juden wurde in den folgenden Monaten eine Vielzahl

---

* Bis 1931 Ernste Bibelforscher.

von Ver- und Anordnungen erlassen, um sie, wie es hieß, an »staatsfeindlichen Handlungen« zu hindern. Juden mußten ihre Radiogeräte abliefern. Ihre Telefonanschlüsse wurden abgeschaltet. Juden durften zwischen 20 und 5 Uhr ihre Wohnungen nicht verlassen, im Sommer ab 21 Uhr. Sie mußten bis zur Entwarnung im Luftschutzkeller bleiben, um dem Feind keine Leuchtsignale geben zu können. Jeder Mieterschutz wurde für Juden aufgehoben. Juden mußten Pelze, Feldstecher, Fotoapparate, elektrische Geräte einschließlich Bügeleisen abliefern. Getreu unserer Gewohnheit ignorierten meine Mutter und ich solche Anweisungen soweit wie möglich. Ein Rundfunkgerät besaßen wir seit der Auflösung unserer Wohnung ohnehin nicht mehr. Andere Geräte und Sachen lieferten wir nicht ab. Immer mehr Gegenstände nahmen die Riecks zu sich. Sie waren unsere »Aufbewarier«, wie man diese Menschen scherzhaft zu nennen pflegte. Fast jeder Jude hatte einen solchen guten nichtjüdischen Freund, der ihm diesen Liebesdienst erwies. Und oftmals lagen kostbare Perserteppiche jahrelang in Berliner Gartenlauben, wertvolle Musikinstrumente in feuchten Kellern, Pelzmäntel in luftdicht verschlossenen Mottensäcken auf Hängeböden, weil den arischen Freunden der Platz fehlte. Juden sollten schließlich weder Theater noch Konzertsäle oder Kinos betreten dürfen. Parks und öffentliche Anlagen wurden für sie gesperrt. Selbst das Sitzen auf dort einst für Juden mit einem Judenstern gekennzeichneten Bänken wurde untersagt. Einige Gebiete Berlins wurden zu Sperrgebieten für Juden erklärt: Das Regierungsviertel gehörte dazu.

Gewiß war es meiner Jugend zuzuschreiben, daß ich meiner Mutter unbekümmert erklärte, ich dächte nicht daran, mich an diese Vorschriften zu halten. Ich brauchte den gelegentlichen Theaterbesuch, ich brauchte Musik oder den Spaziergang im Grunewald. Ich hielt es in der Enge der jüdischen Gesellschaft, die nun ganz auf sich angewiesen war, nicht aus. Ihre Gespräche drehten sich nur noch um Schikanen, die die Nazis bereits angeordnet hatten, oder solche, die noch erwartet werden mußten. Angst und depressive Ahnung klangen aus diesen Diskussionen. Man marterte sich selbst:

»Ich habe von einem zuverlässigen Freund gehört, der wiederum hat es direkt aus dem Propagandaministerium, daß die Nazis dies und jenes planen.« Was dann folgte, ging über die von uns so genannte JMAG, Jüdische Mundfunk AG, von

Haus zu Haus und ängstigte und plagte die ohnehin besorgten Menschen.

Es gelang mir sogar, meine Mutter zu kulturellen Veranstaltungen zu überreden, die zu jener Zeit auf hohem Niveau standen, da die Nazis mit finanziellen Zuwendungen für kulturelle Aktivitäten nicht sparten, um die Bevölkerung in »Stimmung« zu halten. Viele davon sind mir bis zum heutigen Tag in Erinnerung geblieben. Dazu gehören das herrliche Ballett aus ›Die Fledermaus‹ in der Berliner Oper, eine jedes Silvester aufgeführte Galavorstellung, oder auch Hans Albers' unvergeßliche Rolle des Münchhausen in dem mit viel Aufwand zum 25. Jubiläum der Ufa hergestellten gleichnamigen Film.

Verboten wurde uns schließlich auch, Wäsche in Wäschereien waschen zu lassen oder ein Friseurgeschäft zu betreten. Nun hat es sicherlich keinen Juden gegeben, der alle diese Verordnungen eingehalten hätte. Wäre es nach den uns zugeteilten Lebensmittelrationen gegangen, hätte sicher keiner von uns auch nur annähernd die Kraft aufgebracht, die sehr bald eingeführte Zwangsarbeit in Berliner Fabriken, auf Kohlenhalden oder bei der Müllabfuhr durchzuhalten.

Die jüdische Bevölkerung Berlins hatte fast ausnahmslos alles, was ihr nach den Lebensmittelkarten versagt bleiben sollte. Berliner Mitbürger sorgten dafür. Da waren zunächst die Inhaber der Lebensmittelgeschäfte, die ihren alten Stammkunden die »Extras« zusteckten. Meine Mutter und ich fuhren einmal in der Woche zu Richard Junghans, einem ehemaligen Sozialdemokraten und Freund meines Vaters, der Am Knie (heute: Ernst-Reuter-Platz) ein Lebensmittelgeschäft aufgemacht hatte, nachdem er 1933 seinen Posten bei der Gewerkschaft verloren hatte. Er versorgte uns mit Obst und Gemüse, als sei das das Selbstverständlichste von der Welt. Ähnlich war es mit unserem Fleischer Krachudel, der auf dem Wochenmarkt am Wittenbergplatz seinen Stand hatte und bei dem meine Mutter über 15 Jahre lang eingekauft hatte. Nun gab er meiner Mutter die gleiche Menge Fleisch, die unsere Familie in jenen vielen Jahren pro Woche zu verbrauchen pflegte, ohne daß wir auch nur eine einzige Lebensmittelmarke hätten abgeben können.

»Wie immer, etwas zum Kochen, etwas zum Braten und etwas zum Schmoren?« Frau Krachudels Frage kam ganz automatisch und so höflich wie eh und je.

Die Versorgung der Juden Berlins war zwar komplizierter geworden, aber das galt ja auch für die nichtjüdische Bevölkerung. Das »Hohelied« dieser braven Menschen, die ungeachtet der Gefahr, von Nazi-Mitbürgern denunziert zu werden, ihren jüdischen Kunden wenigstens auf diese Weise zur Seite standen, wird nie geschrieben werden, weil diejenigen, die es tun könnten, nicht mehr am Leben sind. Man erzählte sich damals, daß eine Jüdin Zitronen und Äpfel von ihrem Balkon auf die Straße geworfen hätte, weil sie die Gestapo vor ihrer Wohnungstür vermutete und ihre Lieferanten nicht gefährden wollte – eine durchaus glaubhafte Geschichte.

Von meinem Vater trafen die ersten Briefe über das Rote Kreuz ein. 25 Worte durften auch wir einmal im Monat auf vorgedrucktem Formular schreiben. Wir brüteten oft stundenlang über die Formulierung. Wir wollten ihn nicht mehr beunruhigen als unerläßlich. Zugleich aber wünschten wir, ihm und damit der Außenwelt soviel wie möglich über unser Leben in Berlin mitzuteilen. Wir taten dies in Andeutungen und in Umschreibungen und vergaßen dabei, daß Menschen, die in Freiheit leben, eine derartig verklausulierte Sprache nicht zu lesen verstehen, selbst wenn sie sie einmal verstanden hatten. Meines Vaters Rote-Kreuz-Briefe, deren Empfang und Inhalt allen Freunden und Verwandten mitgeteilt wurde, trafen unregelmäßig ein.

Je länger der Krieg währte, je heftigere Zerstörungen die Bombenangriffe auf beiden Seiten anrichteten, um so seltener wurden sie. Aber wenn sie eintrafen, verursachten sie Freudenausbrüche. Dann wurden die 25 meist nüchternen Worte hin und her gedeutet, besprochen und ausgelegt, als wären es 25 Seiten. Einige wenige »richtige« Briefe meines Vaters erreichten uns zunächst auch über das neutrale Ausland – über Freunde in Amerika oder gar über Shanghai. Sie waren oft Wochen, ja Monate alt. Nichts bewies uns eindringlicher als diese Briefe, daß wir gefangen waren und ohne Ausweg festsaßen.

Wenigen, von uns sehr beneideten Menschen gelang es noch, kurz nach Kriegsbeginn auszuwandern. Auf den seltsamsten Umwegen, um die Kriegsgebiete zu umgehen, gelangten einige in die USA, andere nach Shanghai, und wieder andere riskierten eine illegale Auswanderung mit kostspieligen falschen Papieren auf zweifelhaften Schiffen nach Palästina. Nicht alle trafen dort ein.

Die Ereignisse an der polnischen Front überraschten uns nicht, höchstens die Schnelligkeit dieses Krieges. Die Siegesfanfaren, die der deutsche Rundfunk nach jeder siegreichen

Schlacht erklingen ließ, schmerzten in unseren Ohren. Was sich im Westen abspielte, war uns unverständlich. »Die Maginot-Linie muß sie doch aufhalten.« Das suggestierten wir uns selbst Hunderte von Malen, bis sich dieser Schutzwall wie von selbst aufzulösen schien. Gelegentlich gab es Fliegeralarm in Berlin, aber lange Zeit fiel nicht eine Bombe. Als schließlich die erste fiel, war das Ereignis Stadtgespräch. Hunderte pilgerten zur Cramerstraße, nahe dem Savignyplatz, um sich den Schaden anzusehen.

Am 1. April 1939 hatte ich meine Schulzeit beendet. Das war nicht freiwillig geschehen. Die Nazis hatten die jüdischen Schulen geschlossen. Immerhin hatte ich das »Einjährige«, das als abgeschlossene Schulbildung galt. Wir Mädchen feierten den Abschluß auf unsere Art, indem wir miteinander tanzten. Wir hatten einander das Tanzen in den Pausen beigebracht. Tanzstunden, wie sie seinerzeit für »höhere Töchter« üblich waren, hatte es für Juden natürlich nicht gegeben. Auch das Treffen mit gleichalterigen Jungen war kaum möglich. Die Angst, in einem Café oder einem Park von einem Nazi erkannt und angepöbelt zu werden, erstickte selbst die Freude an einem Flirt.

Ein junger Mann aus meiner Parallelklasse namens Gert, der ein Auge auf mich geworfen hatte, fuhr jeden Mittag mit mir in der Stadtbahn, obwohl er in einem anderen Stadtteil Berlins zu Hause war. Dort wenigstens gab es Gelegenheit, unbeobachtet ein paar Worte zu wechseln und die gegenseitige Zuneigung an den Augen abzulesen.

Die Frage, was ich wohl bis zur Auswanderung tun könnte, war nicht schwer zu beantworten. Viel Auswahl gab es nicht. Ich hätte in einem jüdischen Haushalt oder in einer Fabrik arbeiten können. Ausbildungsstätten für Juden waren selten. Aus mir unerklärlichen Gründen blieb das Jüdische Kindergärtnerinnen-Seminar in Berlin-Grunewald zunächst erhalten und war sogar staatlich anerkannt. Dort begann ich einen einjährigen Kurs als Kinderpflegerin. Ich war überzeugt, nicht abzuschließen, weil meine Auswanderung früher möglich sein würde. So betrachtete ich diese Ausbildung als Übergangslösung. Das tat auch die Mehrzahl meiner Kolleginnen, die in normalen Zeiten sicherlich studiert hätten. Die Leiterin des Seminars, Dr. Leonore Fraenkel, wie ich später erfuhr, die nichtjüdische Ehefrau eines ausgewanderten Juden, leitete das Seminar so, als gäbe es nichts Wichtigeres auf der Welt, als junge Mädchen ins Berufsleben einzuführen. Bald machte mir diese

Ausbildung Freude. Unser Unterricht, zumal in Psychologie und Pädagogik, erschloß mir eine neue Welt. Was wir lernten, ging sicherlich über das hinaus, was wir als Kindergärtnerinnen wissen und können mußten. So war es nicht verwunderlich, daß das Niveau unseres Kurses ungewöhnlich hoch war, wie selbst der bei Prüfungen anwesende »Nazi-Kulturpapst« Hans Hinkel zugeben mußte.

Meine ersten Versuche in der Kindererziehung unternahm ich in einem jüdischen Kindergarten in der Grolmanstraße. Die Kindergärtnerinnen waren zwar aus Sorge um ihr eigenes Schicksal nervös, und die Eltern, die ihre Kinder morgens brachten, waren es noch mehr; dennoch unterschied sich dieser Kindergarten nicht von anderen: kleine Geschöpfe mit blonden oder braunen Haaren, mit dunklen oder hellen Augen, verspielt und fröhlich, belebten die Räume mit ihren hellen Stimmen. Meine praktische Ausbildung schloß die Arbeit in Familien ein. Ich wurde zunächst einer Familie Keil zugeteilt, die im Armenhaus der Jüdischen Gemeinde wohnte, einer typischen Mietskaserne im dunklen Hinterhof hinter der Synagoge in der Pestalozzistraße 15.*

Sie erhielten ihre Mahlzeiten aus der im Haus befindlichen Großküche, die für jüdische Bedürftige eingerichtet worden war.

Die Keils waren wohlhabende Leute gewesen. Sie hatten in Berlin einige Schuhbesohlanstalten besessen. Aber 1933 war Herr Keil aus mir nicht erinnerlichen Gründen verhaftet worden. Seine Geschäfte wurden enteignet. Als er aus dem KZ entlassen wurde, war er bettelarm und leidend. Schwere Erfrierungen an Händen und Füßen behinderten ihn sehr. Solange ich ihn kannte, war er arbeitslos und erhielt von der Jüdischen Gemeinde eine bescheidene Unterhaltshilfe, denn der Staat gewährte Juden keine Fürsorge mehr.

Als ich zur Familie Keil kam, war die Frau schwanger. Sie hatten bereits zwei Kinder. Die Wohnung in der Pestalozzistraße bestand aus einem dunklen großen Raum ohne Vorhänge, in dem nur ein paar eiserne Bettstellen standen, ein einfacher Küchentisch und ein paar Holzstühle. In einer winzigen Kammer daneben schlief der siebenjährige Sohn. Ich sollte der Frau beim Saubermachen helfen und auf das dreijährige Mädchen aufpas-

* Diese Synagoge ist heute die einzige der kleinen jüdischen Gemeinde West-Berlins.

sen. Diese Arbeit mochte ich nicht. Die armseligen Verhältnisse bedrückten mich. Überdies war mir die unter ihrer Schwangerschaft leidende Frau unheimlich. Sie ließ sich gehen; ihr Gesicht war stets von Schmerzen gezeichnet. Ich war froh, wenn ich nach Hause gehen und der bedrückenden Atmosphäre des Armenhauses, in dessen Nähe sich stets verhärmte und offensichtlich notleidende Menschen aufhielten, entfliehen konnte. Außerdem fürchtete ich, daß die Geburt beginnen würde, während ich dort war. Ehe das Baby zur Welt kam, bekam ich aber eine ähnliche Aufgabe im Norden Berlins, in der Nähe der Frankfurter Straße, zugewiesen.

Es war eine Arbeitergegend. Die meisten Häuser hatten viele Hinterhöfe, in die Sonne nie Eingang fand; Badezimmer oder Toiletten gehörten nicht zu den Wohnungen. Ein kalter, dunkler Verschlag mit einem WC auf jeder Etage diente allen, die dort wohnten. Die Familie, der Ehemann war im KZ, bestand aus einer resoluten jungen Frau mit grobem Gesicht und einem mehrere Monate alten Baby, das ich zu betreuen hatte. Die Armut dieser Familie war nicht von den Nazis verursacht. Zum ersten Mal erfuhr ich, daß es unter den Juden Berlins auch arme Leute gab. Die Einzimmerwohnung war muffig, dunkel und kalt. Das Plüschsofa und die übrigen Möbel, vermutlich aus einem Altwarenladen, waren schadhaft und schmutzig. Dazwischen krabbelte ein kleiner Junge herum, freundlich und rund. Zum größten Ärger der Mutter war er noch nicht sauber. Das Waschen der Windeln war ihr lästig. Wenn sie bei unserer Rückkehr von einem Spaziergang feststellte, daß die Windeln feucht waren, schlug sie den Kleinen mit einem Stock auf den Bauch. Es gelang mir nicht, sie davon abzuhalten. Die Schreie des kleinen Jungen verfolgten mich noch auf dem Nachhauseweg. Das Kind war dieser Frau ganz offensichtlich ein Greuel.

Später wurde ich für einfache Hausarbeiten zwei sehr betagten Damen, zwei Schwestern, im alten Teil Charlottenburgs zugewiesen. Sie lebten in ihrer Einzimmerwohnung wie auf einer Insel. Niemand sprach mit ihnen. Sie hatten keine Familie. So lebten sie still vor sich hin und warteten auf irgend etwas, was unweigerlich kommen mußte. Sie hielten sich und ihre Wohnung sehr sauber, so gut sie das allein konnten, und waren dankbar für jede Hilfeleistung. Ihre Gesichter waren grau. Ihre freundlichen Augen gaben nie preis, was sie litten oder ob sie einst bessere Tage gesehen hatten.

Kurz nach Ausbruch des Krieges sperrten die Nazis die Pension meines Vaters mit der Begründung, daß er im feindlichen Ausland lebe und wir daher keinen Anspruch auf das Geld hätten. Wir mußten uns einschränken, obwohl zu jener Zeit nicht viel Geld ausgegeben werden konnte. Der Kauf von Lebensmitteln war begrenzt. Kleiderkarten zum Bezug von Textilien erhielten Juden nicht. Wir zogen in ein bescheideneres Zimmer im Hansaviertel. Krzcesnys, unsere Vermieter, waren freundliche Leute, schon im Pensionsalter, mit einer tuberkulosekranken Tochter, einem blonden, sehr attraktiven Mädchen, das alles, was ihm Glück und Freude versprach, suchte und auch fand. Es ist übrigens noch vor der Deportation am Mangel an Medikamenten und Lebensmitteln gestorben. Die Familie hatte vergebens auf die Einreise nach Australien gewartet. Ihre älteste Tochter hatte sie nachholen wollen. Wir wohnten gerne bei ihnen. Es waren gütige Menschen, die mit uns teilten, was sie hatten, und uns in ihre Familie aufnahmen.

Wir lebten damals wie in Trance. Es war Krieg. Nach dem Fall Polens geschah nicht viel. Gelegentlich gab es Fliegeralarm. Aber die damaligen »Angriffe« englischer Bomber waren so harmlos, daß die meisten Berliner nicht einmal das Bett verließen, wenn die Sirene ertönte. Die Engländer hätten einen »Silberblick«, meinten die Berliner ironisch, was soviel hieß, daß sie schielten, denn ihre wenigen Bomben fielen meist daneben oder auf unwesentliche Objekte. Es war alles so anders, als wir uns den Krieg vorgestellt hatten. Den Krieg, von dem wir erhofft hatten, daß Hitler ihn sehr schnell verlieren würde. Ganz im Gegensatz dazu begann Hitler, die Angriffe auf England zu verstärken. Ständig ertönte im deutschen Rundfunk: »...denn wir fahren, denn wir fahren, denn wir fahren gegen Engeland« und »Heute gehört uns Deutschland und morgen die ganze Welt«. Für uns Juden war das alles unheimlich; Furcht erfüllte uns. Was sollte geschehen, wenn Hitler wider Erwarten den Krieg gewinnen würde? Die kleine Frau Oppenheimer, ihr Mann einst Anwalt und Freund meines Vaters, sagte es meiner Mutter im Gespräch auf der Straße: »Wir werden das nicht erleben. Für uns wird es kein Überleben geben.« Es ist schwer zu sagen, woher sie den Mut nahm, auszusprechen, was wir alle nicht wissen, nicht wahrhaben wollten. Ihren Sohn hatten sie noch vor Kriegsausbruch, dreizehnjährig, nach England geschickt. Die Oppenheimers haben sich später, unmittelbar vor ihrer Deportation, das Leben genommen – getreu ihrer Devise: »Uns kriegen sie nicht!«

Mehr durch Zufall erfuhr ich zu jener Zeit sehr viel mehr als andere über das, was zwischen der Jüdischen Gemeinde und der Gestapo vorging. Ich arbeitete als sogenannte Haustochter bei der Familie von Dr. Conrad Cohen. Nach Beendigung des einjährigen Kurses der Ausbildung als Kinderpflegerin hatte ich keine andere Wahl, Geld zu verdienen. Die Arbeit als Haustochter war immer noch angenehmer als die in einer Fabrik. Das waren die einzigen Arbeitsmöglichkeiten, die uns zugestanden wurden.

Cohens bewohnten eine Fünfzimmerwohnung in der Lietzenburger Straße 8. Vier davon hatte ich sauberzuhalten, das fünfte Zimmer wurde von den Eltern Dr. Cohens bewohnt. Ich mußte Fenster putzen, Hemden waschen und mich der elfjährigen Tochter Marianne annehmen. Meine Arbeitszeit dauerte von früh 7 Uhr bis in den späten Abend. Von einem Stubenmädchen unterschied mich nur der Titel »Haustochter« und die Tatsache, daß ich am Tisch mit der Familie essen durfte.

Der Haushalt der Cohens hatte seit der Zeit ihrer Hochzeit keine Veränderung erfahren. Alles ließ Wohlstand erkennen. Perserteppiche, kostbare Bilder, alte Stiche, antike Möbel, herrliches Silbergeschirr und Kristall. Im Gegensatz zu allen anderen jüdischen Haushalten hatte sich bei Cohens nichts verändert. Nichts war verkauft oder vor einem möglichen Zugriff der Nazis in Sicherheit gebracht worden. Conrad Cohen, einst ein angesehener Anwalt in Breslau, bestand darauf, den gewohnten Lebensstil auch unter den so bedrohlichen Zeitumständen weiterzuführen. Anders könne er nicht existieren, behauptete er. Gäste, die ich bedienen mußte, wurden stets an der reich mit Silberbestecken und gediegenen Leuchtern gedeckten Tafel bewirtet. Manchmal wirkte dieser Aufwand geradezu gespenstisch, da er so völlig im Gegensatz zu unserer Lage stand, dem Zerfall, der seelischen Not und der Ungewißheit. Zu meinem Leidwesen pflegte Dr. Cohen auch noch täglich sein Hemd zu wechseln, ein Luxus, den sich außer den Angehörigen der tonangebenden Gesellschaftskreise wohl kaum noch jemand erlauben konnte. Er erhielt auch alle Delikatessen und Lebensmittel, die zu jener Zeit schon schwer erhältlich und darum besonders wertvoll waren, ohne Widerrede der übrigen Familienmitglieder, zumal seiner Eltern.

Der Vater, Sanitätsrat Dr. Cohen, war ein freundlicher alter Herr, der sich alles gefallen ließ. Die Mutter machte sich dagegen durch ständige Zänkereien unbeliebt. Die alte Dame war auf das Wohl ihres Sohnes ebenso bedacht wie darauf, jede Gelegenheit wahrzunehmen, der Schwiegertochter Leonore boshaft deutlich zu machen, daß sie trotz ihres eigenen reichen Elternhauses der Ehre nicht würdig sei, die Frau des Conrad Cohen zu sein. Die Familienatmosphäre war alles andere als angenehm. Kein Wunder, daß die elfjährige Marianne von allen verwöhnt und verzogen wurde und immer erreichte, was sie sich in den Kopf gesetzt hatte.

Ich arbeitete so hart, daß ich kaum Zeit hatte, zu mir zu kommen oder nachzudenken. Manchmal weinte ich vor Erschöpfung, die überdies noch zusätzlich durch die vielen Nächte verursacht wurde, die wir stundenlang im Luftschutzkeller verbringen mußten, ohne daß auch nur eine Bombe fiel. Ich litt auch Hunger, denn die Ernährung reichte nicht aus, die physische Arbeitsleistung zu ermöglichen. Einmal naschte ich von einer Eierspeise, die ich für den Hausherrn zubereiten mußte. Dabei wurde ich ertappt und schämte mich unsagbar.

Leonore Cohen, die junge Hausfrau, war eine auffallend schöne Frau. Ihre Gesichtszüge waren fein und ebenmäßig, ihre Gestalt schlank und hochgewachsen. Sie fiel auf, wo immer sie erschien. Sie war sich ihrer Wirkung auf Männer wohl bewußt und gefiel sich in kleinen harmlosen Flirts. Ihren Mann sah sie ohnehin selten. Cohen war zu jener Zeit Leiter der Abteilung »Fürsorge« bei der Reichsvereinigung der Juden in Deutschland. Dieses Arbeitsgebiet umfaßte die Betreuung der offenen und geschlossenen Fürsorgeanstalten der Juden in Berlin, die ausnahmslos den Nazibehörden unterstellt waren. Conrad Cohen, überaus intelligent und geistreich, sprach zu Hause nicht viel über seine berufliche Tätigkeit. Manchmal wußten wir von seinen Besuchen bei der Gestapo: »Das ist jedesmal wie ein Tanz auf dem Trapez«, sagte er einmal. Er war nie sicher, ob er nach einer solchen Unterredung wieder nach Hause gehen würde. »Ein fehlendes Stück Seife kann mir das Genick brechen.« Was das bedeutete, war uns klar.

Im gleichen Haus, eine Treppe tiefer, wohnten Moritz Henschel und seine Frau. Er war Vorsitzender der Berliner Jüdischen Gemeinde. Cohen und ihn verband die gemeinsame Arbeit, die zu jener Zeit nur noch in dem ständigen Bemühen bestand, das Los der jüdischen Menschen in Berlin soweit wie möglich zu mildern. Viele waren in Not geraten. Da gab es Menschen, die durch den Ausbruch des Krieges von ihren Familienmitgliedern getrennt worden waren, andere, die ihrem

Beruf nicht mehr nachgehen durften und der schweren Zwangsarbeit nicht gewachsen waren. Die Funktionäre der Jüdischen Gemeinde und der Reichsvereinigung wurden zu jener Zeit von den meisten in Berlin wohnenden Juden beneidet, denn sie schienen so viel mehr Möglichkeiten, ja sogar Macht zu haben. Ein trügerischer Schein zwar, der von diesen führenden Funktionären zunächst auch bewußt aufrechterhalten wurde. Tatsächlich vermittelte mir die oftmals üppige und anspruchsvolle Gastlichkeit des Hauses Cohen den Eindruck, als seien die daran Teilnehmenden die Beneidenswerten unter den vielen unglücklichen Menschen dieser Stadt.

Zu den Gästen gehörten die Lilienthals, er ehemals Richter an einem Berliner Landgericht, dann Generalsekretär der Reichsvereinigung. Eine Auswanderung hatten Lilienthals noch 1939 abgelehnt, weil sie der Ansicht waren, »aushalten« zu müssen. Auch andere wie Paula Fürst, Hanna Kaminski, Franz-Eugen Fuchs, die ebenfalls bei der Reichsvereinigung tätig waren, meinten, »in Berlin noch gebraucht zu werden«. Später begriff ich, daß sie sich ihrer Selbsttäuschung bewußt waren, wenn sie zusammensaßen und über Heine sprachen, Goethe zitierten und Diskussionen um Kant und Hegel führten, so als sei ihre Welt völlig in Ordnung. Damals erschien mir dies Verhalten unheimlich. Ich fühlte mich dort zu Hause, wo man der Wirklichkeit näher war. Dieser Wirklichkeit konnte man sonst nirgends entgehen.

Die wohlhabende Schwester meines Vaters war mit ihrem Mann in ein kleines enges Zimmer eingewiesen worden. Sie wagten sich kaum jemals auf die Straße. In dem kleinen Spandau, wo sie ihr Geschäft gehabt hatten, kannte sie jeder. Anpöbeleien blieben nicht aus. Wenige wagten, ihrer Sympathie Ausdruck zu geben. Das Geschäft hatten sie zwangsweise zu einem Spottpreis dem jahrelang bei ihnen angestellten Verkäufer übereignen müssen. Die andere Schwester meines Vaters arbeitete in einem jüdischen Altersheim, um sich und ihren kriegsinvaliden Mann zu ernähren. Der Bruder und seine Familie verfielen immer mehr der Armut und lebten in einer ihnen zugewiesenen engen Behausung.

Meine Mutter übernahm eine Arbeit in einem Wohlfahrtsamt der Jüdischen Gemeinde, das sich damals vor Antragstellern nicht retten konnte. Da ich zunächst nicht bei ihr wohnte, zog sie zu einer Freundin, die ebenfalls aus Köslin stammte. Sie verfügte über eine große Wohnung in der Innsbrucker Straße

58, die sie hätte räumen müssen, wenn sie nicht Zimmer vermietet hätte. »Tante Olga« war die typische Dame der guten Gesellschaft der Jahrhundertwende. Mit dem Pincenez auf der Nase und ihren von einem Netz gehaltenen, hoch aufgebauschten Haaren bewegte sich die Siebzigjährige in ihren Räumen wie in einem Palast. Sie liebte große Gesten und große Worte. »Meine fabelhafte Nichte! Eine großartige Frau! Was für ein herrlicher Mensch!«

Sie sprach nur in Superlativen. In ihrer Wohnung gab es noch einige schöne alte Möbel. Sie war gezwungen gewesen, ihren Besitz nach und nach zu verkaufen, um ihren Lebensunterhalt bestreiten zu können. Die Geste der Großartigkeit, mit der sie dies tat, ließ sie selbst glauben, daß alles ihrem Wunsch und Willen entspreche. Sie lebte weiter wie auf einer Wolke des Glücks, spielte Rommé, suchte Gesellschaft, war großzügig zu ihren Mitmenschen, lachte gerne und oft und ignorierte jede schlechte Nachricht. Sie verstand es, mit Menschen umzugehen, und fand selbst in jener Zeit stets Wohlwollen.

Mit ihrer Nachbarin Elsa Becherer pflegte sie einen regen freundschaftlichen Verkehr, der natürlich nur »konspirativ« über die Hintertreppe stattfinden durfte. Er führte dazu, daß von jedem im Haus Becherer gebackenen Kuchen ein Teil zu uns gelangte. Elsa Becherer war eine überzeugte Hitlergegnerin. Für sie war jede Deutung des »Dritten Reiches«, die sie aus den BBC-Sendungen heraushörte, eine Bestätigung ihrer Wünsche und Ansichten. Sie glaubte überdies an Astrologie und las aus den Konstellationen der Sterne, daß Hitler nur eine Übergangserscheinung sei und nicht mehr lange leben würde. Sie vermochte es auch, diese Erkenntnisse überzeugend zu begründen. Frau Becherers Mann war eingezogen worden. Bei ihr lebte ein Halbjude, der vom Militärdienst befreit war, als Untermieter. Zu ihrem großen Bekanntenkreis gehörte kein Nazi. Wann immer ich abends bei ihr anklopfte, wurde ich aufgefordert, einzutreten. Sie stellte mich dann ganz unbefangen ihren Gästen vor. Ich genoß diese Abende, denn in diesem Kreis wurde über andere Dinge als Auswanderung oder die Sorgen des nächsten Tages gesprochen. Einer ihrer jüdischen Freunde war Walter Skolny, blond und blauäugig, Kaufmann von Beruf. Er liebte das leichte Leben und begriff lange nicht, was die Nazis gegen ihn hatten. Frau Schroeder, eine typische Berliner Portierfrau »mit Schnauze und Herz«, die alles über jeden im Hause und im näheren Umkreis wußte, war die Dritte im Bunde. Die große massive Frau, die sich nur schwerfällig über die Treppen bewegte, hatte einen scharfen, prüfenden Blick, der aber milde und geradezu liebevoll wurde, wenn sie mit uns sprach. Furcht schien sie nicht zu kennen. Manchmal ließ sie sich dazu hinreißen, ihre wahre Meinung ungeniert zu äußern, die sie mit einem »Heil Hitler« zu beenden pflegte. Einmal nur entdeckte ich Furcht in ihrem Gesicht. Es läutete eines Abends laut und heftig bei uns. Draußen stand ein Polizist, hinter ihm Frau Schroeder.

»Bei Ihnen ist die Verdunklung nicht dicht genug«, sagte er, und nähertretend flüsterte er Tante Olga zu: »Sie sind doch Juden.« Diese Tatsache war seit einiger Zeit an den Wohnungstüren durch einen Stern vermerkt worden.

»Um Himmels willen, machen Sie sofort dicht. Wenn mein Kollege das entdeckt, hat er einen Grund, Sie zu verhaften. Bitte, tun Sie es ganz schnell!«

Danach verschwand er eilig. »Die Schroeder« kam schimpfend selber in die Wohnung, um die nun einwandfreie Verdunklung zu kontrollieren. Als sie fort war, tat Tante Olga, als sei es lediglich ein belangloser Vorfall gewesen.

»Wie dumm von mir, das zu vergessen«, meinte sie leichthin und dann zu meiner Mutter gewandt: »Ella, hast du die Rommékarten bereit?«

Blindenwerkstatt Otto Weidt

»Bitte, Ali, bitte, sag doch! Kommt der Peter wieder?«

Eva Diemensteins blaue Augen waren voller Tränen. Kurz nach ihrer Hochzeit war ihr Mann verhaftet worden. Der Grund war unbekannt, und niemand wußte, wohin man ihn gebracht hatte. Die Polizeibeamten zuckten die Schultern. Die Gestapo ließ sie nicht vor. Ali, oder Alice Licht, eine kleine, rundliche junge Frau Ende Zwanzig, die ihr schönes Gesicht mit den dunkelbraunen Augen durch ihr in der Mitte gescheiteltes und im Knoten gehaltenes schwarzes Haar noch unterstrich, streichelte Eva und sagte: »Aber natürlich, der Peter kommt wieder.« Wir anderen schwiegen betreten. Jeder von uns wußte, daß Ali log. Wer einmal verhaftet war, kam nicht wieder.

Wir standen vor dem »Arbeitsamt für Juden« und warteten darauf, abgefertigt zu werden. Im April 1941 war es Juden verboten worden, Hausgehilfinnen zu beschäftigen. Ich mußte die Cohens verlassen und sollte wie alle anderen Juden zur Zwangsarbeit in einer Fabrik eingezogen werden. Zur Arbeitsvermittlung von Juden war dieses Amt geschaffen worden. Dr. Cohen hatte mir zu einer Arbeit in einer »guten Fabrik« verhelfen wollen, obwohl es streng verboten war, sich selber eine Arbeitsstelle zu suchen. Es war zum Beispiel in Berlin bekannt, daß Siemens und AEG »ihre Juden« gut behandelten, im Gegensatz zu den IG-Farben. Dr. Cohen schickte mich zu einer Frau Prokownik in der Jüdischen Gemeinde. Sie fragte nicht viel, sondern gab mir ein Empfehlungsschreiben an einen Otto Weidt in der gleichnamigen Blindenwerkstatt, Rosenthaler Straße 39.

Im Seitenflügel des Hinterhauses stieg ich eine wacklige Holztreppe hinauf und trat in einen kärglich eingerichteten Büroraum. Dort sah ich Weidt, schlank, ja eigentlich hager. Er hielt sich sehr aufrecht, seine großen Hände wie tastend vorgestreckt, über dem zerfurchten Gesicht glattes, farbloses Haar, das er oft nervös zurückstrich. Seine blauen Augen waren fahl. Dennoch hatte ich den Eindruck, als sähe er mich durchdringend an. Otto Weidt war nahezu völlig blind. Er konnte nur Konturen erkennen und war berechtigt, eine Blindenbinde zu tragen.

Er hieß mich setzen und fragte mich kurz über meine Familie und meines Vaters politische Tätigkeit aus. Während er zuhörte, griff er mehrmals nach einem Inhaliergerät und pumpte sich Luft zu. Schließlich sagte er kurz:

»Gut, seien Sie übermorgen vor dem Arbeitsamt für Juden. Dort werden noch andere auf mich warten. Wir werden sehen, was sich machen läßt.« Ich war schon an der Tür, als er mir nachrief: »Und übrigens, wundern Sie sich nicht, wenn ich dort nicht so nett mit Ihnen spreche.« Ich lachte und verabschiedete mich von ihm wie von einem guten Freund.

Da stand ich nun mit Eva, Ali, einer Schwester der Frau Prokownik und einigen mir unbekannten Männern. Wir warteten geduldig. Weidt, die Blindenbinde am Arm, hatte uns kurz und unhöflich begrüßt und uns beschworen, nur zu reden, wenn wir gefragt würden. Dann war er in dem barackenähnlichen Bau verschwunden. Nach einer Viertelstunde öffnete sich die Tür und heraus stolperte ein kleiner Mann. Die kurzen Beine waren seinem Tempo kaum gewachsen. Wütend rannte er auf uns zu und brüllte:

»Ich werde euch Mores lehren, Judenpack!«

Ich ahnte nur, daß dies der berüchtigte Leiter des Arbeitsamtes für Juden, Eschhaus, war. Vor Jahren hatte er, wenig erfolgreich, bei einem jüdischen Textilhändler gelernt. Seitdem haßte er Juden und behandelte sie entsprechend. Dies war seine einzige Qualifikation als Leiter des Arbeitsamtes für Juden.

Es ging alles sehr schnell. Er blieb plötzlich vor der Schwester von Frau Prokownik stehen und schrie schon:

»Wie kommen Sie eigentlich zur Firma Weidt?« Ruhig und wahrheitsgetreu antwortete sie: »Durch die Jüdische Gemeinde.« Das war fatal, da dies streng verboten war.

Eschhaus schrie noch schriller: »Was denkt ihr euch eigentlich, ihr Gauner?« Eine Flut von Verwünschungen ging auf uns nieder. Wir wußten nicht, was geschehen war. Weidt sahen wir nirgends. Offenbar hatte irgend etwas nicht funktioniert, irgend jemand ihn verraten. Ein auf das Geschrei von Eschhaus herbeigeeilter Beamter wurde angewiesen, uns die schwerstmögliche und schlechteste Arbeit zuzuweisen. Wir sollten dafür bestraft werden, daß wir uns selber eine Arbeit suchen wollten.

»Euch werde ich lehren ...«, wütete Eschhaus. Ali und ich wurden zur IG-Farben vermittelt, und zwar in deren Seidenspinnerei für Fallschirme, ACETA, in Lichtenberg. Sehr kleinlaut und bedrückt fuhren wir dorthin. Eva Diemenstein und ihren Peter hatten wir über diesen Zwischenfall und unsere Sorgen schon vergessen.

Im Büro der IG-Farben wurden wir kurz und unfreundlich abgefertigt. Während irgend jemand unsere Papiere durchsah, standen wir schweigend da. Dann drückte uns jemand Arbeitspapiere in die Hand und einen »Judenstern«, der am Arbeitskittel zu befestigen war. »Wehe, wenn ihr den vergeßt ...«, hieß es. Amtlich war diese Kennzeichnung noch nicht verordnet, aber bereits von der IG-Farben eingeführt. Tatsächlich wurden wir weitgehend isoliert. Wir erhielten einen eigenen Frühstücksraum zugewiesen, in dem zwar ein Tisch stand, aber Sitzgelegenheiten fehlten. Eine arische Vorarbeiterin, groß, dick und mürrisch, führte uns in die Arbeit ein: Zehn Stunden mußten wir aufpassen, daß sich der Faden auf den rotierenden Spindeln nicht verhedderte, abriß oder daß die Spindeln nicht leer liefen. Der Raum war heiß, die Arbeit hart und mühselig. Der Lärm machte jedes Gespräch mit den Kollegen unmöglich. Während der Pause im Frühstücksraum gab es nur ein Thema: »Wie kommen wir hier wieder raus?« Frauen, die schon länger dort arbeiteten, berichteten von Schikanen, denen sie ausgesetzt waren. Einigen sei es gelungen, entlassen zu werden. Unterleibskrankheiten waren ein Grund, der akzeptiert wurde, hörten wir; sie machten stundenlanges Stehen an der Maschine unmöglich. Ali besann sich mit Erfolg auf ihr Magengeschwür. Sie wurde sehr bald entlassen.

Wir blieben den jungen jüdischen Mädchen in diesem Werk, die offensichtlich aus dem Arbeitermilieu stammten, fremd und unverständlich wie sie uns. Wir fanden keine gemeinsame Sprache. Es offenbarte sich, wie behütet wir im Berliner Westen aufgewachsen waren, ohne zu wissen, daß es auch unter den Berliner Juden Proletarier gab. Ich weiß noch, wie fassungslos ich war, als mich eine von ihnen, kaum 18 Jahre alt, grob, wie es ihre Art war, fragte:

»Haste schon 'nen Kerl?«

Auch ich wäre dieser Fabrik gerne entronnen, aber ich ahnte nicht, wie das anzustellen wäre. Ich war sehr jung, gesund, und eine Krankheit, die mich von IG-Farben hätte befreien können, fiel mir nicht ein, obgleich ich immerzu darüber grübelte. Wie ich auf die rettende Idee kam, kann ich heute nicht mehr sagen. Eines Morgens zog ich zur Arbeit Schuhe mit den höchsten Absätzen an, die ich je in meinem Leben getragen habe. Zehn Stunden stand ich an der Maschine, drei in der Straßenbahn von und zur Arbeitsstelle. Juden war das Sitzen in öffentlichen Verkehrsmitteln untersagt. Die hohen Absätze wurden zu einer Tortur. Nach drei Tagen konnte ich mein rechtes Knie nicht mehr bewegen. Meine Mutter war außer sich. Sie fürchtete, ich könnte der Sabotage verdächtigt werden. Ich mußte zum Arzt. Mir war klar, daß ein jüdischer Arzt Bedenken haben würde, zu bescheinigen, daß ich Arbeit nicht stehend leisten könnte. Riecks, unsere Freunde, empfahlen mir einen »arischen« Arzt am Kurfürstendamm, Dr. Damm, der ihnen einen guten Eindruck gemacht hätte. Obgleich ein ausführlicheres Gespräch mit ihm nicht möglich gewesen sei, wäre offensichtlich gewesen, daß er keine Sympathien für Hitler hegte. Zu jener Zeit war es Juden noch erlaubt, nichtjüdische Ärzte zu konsultieren. Als ich Dr. Damm daraufhin aufsuchte, meinte er nach einer kurzen Untersuchung lediglich:

»Natürlich können Sie nicht stehend arbeiten. Ich gebe Ihnen ein Attest.« Außerdem schrieb er mich krank.

Zunächst geschah nichts. Ich erhielt Krankengeld von den IG-Farben, einen geradezu lächerlichen Betrag, da Juden ohnehin nur der niedrigste Lohn zustand und zusätzlich zu den üblichen Steuern noch eine Juden- und Zigeunersteuer einbehalten wurde. Nach einigen Wochen mußte ich mich beim Betriebsarzt melden. Meine Mutter hatte entsetzliche Angst. Ich dachte eigentlich nur an sie, als ich stundenlang im Wartezimmer saß. Dann endlich – ich war »auffälligerweise« die letzte, die aufgerufen wurde – durfte ich eintreten.

»Ziehen Sie ihren Schlüpfer aus«, sagte der Arzt und wies auf einen Untersuchungsstuhl. Ich bemerkte höflich, daß es sich um mein Knie handele. Er gab mir mit einer in Richtung des Stuhls weisenden Handbewegung zu verstehen, daß ihn das nicht interessierte.

»Hatten Sie schon einmal Geschlechtsverkehr?« wollte er wissen. Die Frage wie die recht peinliche und keineswegs schmerzlose Untersuchung hatten nichts mit dem Grund meiner Arbeitsunfähigkeit zu tun. Mein Knie sah er sich überhaupt nicht an. Dennoch empfahl er meine Entlassung, da, wie er ausführte, die der IG-Farben eigene Krankenkasse nicht gewillt sei, weiter für mich Krankengeld zu zahlen. Trotz der Demütigung war ich selig. Ich war entlassen. Ich rannte nach Hause. Dort fand ich meine Mutter völlig verzweifelt vor. Sie hatte Stunden auf mich warten müssen, und ihre Angst war übermächtig geworden.

Als nächstes ging ich natürlich zu Weidt und Ali, die lange vor mir entlassen worden war. Weidt strahlte. Das war so recht nach seinem Sinn. Er hatte etwas von einer Spielernatur. Er riskierte gerne und kämpfte zäh und verbissen, bis er zum Erfolg gelangte. Er schlug vor, daß wir in Kürze noch einmal den Versuch unternehmen sollten, meine Anstellung in seiner Werkstatt zu erwirken. Wie die Anstellung von Ali gezeigt hatte, war der einstige Vorfall von Eschhaus offenbar längst vergessen, oder Weidt hatte an jenem Tag die von Frau Eschhaus oder seiner Freundin bevorzugte Parfümsorte getroffen.

Viele Nazifunktionäre waren so bestechlich, daß sie auch ihre Prinzipien verkauften. Weidt erhielt Wehrmachtsaufträge. Das machte seine Werkstatt zum »wehrwichtigen Betrieb«, denn auch in der Wehrmacht brauchte man Besen und Bürsten. Dafür wurden ihm Rohmaterialien zugeteilt wie Roßhaar oder Kunstfaser und natürlich auch Arbeiter. Gelegentlich führte er einen Teil dieser Arbeiten auch aus. Aber meist nur auf Drängen der Wehrmachtsdienststellen. Das ihm zugeteilte Material benutzte er für »andere« Geschäfte. Besen und Bürsten waren ebenso knapp wie alle anderen Waren in Deutschland. Sie eigneten sich hervorragend als Tauschobjekte. Es gab kaum ein größeres Warenhaus in Berlin, mit dem Weidt nicht derartige Geschäfte tätigte – Roßhaarbesen gegen Parfüm, gegen Pullover, Kleider, Schirme oder Lebensmittel. Natürlich reichte das ihm zugeteilte Material nicht aus, diesen großen Interessentenkreis zu befriedigen. Aber es gab noch andere Quellen. Polizeioffiziere des der Werkstatt gegenüberliegenden Polizeireviers lieferten Weidt Schwänze der Polizeipferde, die sie abgeschnitten hatten. Soldaten brachten Roßhaar aus den besetzten Gebieten. Für Schwarzmarktpreise kaufte Weidt ein. In seiner Zurichterei, in der »sehende« jüdische Facharbeiter beschäftigt waren, wurden diese Materialien aufbereitet. Die Blinden, etwa dreißig Männer und einige Frauen, fertigten dann die begehrten Waren. Ohne diese »schwarz« erworbenen Rohmaterialien hätte Weidt seine Arbeiter, die bis auf drei alle Juden waren, kaum beschäftigen können. Diese blinden Juden, von denen einige zudem taubstumm waren, lebten, sofern sie keine sehenden Ehefrauen hatten, im jüdischen Blindenheim in Berlin-Steglitz. Ihr Schicksal war unterschiedlich; einige waren blind geboren, einer hatte sich aus Liebeskummer in jungen Jahren in den Kopf geschossen und war erblindet, andere hatten ihre Sehfähigkeit durch einen Unfall eingebüßt. Weidt beschäftigte auch in seinem Büro Juden, obgleich das streng untersagt war. Ali wurde seine sehr tüchtige Sekretärin, Werner Basch ein zuverlässiger Buchhalter. Beide waren als »Arbeiter« bei ihm und den Behörden eingetragen. Auch ich sollte schließlich in seinem Büro beschäftigt werden.

Weidt bestimmte einen Tag, an dem er noch einmal einen Versuch bei Eschhaus wagen wollte, um meine Anstellung zu erwirken. Er legte seine Blindenbinde an, nahm seinen Stock. Ich machte einen dicken Verband ums Knie und stützte mich ebenfalls auf einen Stock. So hinkte ich bescheiden hinter Weidt her. Eschhaus erwartete uns bereits. Weidt wandte sich barsch an mich: »Warte draußen.« Er hatte die Tür zum Zimmer von Eschhaus bereits geöffnet, als er sich noch einmal umwandte und zu Eschhaus' Sekretärin sagte: »Bringen Sie doch der Jüdin einen Stuhl. Die kann nämlich nicht stehen.« Ich saß klopfenden Herzens auf meinem Stuhl, das Bein demonstrativ geradegestreckt. Nach einer Weile kam Weidt wieder. Sein Gesicht drückte Zufriedenheit aus. Eschhaus eilte hinter ihm her. Beflissen streckte er Weidt zum Abschied die Hand entgegen, und mit einem kurzen Blick auf mein verbundenes Bein sagte er: »Wir sind Ihnen, Herr Weidt, wirklich zu Dank verpflichtet, daß Sie uns immer die Menschen abnehmen, die wir anderweitig nicht einsetzen können.« Weidt lächelte großmütig. Als wir ein Stück vom Arbeitsamt entfernt waren, brachen wir beide in schallendes Gelächter aus. Er nahm seine Blindenbinde ab, ich spielte lässig mit meinem Stock. Das war so eine Art Demonstration gegen die Wirklichkeit, denn so, wie er fast blind war, so hatte ich in den folgenden Jahren ständig Schmerzen im Knie. Aber das war damals so unwichtig.

Im Büro eröffnete mir Weidt, daß er im Augenblick keine Arbeit für mich habe. Doch wäre er bereits mit einem Kollegen übereingekommen, der mich in der Ferienzeit als Aushilfe beschäftigen würde. Dies wäre natürlich nur eine Übergangslösung. Ich bliebe selbstverständlich Angestellte der Firma Weidt und sei sozusagen nur ausgeborgt.

Die Blindenwerkstatt Kniepmeyer, in der Ritterstraße nahe beim Halleschen Tor gelegen, stellte ebenfalls Besen und Bürsten her. Da Sommer war und zu der Zeit Betriebsferien, ergab sich dort kein Kontakt mit den Angestellten. Die Sekretärin wies mich vor ihrer Abreise in die Arbeit ein. Sie bestand lediglich in der Beantwortung von Telefongesprächen und der Erledigung von dringender Post. Die Sekretärin hatte keine Ahnung von

meiner wahren Identität. Nur der Chef, Kniepmeyer, war informiert. Er begegnete mir korrekt, wenn auch wortkarg. Weidt hatte ihm einen Gefallen getan, als er mich ihm ausborgte, denn »überzähliges« Personal, das Aushilfsarbeiten übernehmen konnte, gab es zu jener Zeit nicht.
In den ersten Tagen langweilte ich mich sehr. Nach einer Stunde war die Post durchgesehen. Das Telefon klingelte nur selten. Ich war mutterseelenallein in diesem Büro, hinter dem eine große, nun verwaiste Werkstatt lag. Kniepmeyer selbst kam nur kurz ins Büro, um nach dem Rechten zu sehen. Ich bemerkte nach einiger Zeit, daß seine Blicke mir gegenüber wohlwollender wurden. Eines Tages rief er mich in sein Büro.
Kniepmeyer war ein großer, schwerer Mann, der sich wegen seiner Leibesfülle hinter dem Schreibtisch gewichtig ausnahm. An der Wand hinter dem Schreibtisch hing ein großes Führerbild. Gelegentlich trug Kniepmeyer das Hakenkreuz am Rockaufschlag. Er ließ mich Platz nehmen. Dann meinte er, er habe mich einige Zeit beobachtet und sei zu der Überzeugung gekommen, daß ich ganz anders sei als alle anderen Juden. Er begann, mich nach meinen Eltern auszufragen, wie lange unsere Familie in Deutschland sei und woher wir eigentlich kämen. Ich antwortete ihm sehr ruhig, daß unsere Familie meines Wissens seit Generationen in Deutschland ansässig sei, jedenfalls, soweit ich dies verfolgen könnte. Nach einer Weile schüttelte er fast unmerklich den Kopf. Diese erste Fühlungnahme beendete ein Telefongespräch. Ich wußte nicht recht, was ich davon halten sollte.
Am nächsten Tag bat er mich wiederum in sein Büro und wollte Näheres über unsere Lebensumstände wissen. Was ich ihm berichtete, schien ihn zu erschrecken. Die Deutschen, die nicht wissen wollten, was um sie vorging, hatten in der Tat keine Ahnung davon, wie wir in ihrer Mitte lebten. Als er erfuhr, daß wir nur wenige Lebensmittel zugeteilt erhielten, kam er am folgenden Tag mit einem Korb Früchte. Sie wüchsen in seinem Garten, erzählte er mir. Mehr könne er mir leider nicht bringen, ohne daß seine Frau etwas davon merke. Er traue sich nicht, ihr von mir zu erzählen. Kaffee könne er vielleicht noch unter dem Vorwand bringen, daß er ihn im Büro trinken wolle.
Unsere Gespräche wurden immer freundschaftlicher. Ich versuchte vorsichtig, auch politisch auf ihn einzuwirken. Wir diskutierten über den Krieg und Hitler. Ich beschwor ihn,

mir zu glauben, daß Hitler den Krieg nicht gewinnen würde. Er lauschte mir ungläubig.

Eines Tages bat er mich, ihn in die Werkstatt zu begleiten, die so viel moderner sei als die von Weidt und darum für mich sicher von Interesse sein würde. Ich ahnte nichts. In der Expedition zwischen Besen und Bürsten kam er sehr vorsichtig zwar, aber doch mit eindeutiger Absicht auf mich zu. Eine schreckliche Angst erfaßte mich; ich wehrte mich. Aber wie hätte ich wagen können, ihn energisch von mir zu stoßen. Überdies hatte ich auch keinerlei Erfahrung auf diesem Gebiet. Er verstand und wurde nicht gewalttätig. Fast scheu gestand er mir, es sei das erste Mal, daß er in engeren Kontakt mit einer Jüdin gekommen sei. Ich sei hübsch, intelligent, sympathisch und begehrenswert. Auf jeden Fall so ganz anders, als er sich eine Jüdin vorgestellt habe. Er ließ schließlich von mir ab. Aber als er sich mit einem Kuß auf die Stirn von mir verabschiedete, war ich völlig verzweifelt. Wie sollte ich die nächsten zwei Monate durchhalten? Ich wagte nicht, darüber zu sprechen, nicht mit meiner Mutter und auch nicht mit Weidt, der bereits so viel für mich getan hatte. Ich wollte ihm keine Last sein. Mit Zögern und Zagen ging ich den nächsten Tag ins Büro. Wieder begann Kniepmeyer sein Werben. Es gelang mir, ihn fernzuhalten. Aber ich spürte, daß meine Abwehr ihn gerade reizte.

Eines Tages erschien im Büro ein junger Mann, groß, schlank, 19 Jahre alt. Sein Sohn hatte natürlich keine Ahnung, wer ich war. Sein Vater hieß uns, gemeinsam einen Auftrag auszuführen. Er war ein natürlicher, offener Junge, mit dem ich mich gut verstand. Wir waren gleichaltrig. Am nächsten Morgen kam er wieder ins Büro. Ich war froh darüber, denn nun brauchte ich nicht mehr mit dem Vater allein zu sein. Aber der merkte sehr bald, daß er nun nicht mehr allein um mich warb. Mit dem Lächeln des unschlagbaren Siegers meinte er: »Mein Sohn hat in der Tat einen guten Geschmack«, und wurde das erste Mal zudringlich. Noch einmal kam ich davon. An jenem Tag rief ich Weidt an. Der war ganz außer sich und schalt, daß ich ihn nicht früher informiert hätte. »Damit muß sofort Schluß sein. Ich werde eine Ausrede finden und ihm sagen, daß ich dich dringend benötige.« So kam es dann auch. Ich durfte nur noch einmal hingehen, um mich zu verabschieden.

Weidt übergab mir die Expedition und das Telefon – keine Aufgaben, die eine volle Arbeitskraft erfordert hätten. Ich tat mein möglichstes, um mich dankbar zu erweisen und mein Gehalt zu verdienen. Das war nicht leicht. Ali hatte mittlerweile nicht nur das Büro Weidt erobert, das sie vorbildlich führte, sondern auch den Mann. Weidt war etwa 60 Jahre alt und stammte aus kleinen Verhältnissen. Nie hatte er einen ähnlichen Wohlstand erlebt wie in jenen Kriegsjahren, in denen er mit viel Geschick durch »schwarz« hergestellte Waren viel Geld verdiente. Ali war ihm eine gute Beraterin. Seine Frau Else genoß den unerwarteten Reichtum auf ihre Weise, indem sie ständig auf Reisen war und in eleganten Hotels abstieg, die ihr ein Leben lang verschlossen geblieben waren. Er gab ihr gern die Mittel dazu.

Ich bewunderte Weidt. Er war für mich eine Art Vaterersatz. Sein kämpferischer Geist imponierte mir, da ich durch mein Elternhaus kämpfen gewohnt war. Ali sah das nicht unbedingt gern. Die etwas gespannte Atmosphäre änderte sich schlagartig, als Hans Rosenthal in mein Leben trat.

Hans Rosenthal, einst Ingenieur bei Osram, war nun Materialverwalter der Jüdischen Gemeinde und zugleich ihr Einkäufer. Er kaufte und bekam natürlich Bürsten und Besen, die Weidt keinem anderen gegeben hätte. Weidt war nur einer unter vielen Großhändlern Berlins, die dem Juden Rosenthal Ware zusteckten, die sie keinem anderen mehr gaben. Seine Stellung war selbst bei der Gestapo anerkannt, die er gelegentlich mit Waren versorgen mußte, da sie unter ihrem eigenen Firmennamen nicht mehr viel erhielten. »Ham wa nich!« – Wer konnte das Gegenteil beweisen? Hans, der mit seiner Mutter zusammenlebte, war bereits Ende Dreißig, aber unverheiratet. Bald kam er öfter als nötig zur Firma Weidt. Ich mochte ihn und ließ daran auch keinen Zweifel; vielleicht auch, um dem mich bedrängenden Werner Basch zu entgehen.

Werner, unser Buchhalter, war ein gutaussehender, großer junger Mann Anfang Dreißig mit bereits ergrautem Haar. Mit seiner exakt gescheitelten Frisur und dem ständigen Lächeln wirkte er wie ein beflissener Verkäufer. Er war sicherlich der erste Buchhalter, den die Firma Weidt je gesehen hatte. Monate verbrachte er nun mit Akribie, die durch Jahre vernachlässigte Buchhaltung aufzuarbeiten. Weidt, der alles andere als ein ordentlicher Mensch war und alles auf sich zukommen ließ, schätzte die Arbeit Baschs nicht sonderlich, aber er ließ ihn gewähren. Basch konnte seine Zahlen schreiben und dabei stundenlang Opernmusik hören. Gelegentlich blickte er entzückt auf und rief verzückt: »Ah, ein Verdi.« Weidt hatte ihn auf

Wunsch der Jüdischen Gemeinde eingestellt. Er war der Ehemann von Ilse Basch, einer überaus intelligenten, aber nicht sehr attraktiven Frau, die in der Gemeinde eine maßgebliche Stellung innehatte. Die Ehe war nicht sonderlich glücklich. Basch begann, sich für mich zu interessieren. Ich leugne nicht, daß ich zunächst einem Flirt nicht abgeneigt war. Die Zeit und unsere Situation war einem so harmlosen Vergnügen nicht günstig, so daß sich kaum Gelegenheiten boten. Als er jedoch eines Nachmittags, als wir zufällig allein im Büro waren, »deutlicher« wurde, stieß ich ihn empört zurück. Dieses Ansinnen eines verheirateten Mannes erschien mir, der behüteten Tochter aus gutbürgerlichem Hause, geradezu unerhört. Da war mir Hans Rosenthals Zuneigung sehr viel lieber. Er war bescheiden, freundlich, klug, gut erzogen, ein sehr weicher Mensch. Wir gingen einige Male miteinander spazieren. Andere Möglichkeiten, uns zu treffen, hatten wir damals schon nicht mehr. Je beengter unser Bewegungsraum wurde, um so stärker klammerte ich mich an ihn. Außer meiner Mutter hatte ich niemand, und es war gut, sich noch einem Menschen anvertrauen zu können. Wenn damals jüdische Ehen geschlossen wurden, dann war dies oft ein gewichtiger Grund für eine solche Bindung.

Weidt hatte offensichtlich Freude an dem verliebten jungen Mädchen in seinem Büro und bot uns Möglichkeiten, einander näher kennenzulernen. Er kannte ja die Probleme, die uns daran hinderten. Er arrangierte gesellige Abende in seinem Büro. Auf dem schwarzen Markt kaufte er Fleisch ein und ließ herrliche Mahlzeiten von der eine Treppe höher wohnenden Portierfrau, die auch nicht ohne Grund freundlich zu uns war, zubereiten. Ich erinnere mich an sehr gemütliche Abende zu viert oder zu sechst, wenn Werner Basch und seine Frau Ilse dazukamen. Diese Abende an einer improvisierten Tafel im Büro gehören zu den wenigen schönen Stunden, die mir aus jener Zeit in Erinnerung sind. Denn das Schicksal der Eva Diemenstein beherrschte auch unausgesprochen unsere Gedanken. Es war ein ständiges Menetekel. Gelegentlich ließ Eva Diemenstein sich im Büro von Weidt sehen, um Worte des Trostes zu hören. Aber sie ließen nicht vergessen, was um uns geschah. »Verschwindet!« mußte Ali uns manchmal zurufen, während sie hastig ihren Kittel mit dem Judenstern überwarf und in die Zurichterei rannte. Basch und ich verließen dann eilig das Büro und liefen die Treppe hoch. Gustav Kremmert, ein nichtjüdischer Partner von Weidt und auch von ihm abhängig, setzte sich an Baschs Schreibtisch;

Alis Platz nahm das ebenfalls arische Lehrmädchen Erika ein. Sie war zu töricht, um zu begreifen, was in der Werkstatt vorging. Das war alles viele Male geübt worden. Von unserem Posten auf dem Treppenabsatz hörten wir Weidts Stimme, der den Herrn Kriminalobersekretär Prüfer[*], den stellvertretenden Leiter des Judenreferats bei der Berliner Gestapo, liebenswürdig begrüßte. Er hatte ihn wiederholt aufgefordert, sich anzusehen, wie er, Weidt, einen Betrieb mit jüdischen Arbeitern leite. Prüfer hatte diese Einladung angenommen und erschien gelegentlich unangemeldet. Weidt führte ihn durch den Betrieb, zeigte ihm Waschräume, die angeblich nur für die »Saujuden« bestimmt waren, fuhr auch den ein oder anderen Blinden barsch an:

»Was, das soll ein Besen sein, was du da machst?« und berichtete Prüfer mit stets neuen Einzelheiten, wie es ihm gelänge, Disziplin unter diesen Juden zu halten, die, wenn man sie nur richtig anpacke, gut arbeiten würden.

»Wie sollte ich wohl meine Wehrmachtsaufträge ausführen, wenn ich die Juden nicht hier hätte?« seufzte er dann wohl. Prüfer gab sich wohlwollend. In der Werkstatt wagte niemand zu mucken. Erst wenn der Gestapobeamte außer Sicht- und Hörweite war, erschien Weidt wieder in der Werkstatt. Dann erklärte er sein unfreundliches Verhalten. Aber die Blinden hatten schon vorher verstanden, was ihn dazu bewogen hatte. Man lachte sich die Spannung von der Seele. Weidt verteilte Zigaretten als Trost für die ausgestandenen Minuten der Angst. Uns goß er Wein ein, wieder und immer wieder. Aber keiner von uns wurde betrunken. Alle Nerven waren viel zu angespannt.

---

[*] Franz Wilhelm Prüfer ist bei einem Bombenangriff getötet worden. Vgl. Robert W. Kempner: Mord an 35 000 Berliner Juden, S. 46.

Vorhof der Hölle

Ein kleiner, untersetzter Mann erhob sich von seinem Sitzplatz in der U-Bahn.

»Ich bitte Sie darum, sich sofort zu setzen!« sagte er sehr laut und energisch, indem er mit seiner linken Hand auf den Sitzplatz wies, den er mir anbot. Die meisten anderen Fahrgäste taten so, als hörten sie nichts. Die U-Bahn war voll besetzt wie an jedem Morgen um diese Zeit vor Beginn der Arbeit. Ich war nur eine von vielen, die stehen mußten. Sicherlich hätte der Mann nicht gerade mir seinen Platz angeboten, wenn ich nicht an jenem Morgen das erste Mal einen »Judenstern« getragen hätte.

Es war der 19. September 1941, der erste Tag, an dem wir dazu gezwungen waren. Am Abend zuvor hatte ich diesen gelben Lappen wie vorgeschrieben an der linken Brust in Herzhöhe fest an den Mantel genäht. Die jüdischen Wohlfahrtsämter hatten jedem Juden vier solche Sterne gegen ein Entgelt abgeben müssen.

Ali und ich hatten uns verabredet, an jenem Morgen gemeinsam zur Arbeit zu fahren, sie ins Büro zu Weidt, ich damals zu Kniepmeyer. Wir fürchteten, daß möglicherweise »spontane« Reaktionen vorbereitet worden waren. Vor der Berliner Bevölkerung hatten wir keine Angst. Ich hatte überdies mein eigenes kleines Problem. Monatelang war ich jeden Morgen im gleichen Zug in das gleiche Coupé gestiegen. Das hatte auch ein junger Mann getan. Ich hatte keine Ahnung, wer er war. Wir hatten kein Wort miteinander gewechselt. Dennoch hatte sich so etwas wie eine unausgesprochene gegenseitige Sympathie entwickelt. Ich ahnte nur, daß er kein Jude war. Ich gebe zu, daß ich mich vor seiner Reaktion fürchtete, wenn er an mir den Judenstern entdeckte. Er bewies mir an jenem Morgen, daß meine Sorge ungerechtfertigt gewesen war. Nach jenem ersten Tag des Sterntragens habe ich ihn jedoch nie wiedergesehen. Das mag Zufall, vielleicht auch Angst seinerseits gewesen sein. Nicht jeder war so mutig wie der Herr, der mich zwingen wollte, seinen Sitzplatz einzunehmen. Erst als ich ihm zuflüsterte, daß es mir gesetzlich verboten sei und nicht er, sondern ich Gefahr liefe, bestraft zu werden, gab er nach.

Als ich an der Station Möckernbrücke ausstieg, folgte er mir.

Er verlangte, mich begleiten zu dürfen. Dies sei sicherlich nicht verboten. Ich konnte ihm nicht sagen, aus welchem Grund mir seine Begleitung äußerst unangenehm war. Nach einigen Schritten bat ich ihn inständig, mich allein zu lassen, was er auch tat. Zu jener Zeit arbeitete ich bei der Firma Kniepmeyer und durfte mich dort auf keinen Fall mit dem »Judenstern« sehen lassen. Ich tat also, was ich noch viele hundert Male auf diese oder andere Weise wiederholte: In einem leeren Hausflur zog ich den Mantel mit dem Stern aus und eine Jacke ohne Stern, die ich in der Tasche trug, an. Das war nicht ungefährlich, denn wenn mich dabei ein Gestapo-Spitzel beobachtet hätte, dann wäre es mir so ergangen wie jenen unglücklichen Juden, die von Gestapo-Beamten auf der Straße angehalten wurden, um mit einem Bleistift zu prüfen, ob der Stern auch fest genug angenäht war. Ihr willkürliches Urteil führte unweigerlich ins KZ. Den Manteltausch habe ich oft wiederholen müssen. Und das nicht nur, weil Juden von nun an außer zur Arbeitsstelle keine öffentlichen Verkehrsmittel mehr benutzen durften. Auch der Lebensmittelhändler Richard Junghans hätte uns keine Waren mehr geben können, wäre ich mit dem »Judenstern« am Mantel in seinem Laden erschienen. Frau Gumz hätte unsere Wäsche nicht mehr annehmen dürfen, und vor allem hätte ich bei ihr nicht das Fleisch abholen können, das sie nun bei unserer Fleischersfrau auf dem Wochenmarkt für uns besorgte. Natürlich ging ich auch weiterhin in Konzerte, in Theater und Kinos. Das war jedoch mit Stern nicht möglich.

Das »Manöver« des Manteltausches war keineswegs einfach. Zunächst hieß es, einen Ort zu finden, an dem man das Kleidungsstück mit dem Stern ablegen und das ohne anlegen konnte. Aus dem Haus, in dem man bekannt war, durfte man natürlich nicht ohne Stern hinausgehen. Selbstverständlich konnte man auch nicht ohne den Stern am Mantel ins Haus zurückkehren, in dem man wohnte. Höchst »unangenehm« war es, jüdische Bekannte zu treffen, die grüßten oder auf einen zukamen, weil sie das Fehlen des Sterns nicht sofort bemerkten. Viele Male bin ich so »unhöflich« gewesen, habe Bekannte übersehen und bin schnell weitergegangen, ohne ihren Gruß zu erwidern.

»Ich bitte dich um alles in der Welt, übertreibe nicht«, bat meine Mutter inständig. »Nur wenn wirklich nötig, geh ohne Stern!«

Ich versprach es auch, aber es war natürlich weitaus angenehmer, ohne Stern zu gehen.

Wie auch andere Juden hatte ich gelegentlich sehr erfreuliche Erlebnisse. Ich erinnere mich, wie Unbekannte in der Untergrundbahn oder auf der Straße, meist im dichten Gewühl der Großstadt, ganz nahe an mich herantraten und mir etwas in die Manteltasche steckten, während sie in eine andere Richtung schauten. Manchmal war es ein Apfel, ein anderes Mal Fleischmarken, Dinge, die Juden offiziell nicht erhielten. Dennoch, der »Judenstern« schuf eine diskriminierende Isolation. Ich hatte das Gefühl, eine Maske vor dem Gesicht zu tragen. Es gab Menschen, die mich mit Haß ansahen; es gab andere, deren Blicke Sympathie verrieten, und wieder andere schauten spontan weg.

Ich erinnere mich daran, wie unerträglich mir einmal dieses »Angestarrtwerden« wurde. Es war auf einem U-Bahnhof. Wir warteten auf den Zug. Immer und immer wieder ging eine Frau an mir vorüber und starrte mich an. Schließlich hielt ich es nicht mehr aus, trat auf sie zu und fragte:

»Sie haben gewiß noch nie eine Jüdin gesehen?« Sie wurde knallrot. »So sehen Sie mich doch ganz genau in aller Ruhe an. Ich habe nichts dagegen.« Die Frau sagte kein Wort und wandte sich ab.

Ein anderes Mal gingen meine Mutter und ich einkaufen. Es war Winter. Schnee war gefallen. Plötzlich faßte mich jemand am Ärmel, drückte meiner Mutter und mir einen Besen in die Hand und befahl: »Fegt die Straße sauber!« Wir waren so in ein Gespräch vertieft gewesen, daß wir die anderen Juden nicht gesehen hatten, die bereits zum Schneeschippen angehalten worden waren. Ich setzte mein fröhlichstes Gesicht auf, und meine Mutter schlug vor, zu singen, damit die Arbeit besser voranging. Überdies gaben wir anderen sich nähernden Juden durch Handzeichen zu verstehen, daß sie einen anderen Weg einschlagen sollten. Nach einiger Zeit platzte dem Nazi die Geduld, und er riß uns den Besen wieder aus der Hand.

»Macht, daß ihr wegkommt!« fuhr er uns an.

Am schlimmsten erging es jüdischen Kindern. Vom sechsten Lebensjahr an war das Tragen des »Judenstern« Pflicht. Da Kinder grausam sein können und den ständigen Hetzereien gegen Juden ebenso ausgesetzt waren wie Erwachsene, schlugen sie oftmals auf jüdische Kinder ein, wo sie sie trafen, es sei denn, ihre Eltern hatten den Mut, das ihnen vermittelte Judenbild zu korrigieren. Ich habe mehr als einmal nichtjüdische Kinder verdroschen, um jüdischen Kindern Gelegenheit zur Flucht zu geben, ein Unterfangen, das auch für mich nicht ungefährlich war. So war es gleichermaßen gefährlich, ohne wie auch mit Stern zu gehen.

An den Nachmittagen zwischen 4 und 5 Uhr wimmelte es in manchen Gegenden Berlins von jüdischen Frauen, die ihre Einkäufe tätigten. Das war die einzige Stunde, die ihnen dazu gewährt wurde. Wer vermochte schon, in einer Stunde alle Einkäufe vorzunehmen, zumal in jenen Gegenden, in denen noch relativ viele Juden wohnten. Jüdische Frauen hetzten von Geschäft zu Geschäft, so daß dieser Ansturm den Geschäftsleuten die Möglichkeit erschwerte, ihren alten Kunden etwas zuzustecken. Dennoch fanden sie oft einen Weg, helfen zu können. Der Mensch gewöhnt sich an alles. Auch wir richteten uns ein. Es fand sich immer wieder ein Ausweg. Aber es war offenkundig: Die Situation der Juden in Berlin wurde kritischer. Gerüchte über fürchterliche Dinge, die gegen uns vorbereitet wurden, fanden stets neue Nahrung und wurden beunruhigender. Ich bat meine Mutter, mich mit derartigen Parolen des »Jüdischen Mundfunks«, die sie aus ihrer Wohlfahrtsstelle mitbrachte, zu verschonen. Ich wollte nichts davon hören.

»Vielleicht sind diese Gerüchte aber dennoch wahr«, meinte meine Mutter.

»Was nützt es mir, wenn ich sie vorher weiß und mich ängstigen muß«, hielt ich ihr energisch entgegen. Aber eines Tages brachte mich ein derartiges Gerücht in einen schweren Konflikt. Am 16. Oktober 1941 stürzte Herr Hefter, ein Angestellter der Jüdischen Gemeinde, dessen Funktion mir nicht mehr erinnerlich ist, in die Blindenwerkstatt Weidt. Er machte einen völlig verwirrten Eindruck und schien gar nicht zu begreifen, was ihm gesagt wurde. Er verlangte, unverzüglich mit Herrn Weidt sprechen zu können. Sie kannten einander seit Jahren, und ich wußte, daß Weidt Herrn Hefter oft etwas zusteckte, eine Nagelbürste oder einen Handfeger. Damit konnte er sich andere notwendige Dinge beschaffen. Hefter verschwand in Weidts Zimmer. Einige Minuten später rief Weidt nach Ali. Kurz darauf verließ sie sein Büro kreideweiß im Gesicht. Sehr langsam ging sie an ihren Schreibtisch, umfaßte die Tischlampe, wie um sich zu wärmen, und stand regungslos da.

»Was ist denn, Ali, um Gottes willen, so sag doch was!« drängte ich sie. Ich spürte, daß etwas Fürchterliches geschehen sein mußte. Langsam, als komme sie erst allmählich zu sich, sagte sie: »Heute nacht werden einige hundert Juden aus ihren

Wohnungen abgeholt und in den Osten verschickt, in Lager.«
Ich wollte es nicht glauben.

»Das soll wahr sein? Das ist doch sicher eines dieser vielen Gerüchte«, meinte ich unwillig.

»Nein, nein, Hefter muß es doch wissen. Die Beamten der Jüdischen Gemeinde haben den Transport zusammenstellen müssen.«

Dann erschienen Weidt und Hefter.

»Wir haben Redeverbot. Aber ich konnte nicht mehr schweigen. Ich mußte es jemandem anvertrauen«, stieß Hefter ganz verzweifelt hervor. Seine Augen waren glasig vor Übermüdung und ungeweinten Tränen. »Um Gottes willen, erzählen Sie es keinem!«

Werner Basch, dessen Frau auch in der Gemeinde arbeitete, blieb ungläubig. Aber Hefter versicherte, daß nur einige wenige Personen mit den Vorbereitungsarbeiten betraut gewesen seien und zu absoluter Verschwiegenheit verpflichtet waren.

Ich wollte Näheres wissen. Warum? Wann? Wer? Wie? Aus den zusammenhanglosen Antworten Hefters, der nervös auf und ab lief, ergab sich, daß alle jene deportiert werden sollten, die kürzlich eine Liste von der Jüdischen Gemeinde zugestellt erhalten hatten, auf der sie ihre Besitztümer einzutragen hatten – etwa die Zahl der Bettlaken oder ihrer Teppiche. Die ausgefüllten Listen hatten sie an die Gemeinde zurückschicken müssen.

»Um Gottes willen, Frau Hohenstein«, schoß es mir durch den Kopf. Wir hatten uns gewundert, daß Frau Hohenstein eine solche Liste erhalten hatte und sonst keine von uns vieren. Frau Hohenstein war Witwe, 65 Jahre alt; sie bewohnte das Vorderzimmer der Wohnung von Tante Olga. Als sie uns das Formular zeigte, hatten wir uninteressiert gemeint:

»Das werden wir sicherlich auch noch bekommen.« Das war vor etwa drei Wochen gewesen. Niemand hatte mehr an die Liste gedacht.

Keiner von uns, weder Weidt noch Ali, Basch oder ich, konnte an jenem Morgen seine Arbeit wiederaufnehmen. Immer wieder mußten wir unsere Vermutungen mitteilen. Was wir erfahren hatten, schien unfaßbar. Um Arbeitslager konnte es sich nicht handeln. Würde eine 65jährige, nicht sehr gesunde Frau wie Frau Hohenstein in ein Arbeitslager geschickt werden? Vielleicht handelte es sich in ihrem Fall um einen Irrtum, der sich bald aufklären würde. Vielleicht war auch die ganze unvorstellbare Information nicht wahr.

»Geh um Gottes willen heute abend nicht nach 8 Uhr aus.« Weidt, der meine Unternehmungslust kannte, ermahnte mich. »Und zieh den Mantel mit dem Stern an, wenn es nach 8 Uhr klingeln sollte.« Juden mußten, der Vorschrift entsprechend, auch in der Wohnung den Stern tragen.

Ich rannte nach Hause und berichtete meiner Mutter, was ich erfahren hatte. Sie glaubte es nicht – wer konnte das auch glauben? Dennoch diskutierten wir stundenlang darüber, ob wir Frau Hohenstein etwas sagen sollten oder nicht. Was war richtig? Sollte sie sich schon Stunden vorher ängstigen? Und vielleicht war nichts wahr daran, war es nur eines der vielen Gerüchte. Und wenn es doch zutraf! Könnte sie sich darauf vorbereiten? Offensichtlich nicht. Diese Diskussion führten wir noch Tage später. Vielleicht hätte sie fliehen können. Dann hätten wir zu verantworten, daß sie in die Fänge der Gestapo geraten war. Aber eine Dame ihres Alters, ein bißchen umständlich, nicht sehr gesund, eine alte Dame, die nur für ihre Kinder und Enkel lebte, hätte sicher nichts dergleichen getan.

Kurz nach 8 Uhr klingelte es tatsächlich an der Wohnungstür, schrill und fordernd, wie es mir schien. Meine Mutter saß wie gelähmt. Fast tonlos flüsterte sie nur: »Um Gottes willen.« Da es keinen Zweifel daran geben konnte, wer da Einlaß begehrte, zog ich meinen Mantel mit dem »Judenstern« an und öffnete die Tür. Vor mir standen zwei hochgewachsene Männer in grauen Lodenmänteln. Sie fragten:

»Wohnt hier eine Klara Sara Hohenstein?« Ich wies auf die Tür zu ihrem Zimmer und ging zu meiner Mutter zurück.

»Wir müssen es Tante Olga sagen«, meinte sie.

»Das ist doch nicht möglich! Das ist doch nicht vorstellbar!« rief sie entsetzt aus, nachdem wir sie rasch unterrichtet hatten. Zitternd setzte sich die alte Dame zu uns. Da saßen wir nun mit Angst im Herzen, wagten nur zu flüstern und horchten aufgeregt auf jedes Geräusch. Die Tür unseres Zimmers war nur angelehnt. Ich kann nicht mehr sagen, wie lange wir so saßen. Wir hörten fast nichts, außer den Schritten mehrerer Personen in Frau Hohensteins Zimmer. Dann hörten wir ihre Stimme, sie rief nach Tante Olga, die zitternd vor Erregung aufstand und zögernd zur Tür ging. Im Türrahmen blieb sie stehen und rief:

»Ja, was möchten Sie denn?«

Sie würde weggebracht, sagte Frau Hohenstein sehr ruhig. Näheres wüßte sie nicht. So bald sie könnte, würde sie sich melden. Als wollte er alle weiteren Spekulationen unterbrechen, fügte einer der Männer schnell hinzu, daß das Zimmer von ihm versiegelt würde. Es sei strafbar, das Siegel zu erbrechen oder gar etwas aus dem Zimmer zu entwenden. Dann führten sie Frau Hohenstein zur Tür. Wir hörten, wie sie zugeschlagen wurde, und vernahmen nur noch die hallenden Tritte der Stiefel und die leiseren trippelnden Schritte von Frau Hohenstein im Treppenhaus. Dann hörten wir nichts mehr. Es war wieder totenstill.

Meine Mutter und ich traten aus dem Dunkel unseres Zimmers in den Flur. Dort stand die alte Tante Olga wie angenagelt. Die fleischigen Arme hingen an ihrem schweren plumpen Körper herab. Der Kopf schien eine einzige Masse von Entsetzen, der Mund halb offen wie zu einem Schrei, der nie ausbrach, die Augen starrten meine Mutter an:

»Ella«, rief sie schließlich aus und warf sich meiner Mutter in die Arme. »Was geschieht hier?« Meine Mutter berichtete ihr noch einmal kurz, was wir bereits seit dem Morgen wußten. Die alte Dame hatte es vorher nicht begriffen oder nicht begreifen wollen.

Ich ertrug diese Szene nicht. »Wir müssen etwas tun. Die anderen benachrichtigen, irgend etwas!« rief ich immer wieder. Da klingelte es zweimal an der Wohnungstür. Es war Frau Schroeder, die Portierfrau, die mit angesehen hatte, wie Frau Hohenstein weggeführt wurde. Die große, vierschrötige Frau, die stets eine Schürze trug, stürzte in die Wohnung.

»Was wollen die mit der Frau Hohenstein? Was war hier los?« Wir sagten ihr, was sich zugetragen hatte. Die alte Frau klammerte sich an den Küchentisch. Sie stand da, mit gesenktem Kopf, die Schultern zuckten. Dann schrie sie auf:

»Verbrecher! Mörder!« Es war schwer, sie zum Schweigen zu bringen.

Ich meinte, wir wären verpflichtet, die Kinder von Frau Hohenstein zu benachrichtigen, und fand Zustimmung. Aber wie? Juden hatten kein Telefon. Ob Frau Schroeder das nicht für uns tun würde? Sie wehrte entsetzt ab.

»Nein, nein, ich kann nicht allein zu diesen Menschen gehen und ihnen sagen, daß ihre Mutter weggeschleppt worden ist. Das ist zu fürchterlich.« Frau Schroeder schrie es. Schließlich war sie bereit, mich dorthin zu begleiten. An diesem Abend war ich sicherlich nicht in Gefahr, nach 8 Uhr auf der Straße erwischt zu werden. Die Gestapo hatte anderes zu tun.

Ich weiß heute nicht mehr, wie wir es und was wir sagten. Die Tochter und der Schwiegersohn von Frau Hohenstein hörten schweigend zu, ohne ein Wort über die Lippen zu bringen. Wir verließen sie rasch unter dem Vorwand, daß ich mich nicht auf der Straße sehen lassen dürfte. Draußen liefen wir, ohne es eigentlich zu merken. Der Mond schien nicht an jenem Abend. Es war alles dunkel.

Am nächsten Morgen hatte es sich schnell herumgesprochen, daß die Festgenommenen in der Synagoge in der Levetzowstraße auf ihren Abtransport warten mußten. Es hieß, man könne ihnen Sachen bringen. Aber dann jagten sich die wildesten Gerüchte: Man nehme ihnen ohnehin alles weg, sie würden geschlagen und erhielten nichts zu essen. Der Schwiegersohn der Frau Hohenstein kam zu uns. Er wußte, daß er das Zimmer seiner Schwiegermutter nicht betreten durfte. Aber irgend etwas zog ihn wohl dahin, noch einmal wenigstens vor der Tür zu dem Raum zu stehen, der ihr Dasein zuletzt umschlossen hatte. Er stand da, klein und sehr still. Mit schmalen Lippen erzählte er, wie er versucht habe, seine Schwiegermutter in der Levetzowstraße ein wenig Proviant für den Weg zu übergeben. Wie die anderen, die ihre Angehörigen in der Synagoge wußten, sei auch er abgewiesen worden. »Man sorgt gut für sie«, hätte ein Angestellter der Jüdischen Gemeinde gesagt. »Man soll sich nicht beunruhigen; alles nur Menschenmögliche wird für sie getan«, hätte es geheißen.

Im Schutze der Dunkelheit des 17. Oktober gingen meine Mutter und ich zur Synagoge. Wir blieben auf der anderen Straßenseite. Näher wagten wir uns nicht heran. Wir schauten zur Synagoge hinüber. Sehen konnten wir nichts, außer den erleuchteten Fenstern. Das war ungewöhnlich für einen Wochentag ohne feierlichen Anlaß. Was sich dort in den letzten 24 Stunden abgespielt haben mochte, konnten wir nur ahnen. Wie es hieß, waren in der Synagoge über tausend Menschen zusammengepfercht und warteten auf ihren Abtransport. Die meisten waren über 65 Jahre alt und nicht mehr arbeitsfähig. Wir ertappten uns bei dem Gedanken, daß wir erleichtert aufatmeten, da wir beide arbeiteten. Wir schämten uns dabei. Es waren nicht nur die Mauern der Synagoge und die Wachtposten davor, die uns von den Menschen dahinter trennten. Sie waren in einer unwirklichen Weise von uns abgeschieden.

Am 18. Oktober 1941 wurde dieser erste Transport von Berlin nach Lodz abgefertigt. Nach einigen Wochen traf eine vorgedruckte Karte ein. »Mir geht es gut. Ich bin in Lodz. Schickt mir Pakete.« Dazu war eine Nummer angegeben; sie war wohl schon auf ihren Arm tätowiert.

Ja, wir schickten Pakete, eine lange Zeit hindurch. Sie enthielten Brot, Trockengemüse, Dinge, die wir uns absparten. Eine Antwort erhielten wir nie.

Die »Listen«

Am ganzen Körper bebend, das Gesicht aschfahl und von Angst verzerrt, stand der blinde Levy vor seinem Chef.
»Ich hab die Listen, Herr Weidt.«
Er hielt das Formular in beiden Händen, das für jeden Juden die organisatorische Vorstufe zur Deportation bedeutete. Nach der ersten Deportation gab es keinen Juden in Berlin, der die wahre Bedeutung der harmlos aussehenden Vordrucke, auf denen der Besitz verzeichnet werden mußte, nicht kannte. Otto Weidt, dessen Hände ebenso zitterten wie die von Levy, riß ihm die Formulare aus der Hand.
»Gib her!« sagte er barsch. Levy verstand nicht. Der kleine Mann wich an die Wand zurück. Weidt zog bereits seinen Mantel an, befahl Ali, ihm die Blindenbinde zu bringen, und stapfte, laut mit dem Stock auf den Boden stoßend, aus dem Büro. Er sprach kein Wort. Niemand wußte, was er vorhatte. Wir standen im Büro. Gustav Kremmert und das Lehrmädchen Erika wußten nicht, was sie sagen sollten. Kremmert klopfte Levy, der seine Hände wie schützend vor die blinden Augen hielt, auf die Schulter und sagte unbeholfen, fast mit Rührung in der Stimme: »Wird schon in Ordnung gehen.«
Hampel, der Vertreter, trat ein. In seiner polternden Art wünschte er »einen wunderschönen guten Morgen«. Kremmert schob ihn aus dem Büro, wohl um zu erklären, was geschehen war. Levy war wieder in die Werkstatt zurückgegangen. Dort saßen die dreißig Blinden an ihren Werkbänken. Keiner sagte ein Wort. Sonst sangen sie oder erzählten einander Witze, während ihre Hände schematisch die Faser durch die Bohrlöcher der Besenhölzer zogen. Sie taten es schneller, als ein Sehender es gekonnt hätte. Hinter der Werkstatt lag die Zurichterei. Unter der Anleitung eines Fachmanns, Horn mit Namen, bereiteten einige sehende Mitarbeiter das Material vor. Horn stammte aus Polen. Sein Deutsch verriet jiddische Anklänge. Er war klein von Gestalt, sein Kopf mit dem krausen blond-grauen Haar schien unproportional groß. Auf einer gewaltigen Nase unter einer hohen Stirn saß eine Brille mit dicken Gläsern. Seine Gesichtszüge ließen eine etwas weinerliche Güte erkennen. Er schien immer in Angst zu leben. Sein Lachen äußerte sich lediglich in einem Verziehen seines breiten Mundes. Horns etwa

17jähriger Sohn lernte das Handwerk des Vaters in der Blindenwerkstatt als einer der vier oder fünf Hilfsarbeiter. Tüchtige Fachleute wie Horn waren selten. Weidt brauchte ihn, und er vergötterte Weidt. Daß Weidt mit den »Listen« von Levy möglicherweise zur Gestapo gegangen war, wie Ali andeutete, verbreitete sich wie ein Lauffeuer in der Werkstatt. Ich weiß nicht mehr, wann Weidt zurückkehrte, aber als er das Büro betrat, zuckte es in seinem Gesicht. Noch im Mantel ging er schnurstracks in die Werkstatt.

»Das ist erledigt«, sagte er zu dem angstvoll wartenden Levy.

»Erledigt?« Levy murmelte das Wort verständnislos.

»Ja«, sagte Weidt, »wie soll ich wohl meine Wehrmachtsaufträge ausführen, wenn man mir meine Arbeiter wegnimmt?«

Die Leute begannen zu lachen. Erst leise in sich hinein, dann immer lauter. Sie hatten verstanden. Levy wollte Weidt die Hand küssen. Er wehrte ihn unwillig ab und verschwand. Als er im Büro erschien, war er der strahlende Sieger, aufrecht, den Schalk in den Augen. Aber zugleich warnte er:

»Dieses Mal hat es geklappt, ob das nächste Mal auch . . .?«

Die Maschinerie der Deportationen war angelaufen. Sie wurden zu einer ebenso schrecklichen wie exakten Routine. Die Gestapo setzte die Normen. Die Vorsitzenden der Jüdischen Gemeinde erhielten die Weisung, daß am Tag X ein weiterer Transport aus Berlin abgeht, für den 1000 Personen bereitzustellen sind. Dann folgte, wie Dr. Conrad Cohen berichtete, die Direktive. Und nach dieser Direktive stellte die Jüdische Gemeinde die Listen zusammen. Für den ersten Transport waren Menschen über 65 Jahre ausgewählt worden. Dann forderte die Gestapo Arbeitsunfähige, von Unterstützung lebende Personen, alleinstehende Frauen mit Kindern. Die Kategorien änderten sich ständig. Levy hatte die »Listen« bekommen, weil er als Blinder und über 60 Jahre alt registriert war.

Als Berufstätige in nicht kriegswichtigen Betrieben zur Deportation aufgerufen wurden, traf es auch mich. Ich erhielt die »Listen«. Meine Mutter war völlig verstört.

»Ich melde mich freiwillig. Ich lasse dich nicht allein gehen«, erklärte sie. Tagelang rang sie mit mir. Sie arbeitete in einer Fabrik, die Batterien für Funkgeräte herstellte und zu den kriegswichtigen Betrieben gehörte. Natürlich hatte ich Angst vor dem, was am Ende der Deportation stehen würde. Wir wußten es damals noch nicht und ahnten nur, daß es schlimmer sein müßte als das bisher Erlebte. Aber neben der Angst erwachte in mir auch Neugier. Welchem Schicksal waren diejenigen entgegengegangen, die uns schon verlassen hatten? Was erwartete mich auf diesem Weg?

Ich ging zu Dr. Cohen, meinem früheren Arbeitgeber, bei dem ich an einigen Nachmittagen so wie einst im Haushalt half. »Gib das Ding sofort her!« sagte Cohen. Ich sah die »Listen« nicht wieder. Die Jüdische Gemeinde hatte offenbar den Namen einer anderen Person auf die Liste setzen müssen. Meine Mutter war gänzlich erschöpft von der Aufregung der vergangenen Tage. Mich quälte zunächst der Gedanke, daß nun ein anderer das mir zugeteilte Los tragen mußte. Aber ich vergaß es bald. Dann kamen auch in kriegswichtigen Betrieben Arbeitende an die Reihe, soweit sie dort relativ unwichtige Aufgaben hatten, etwa Boten oder ungelernte Hilfsarbeiter. Die Firmen AEG und Siemens wurden gegen die Auskämmung ihrer Betriebe bei der Gestapo vorstellig. Sie erklärten – zweifellos glaubwürdiger als Otto Weidt –, daß der Arbeitsprozeß gestört würde, wenn ihnen die fleißigen jüdischen Arbeiter, für die es zu jener Zeit keinen Ersatz gab, genommen würden. Aber die Züge mit Deportierten rollten weiter. Familien wurden auseinandergerissen; alte Menschen von ihren Kindern getrennt.

Die ersten Transporte, die Menschen über 65 Jahre nach Theresienstadt brachten, begannen im Juni 1942.[*] Der 85jährige Onkel Paul Litten, einst einer der angesehensten Bürger der pommerschen Stadt Köslin, mußte mit. Er war ein wohlhabender Mann gewesen, der sein Leben lang von seinen fünf Kindern verwöhnt worden war. Im Alter wurde er von zwei seiner Töchter versorgt. Drei seiner Kinder waren ausgewandert. Sie hatten versprochen, ihn nachkommen zu lassen. Dazu kam es nicht mehr. Er konnte kaum noch allein gehen.

»Macht euch um mich keine Sorgen, meine Kinder«, sagte er tröstend, als die Gestapo ihn holte. Er wußte, daß er seine letzte Reise antrat. Seiner unverheirateten Schwester, Tante Gustel, brachte meine Mutter noch eine warme Jacke, bevor sie zum Abtransport geholt wurde. Sie lebten im Altersheim Altonaer Straße. Als wir hinkamen, fanden wir die alten Herrschaften beim Packen. Ja, natürlich würden sie sich vorsehen. Natürlich würden sie schreiben, natürlich würden sie sich nicht erkälten – sie wiederholten es immerzu, wenn die Angehörigen, die gekommen waren, um beim Packen zu helfen, vorsorgliche Rat-

---

[*] 117 Transporte gingen nach Theresienstadt mit insgesamt 14797 Personen.

schläge gaben. Keiner glaubte dem anderen. Jeder wußte genau, daß es kein Wiedersehen geben würde.

»Ich werde mich um Paul kümmern«, sagte meine Tante, der Typ einer alten Jungfer, viel verlacht, gutmütig und den Wirren des Lebens gegenüber sehr hilflos. Sie war stets von ihrem wohlhabenden Bruder unterhalten worden. Nun gehörte sie wohl zu den wenigen, die sich noch eine Aufgabe für Theresienstadt vornahmen.

»Theresienstadt wird schon nicht so groß sein, daß ich ihn dort nicht finden werde«, meinte sie. Mit Hilfe meiner Mutter packte sie ihre wenigen Habseligkeiten in eine große Tragetasche. Verlegen lachend tat sie einen Blechnapf hinein. »Wie ein Hundenapf, nicht wahr?« Solche Eßnäpfe waren an die alten Leute verteilt worden.

Während im Hause Geschäftigkeit herrschte wie bei einem Umzug und die Auflösung um sich griff, standen draußen die Angehörigen, die schon Abschied genommen hatten, weinten, schluchzten und warfen sich verzweifelt einander in die Arme. Langsam und zögernd verließen sie den Ort, von dem aus ihre lieben Angehörigen die Reise in den Tod antraten.

Das Haus aber wurde mit neuen Opfern gefüllt – »provisorisch« –, denn alle waren dorthin umgesiedelt worden, um auf ihren Abtransport zu warten. Auch Tante Olga war unter ihnen. An dem von der Gestapo festgesetzten Tag waren die jüdischen Ordner erschienen.

»Olga Sara Rosenberg, Sie haben die Listen erhalten. Wir hoffen, Sie sind zum Abtransport bereit? Wollen Sie bitte mitkommen.«

Für den ersten Transport war die »Fracht« noch von der Gestapo abgeholt worden, entweder weil die Aktion geheim bleiben sollte oder um die »Reaktion« zu prüfen.

Aber die Juden fügten sich ohne Widerstand. Im Gegenteil – sie führten die ihnen erteilten Befehle genau aus. Mit den Listen verschickte die Jüdische Gemeinde einen Brief, in dem die Opfer informiert wurden:

»Ihre Abwanderung ist für ... behördlich angeordnet worden ... Am ... können Sie Ihr Reisegepäck in der Zeit von 9–13 Uhr in der Sammelunterkunft, Pestalozzistraße 7–8, abliefern. Am Montag, dem ... um 6 Uhr morgens wird Ihre Wohnung durch einen Beamten versiegelt werden. Sie müssen sich zu diesem Zeitpunkt bereithalten. Wohnungs- und Zimmerschlüssel sind den Beamten auszuhändigen ...«

Dieser Anordnung war ein Merkblatt beigefügt, das alle zu beachtenden Anweisungen enthielt:

»Wir bitten Sie herzlich, diese Anweisungen genauestens zu befolgen und die Transportvorbereitungen in Ruhe und Besonnenheit zu treffen. Die von der Abwanderung betroffenen Mitglieder müssen sich bewußt sein, daß sie durch ihr persönliches Verhalten und die ordnungsgemäße Erfüllung aller Anweisungen entscheidend zur reibungslosen Abwicklung des Transportes beitragen können. Es ist selbstverständlich, daß wir, soweit dies zugelassen ist, alles tun werden, um unseren Gemeindemitgliedern beizustehen, um ihnen jede mögliche Hilfe zu leisten.«

Die von der Gemeinde eingesetzten Ordner waren meist junge Leute. Sie taten ihre Pflicht. Manchmal schienen sie grausam. Sie trieben die Opfer an: »Schnell, schnell, sind Sie noch nicht fertig?« Aber vielleicht wäre jede Verzögerung des Unabwendbaren noch grausamer gewesen. Sie überwältigten unsere alte Wirtin aus der Bamberger Straße 22, die sich mit Händen und Füßen und fürchterlichem Geschrei gegen die Deportation wehrte, und trugen sie mitsamt dem Stuhl, auf dem sie wie angeklebt saß, die Treppen hinunter zum wartenden Lastwagen. Diese Leute hatten ihre Norm zu erfüllen. Sie sprachen kein freundliches Wort, höchstens: »Denken Sie, uns macht das Spaß?« Vielleicht verbargen sie ihre Gefühle. Unter ihnen befanden sich Lehrer, Anwälte, ehemalige Angestellte jüdischer Organisationen, die arbeitslos geworden waren.

Meine Mutter und ich hatten in die Bamberger Straße 22 umziehen müssen, das eines der sogenannten jüdischen Häuser war. Dort wohnten elf Personen in 5½ Zimmern, gemäß der Verordnung: ein Wohnraum für zwei Juden. In dieser Wohnung gab es nur ein Bad und eine Küche. Was sich am frühen Morgen in dieser Wohnung abspielte, war fürchterlich. Jeder wollte pünktlich seinen Arbeitsplatz erreichen. Zuspätkommen konnte ein Grund zur Deportation sein. Mehr als seine Pflicht tun schien Sicherheit, relative Sicherheit zu versprechen. Wer es wagte, längere Zeit auf der Toilette zu verbringen, wurde durch ungestümes Klopfen an die Tür oder hysterisches Geschrei vertrieben. Der Versuch, eine Art Ordnung einzuführen, mißlang wegen unterschiedlicher Schichtarbeit. Die Parteien gerieten aneinander, wurden unversöhnlich. Kehrten sie müde und erschöpft von der schweren Arbeit, für die Juden eingeteilt wurden, zurück und fanden die Kochstellen besetzt, schrien sie die Glücklichen an, die die Küche eher erobert hatten als sie. Wagte es einer, die Küche auch nur für einen Augenblick zu verlassen, mußte er damit rechnen, daß ein anderer seinen Topf vom Feuer genommen und den eigenen an die Stelle gesetzt hatte. Mancher schlich sich am späten Abend noch einmal in die Küche, um heimlich zuzubereiten, was er von einem nichtjüdischen Freund oder Kaufmann zugesteckt erhalten hatte. Die Angst, daß andere es sehen oder ihm neiden und fortnehmen oder ihn gar anzeigen könnten, war groß. Die meisten Mitbewohner waren über 40 oder 50 Jahre alt und an körperliche Arbeit nicht gewöhnt. Ihre physische Kraft war begrenzt. Die geringen Lebensmittelzuteilungen – Juden erhielten weder Fleisch, Zucker, Gemüse oder Obst – reichten ohnehin nicht aus, schwer arbeitende Menschen bei Kräften zu halten. Die Angst vor dem nächsten Tag, vor dem unbekannten Schicksal tat ein übriges. An den Sonntagen schliefen sie meist oder schlichen in ihren häßlichen und unzulänglich möblierten Zimmern umher. Immer saß ihnen die Angst im Nacken.

Die Deportationen dauerten an, unerbittlich. In dieser Zeit wurde Conrad Cohen verhaftet. Wie er es selbst vorausgesehen hatte, geschah es. Er wurde, wie so oft, zur Gestapo bestellt. Sie hielten ihm eine Lappalie vor; er habe seine Aufsichtspflicht verletzt. Ein fehlendes Stück Seife in einer der ihm unterstehenden Institutionen – aber der Grund war ohnehin nur fingiert. Nach einigen Tagen erfuhr seine Frau, daß er im Polizeipräsidium am Alexanderplatz saß. Sie versuchte, ihm Essen zu bringen. Zunächst wurde sie abgewiesen. Man wisse nichts von ihm. Dann durfte sie ihm schließlich frische Wäsche zukommen lassen. In der schmutzigen, die sie zurückbrachte, schmuggelte er Nachrichten heraus.

»Ich hätte nie geglaubt, daß ich dies ertragen könnte«, schrieb der verwöhnte Mann, der bis zu jenem Zeitpunkt ein Leben im Wohlstand geführt hatte. Er blieb relativ lange in Haft, ohne Prozeß, ohne Verhör, ohne Beistand. Dann hörte seine Frau nichts mehr. Als sie Wäschepakete abgeben wollte, ließ man sie nicht mehr vor. Niemand wußte, wo Conrad Cohen war, ob bereits im KZ oder schon tot. Seine Frau lief von einem zum anderen, erbat Hilfe von den ehemaligen Kollegen ihres Mannes, aber niemand, auch wenn er es wagte, bei der Gestapo nachzufragen, erhielt eine Antwort. »Sie werden es schon noch erfahren«, war die zynische Reaktion.

Fast war Leonore Cohen froh, als auch sie und ihr Töchterchen Marianne eines Morgens abgeholt wurden.

»Werde ich mit meinem Mann zusammenkommen?« fragte sie flehend den Gestapobeamten. »Natürlich«, antwortete der völlig teilnahmslos. Die alten Eltern blieben allein in der Wohnung zurück. Eines Tages begehrte ein Gestapobeamter mit seiner Frau Einlaß in die Wohnung. »Wir wollen Wäsche abholen für Ihren Sohn«, erklärte er der alten Frau Cohen.

»Für meinen Sohn, wo ist er?«

»Das kann ich Ihnen nicht sagen«, sagte der Gestapobeamte.

»Wo ist sein Wäscheschrank?« Die Mutter lief eilfertig voraus. Sie öffnete den Schrank.

»Dort finden Sie die warmen Sachen«, sie wies mit dem Finger auf eines der Fächer, »und dort ...« Sie konnte den Satz nicht beenden, denn der Gestapobeamte meinte grinsend:

»Na, die wird er wohl kaum noch brauchen. Gehen Sie weg!« fuhr er Frau Cohen barsch an, »wir machen das schon alleine.« Und als die alte Frau zurückwich, wandte er sich an seine Frau: »Was hältst du von den Daunendecken?« und zeigte auf die Betten im Schlafzimmer des Ehepaars Cohen, das noch genauso eingerichtet war wie zu der Zeit, als es bewohnt wurde. Die Frau des Gestapobeamten ging auf die Betten zu, befühlte die Daunendecken und sagte: »Ja, gut.«

»Pack sie ein!« sagte er. »Schöne Perser haben die hier. Na, nimm, was du tragen kannst.«

Und sie nahmen, was sie tragen konnten. Es dauerte sehr lange. Danach sah es in der Wohnung aus wie in einem Trödlerladen. Die alte Frau Cohen räumte langsam die herausgerissenen Sachen wieder ein. Sie sagte kein Wort.

Leonore Cohen war an jenem Tage abgeholt worden, an dem eine Anzahl ehemaliger Kollegen ihres Mannes aus der Reichsvereinigung der Juden in Deutschland deportiert worden war. Am Morgen des 22. Juni 1942 war die Gestapo Punkt 8 Uhr früh vor der Reichsvereinigung in der Kantstraße vorgefahren. Wer später eintraf, und das waren die meisten, wurde sofort mitgenommen. Conrad Cohen war inzwischen in das KZ Mauthausen gebracht worden. Dort ist er sehr bald in den elektrisch geladenen Stacheldraht gelaufen, denn er wußte wohl, daß er die Strapazen des KZ nicht überstehen würde.

Am 28. Mai 1942 führte die Gestapo eine ungewöhnliche Aktion durch. Sie holte 500 Männer aus ihren Wohnungen. Niemand wußte weshalb. Erst später erfuhren wir, das sei eine Vergeltungsaktion für das Attentat auf Heydrich gewesen. Mein Freund Max Blumenthal war unter den 500.

»Am Abend wird er wieder zu Hause sein«, hatten die ihn abholenden Beamten zu seiner Frau Lily gesagt. Aber am Abend wartete Lily vergebens. Sie wartete noch mehrere Tage, dann wurde sie aufgefordert, sich zur Deportation bereitzuhalten. Fast fröhlich sagte sie uns beim Abschied:

»Ich werde mit Max zusammen sein, sagen sie.« Max aber war mit den anderen bereits erschossen worden. Sie wußte es nicht. Wir hatten es als Gerücht gehört. Ich weinte sehr. Meine Mutter schalt mich:

»Lily wird noch denken, daß Max dir mehr bedeutet hat, als nur ein entfernter Verwandter zu sein.« Sie verstand nicht, daß Max mir ein wenig gezeigt hatte, was jung sein heißt.

Um uns wurde es leerer. Nur die Angst blieb. Ich weinte viel. Ich klammerte mich an Hans Rosenthal. Wann immer wir uns trennten, weinte ich. Ich fürchtete immer, ihn nicht wiederzusehen. Meine Mutter sah diese Verbindung nicht gern; es schien ihr unsinnig, in solchen Zeiten eine Liaison einzugehen. Sie verstand nur zu gut, daß ich in dem fast zwanzig Jahre älteren Hans eine Art Vaterersatz sah. Ich glaubte, ihn zu lieben. Vielleicht war es auch so. Hans war schließlich der erste Freund, den ich hatte. Vielleicht war es auch nur der Wunsch, einen Halt an ihm zu finden. Meine Mutter fürchtete, daß ich ihn heiraten und sie allein lassen würde. Sie sprach es auch aus:

»Und dann wirst du mit ihm nach Theresienstadt gehen, und ich muß allein nach Riga.« Es war ihr nicht auszureden. Sie verbot mir schließlich, an den Sonnabenden bei den Rosenthals zu übernachten, was ich eine Zeitlang getan hatte. Mehr, als ruhige Gespräche zu führen, wie wir es sonst nie tun konnten, taten wir nicht. Aber meine Mutter wollte mir das nicht glauben.

Hans lebte mit seiner Mutter in der Pariser Straße 19, wo einst der Vater, Sanitätsrat Rosenthal, seine Praxis gehabt hatte. Es war alles noch so wie einst, und davon ging Wärme aus. Ich war gerne dort. Wir küßten uns ab und zu verstohlen. Aber wenn Hans mich anrühren wollte, wich ich zurück und begann zu weinen. Frau Rosenthal legte ein Wort für mich ein.

»Frau Deutschkron, so lassen Sie Ihre Tochter doch kommen. Die beiden sind doch nicht allein.« Aber es half nichts. Nach dem Verbot meiner Mutter bot uns ein Freund ein Zimmer an, in dem wir während des Tages zusammen sein konnten. Obwohl ich die Stunden herbeisehnte, flößte mir das Zimmer Unbehagen ein. Hans, der ein sehr ruhiger und offener

Mensch war, sprach einmal mit mir über körperliche Beziehungen: »Sieh mal, was soll ich denn tun? In normalen Zeiten wären wir doch längst verheiratet...« Aber ich weinte nur und bat ihn inständig, mich in Ruhe zu lassen. Meine Sinne waren auf nichts anderes als auf die Abwehr von Gefahren eingestellt. Meine Nerven waren ständig zum Zerreißen gespannt. Und überdies fürchtete ich mich vor dem Unbekannten. Aber immer, wenn ich Hans verließ, hatte ich das Gefühl, ihn zum letzten Mal gesehen zu haben. Ich weinte, weinte – Tränen, die ich meine Mutter nie sehen ließ.

Eines Tages holten sie ihn und seine Mutter ab. Ich erfuhr es erst, als er wieder in seiner Wohnung war. Es war an jenem Tag, an dem die Gestapo vor dem Verwaltungsgebäude der Jüdischen Gemeinde, Oranienburger Straße, vorgefahren war. Sie hatten die Ausgänge gesperrt. Die Beamten erklärten, die durch die Deportationen geschrumpfte Gemeinde benötige keinen so großen Verwaltungsapparat. Sie seien gekommen, die überflüssigen Funktionäre abzuholen. Ilse Basch, die Frau unseres Buchhalters Werner, war anwesend, aber gehörte nicht zu den Betroffenen. Sie erzählte später, wie der in ihrem Büro arbeitende Alfred Berliner, ein Schauspieler des längst geschlossenen jüdischen Kulturbundes, plötzlich aufgestanden wäre, seinen Hut genommen hätte, sehr freundlich »Auf Wiedersehen« gesagt und das Zimmer verlassen hätte. Ebenso freundlich hätte er vor dem an der Tür Wache haltenden Gestapobeamten den Hut gezogen und gegrüßt, und dieser hätte ihm auch ebenso freundlich geantwortet. Berliner wäre dann ruhig die Treppe hinuntergegangen, hätte auch dem vor der Eingangspforte postierten Gestapobeamten höflich »Guten Tag« gewünscht und wäre dann in der Menge verschwunden. Erst in diesem Moment begriff die Gestapo, daß ihnen einer entwischt war.

Hans Rosenthal und seine Mutter waren in das ehemalige Jüdische Altersheim in der Großen Hamburger Straße eingeliefert worden. Es diente längere Zeit als Sammellager für die zu Deportierenden. Das Haus stammte aus dem 18. Jahrhundert. Dahinter liegt der älteste jüdische Friedhof Berlins, auf dem auch Moses Mendelssohn begraben wurde. Als die Gestapo Hans registrierte, protestierte einer von ihnen gegen dessen Verhaftung und erinnerte seine Kollegen daran, welch gute Beziehungen dieser Jude zu den Großhändlern Berlins habe. Man täte besser daran, ihn nicht zu deportieren, sondern seine Verbindungen zu nutzen. So wurde die Wohnung der Rosenthals wieder entsiegelt. Die alte Frau Rosenthal packte ihren Rucksack aus. »Für wie lange?« fragte sie ihren Sohn.

Meines Vaters Schwester Elsa benachrichtigte uns, daß nun auch ihr Mann und sie deportiert würden. Sie bat uns zu kommen. Da sie in Spandau lebten, war der Kontakt zu ihnen fast völlig abgerissen. Telefone waren Juden weggenommen worden, öffentliche Verkehrsmittel durften Juden nur von und zur Arbeit oder in dringenden Familienangelegenheiten benutzen. Überdies war meine Mutter von ihrer Arbeit in der Fabrik, in der sie meist nachts arbeiten mußte, zu erschöpft, um solche Ausflüge unternehmen zu können. Nun aber fuhren wir hin.

Es war der Tag ihrer Deportation. In dem kleinen Zimmer, das ihnen zugewiesen worden war – ihre Wohnung war ihnen längst genommen worden –, standen zwei fertig gepackte Rucksäcke an der Tür bereit. Das Zimmer war vollgestellt mit Möbeln, die einst in eine herrschaftliche Wohnung gehört hatten. Nur die wertvollen Teppiche fehlten. Die hatten sie »Aufbewariern« anvertraut, »bis wir wiederkommen«.

Tante Elsa und mein Onkel saßen bereit, warteten und weinten. Die dunklen Augen im breiten bleichen Gesicht meines Onkels waren rot unterlaufen vom Mangel an Schlaf. Seine dikke, ungeschlachte Hand tätschelte ständig den Arm meiner Tante, für die er in der fast dreißigjährigen Ehe kaum jemals so viel Gefühl aufgebracht hatte. Er murmelte unaufhörlich: »Muttchen, mein Muttchen.« Zu mehr war er nicht mehr imstande. Meine Tante, schmal und klein, die Augen verquollen vom vielen Weinen, hielt den Kopf ständig gesenkt, um den Schmerz in ihrem Gesicht zu verbergen. »Grüß Martin«, wiederholte sie immer wieder. Mein Vater war ihr Lieblingsbruder. Sie küßte mich dabei. Meine Mutter blieb unglaublich beherrscht und sagte entgegen ihrer eigenen Überzeugung ebenso oft: »Aber wir sehen uns doch wieder.«

Meine kleine Tante schüttelte nur den Kopf. »Ihr müßt gehen, wer weiß, wann sie uns holen werden.«

Wir gingen. Ich höre noch heute das Knarren der Stiegen. Wir traten aus dem dunklen Treppenhaus in den kalten Wintertag. Nicht weit vom Haus entfernt, sahen wir einen Polizeiwagen heranfahren. Wir blieben stehen, so daß wir nicht gesehen werden konnten. Dann beobachteten wir, wie zwei jüdische Ordner mit dem gelben Stern am Mantel im Haus verschwanden. Wenige Minuten später kamen sie wieder – meine Tante ihnen voran, mit dem viel zu großen Rucksack auf dem Rücken, hastig, schnell, als wolle sie es hinter sich bringen. Mein Onkel torkelte hinterher. Sie blickten nicht zurück, nicht ein einziges Mal, als die Männer die Rampe des Wagens hochschlugen. Sie hatten keinen Blick mehr für die Stadt, in der sie fast dreißig Jahre zu Hause gewesen waren. Ich weinte. Meine Mutter, die nicht weniger mitgenommen war, fuhr mich an: »So beherrsch dich doch, wenn uns einer sieht...« Wir waren ohne Stern. Außer uns schien niemand auf der Straße zu sein. Es war seltsam, wie die Berliner solchen Aktionen zu entgehen verstanden, die sich in ihrer Stadt zutrugen. Wie viele von ihnen hinter den Vorhängen standen, ließ sich nur raten. Manchmal sahen wir, wie ein Kopf dahinter plötzlich verschwand. Die Deportationszüge fuhren nun vom Bahnhof Grunewald ab, weil einige Berliner am Lehrter Bahnhof Zeugen der ersten Deportationen geworden waren und nicht unbedingt zustimmende Bemerkungen gemacht hatten. Vielleicht hatte es die Gestapo dort am Waldesrand auch leichter, die Leute noch einmal ungestört zu filzen und jenen, die da geglaubt hatten, ein bißchen Geld oder ein Goldstück, in einen Rocksaum eingenäht, könne ihnen eine Hilfe werden, unter Hohngelächter auch noch das letzte abzunehmen.

Tante Elsa und ihr Mann waren die letzten unserer Familie, die so verschleppt wurden. Die andere Schwester meines Vaters war mitsamt den Bewohnern eines Altersheimes, in dem sie nach dem Tode ihres Mannes gearbeitet hatte, deportiert worden. Der Bruder verschwand mit seiner Familie, ohne daß wir davon Kenntnis erhielten. Wir hörten nur, daß die Gestapo ein ärztliches Attest, das ihn als nicht transportfähig auswies, nicht im geringsten beeindruckt hätte. Meine Kusine, ihr Mann und die von uns vergötterte dreijährige blonde Bela hatten zu den ersten gehört, die die schreckliche Reise antreten mußten. Von keinem haben wir jemals wieder etwas gehört.

Über BBC hörten wir im November 1942 das erste Mal von Vergasungen und Erschießungen. Wir konnten und wollten es nicht glauben. Die Reihen um uns lichteten sich.

Eines Tages hieß es, daß die Wiener Gestapo in Berlin eingesetzt würde. Wien sei bereits judenrein, Berlin dagegen säumig, die Berliner Gestapo nicht schnell genug. Die Wiener Gestapo würde nun mit den Juden Berlins aufräumen. Die »Listen« wurden abgeschafft. Die Wiener Gestapo hatte eine andere Methode entwickelt. Sie setzte große Möbelwagen bekannter Umzugsfirmen ein, mit denen die Wiener Gestapoleute bei den

```
Bezirksschulausschuss Berlin 1-6.        Berlin, den 11. April 1933.
     Schul.A.I. 3.                       C.2, Stadthaus.
  Anruf: Magistrat 2104.
  ─────────────────────

              Auf Grund der Verfügung des Oberbürgermeisters
        vom 1. April d.Js. - Schw. I. - sind Sie mit sofortiger
        Wirkung bis auf weiteres beurlaubt.


                              J. A.
                              B o h m.

  An
Herrn Oberstudienrat Dr. Deutschkron.
────────────────────────────────────
```

Der »Nichtarier« Dr. Martin Deutschkron, Inges Vater, wurde am 11. April 1933 vom öffentlichen Schuldienst beurlaubt und nach § 4 des »Gesetzes zur Wiederherstellung des Berufsbeamtentums« vom 7. April 1933 am 28. August 1933 endgültig entlassen.

Im Namen des Führers und Reichskanzlers

Dem
Oberstudienrat a.D.
Dr. Martin D e u t s c h k r o n
in Berlin - Charlottenburg

ist auf Grund der Verordnung vom 13. Juli 1934 zur Erinnerung an den Weltkrieg 1914/1918 das von dem Reichspräsidenten Generalfeldmarschall von Hindenburg gestiftete

Ehrenkreuz für Frontkämpfer

verliehen worden.

Nr. D 1441/35.

Berlin, den 7. August 1935.
Der Polizeipräsident
Polizeiamt Charlottenburg-Tiergarten
Im Auftrage

Ein Beispiel des Absurden: Der als Jude verfolgte Dr. Martin Deutschkron wird am 7. August 1935 »im Namen des Führers und Reichskanzlers« geehrt.

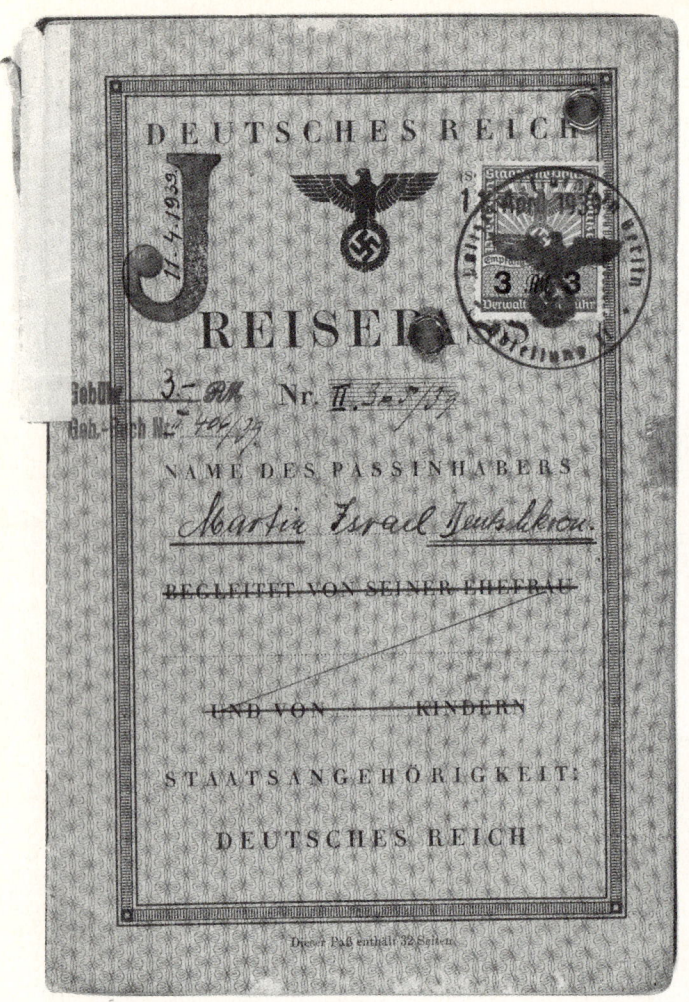

Der Reisepaß, mit dem Inges Vater Deutschland verlassen konnte, wurde mit dem roten »J« für Jude gekennzeichnet und mit dem obligatorischen Zusatznamen Israel versehen.

Kennkarte »Ingeborg Sara Deutschkron«: die polizeiliche Erfassung und Kennzeichnung mit dem »J« und dem Zusatznamen (folgende Seiten).

Wohnort	Berlin
Kennnummer:	A. 389211
Gültig bis	2 3. März 1944
Name	Deutschkron
Vornamen	Ingeborg Eva
Geburtstag	23. August 1922
Geburtsort	Finsterwalde
Beruf	ohne
Unveränderliche Kennzeichen	keiner
Veränderliche Kennzeichen	keiner
Bemerkungen:	keine

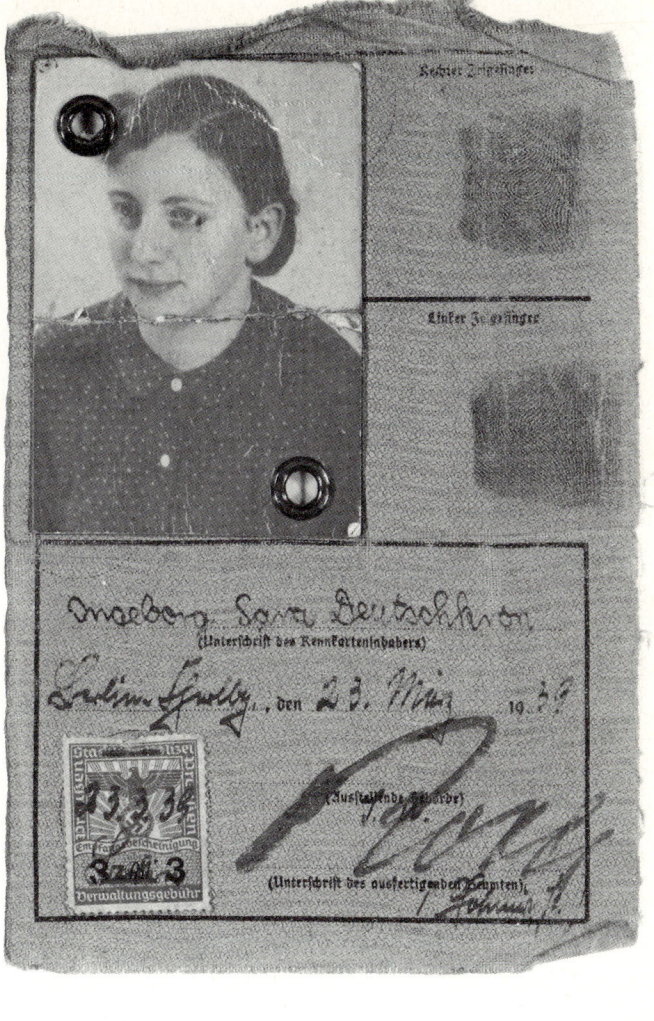

Jüdische Kultusvereinigung
zu Berlin e.V.

Berlin N 4, den 29. Mai 1942

Herrn
Frau ..... Alex Isr. Oppel, Schlüterstr. 43
Fräulein

Transport-Nr. IV/4/7

Betr.: Abwanderung

Ihre Abwanderung ist für Dienstag, den 2. Juni 1942 behördlich angeordnet worden. Diese Anordnung gilt für Sie, Ihre Ehefrau und Ihre unverheirateten Familienangehörigen, soweit sie zur Abgabe der Vermögenserklärung aufgefordert worden sind. Sofern Sie inzwischen einen schriftlichen Zurückstellungsbescheid erhalten haben, ist diese Mitteilung mit allen Angaben der Jüdischen Kultusvereinigung zu Berlin e.V., Berlin N 4, Oranienburger Straße 31, zurückzusenden.

Am Sonntag, den 31. Mai 1942 können Sie Ihr Reisegepäck in der Zeit von 9 bis 13 Uhr in der Sammelunterkunft Levetzowstraße 7/8 abliefern. Am Montag, den 1. Juni 1942, ab 6 Uhr morgens, wird Ihre Wohnung durch einen Beamten versiegelt werden. Sie müssen sich zu diesem Zeitpunkt bereithalten. Wohnungs- und Zimmerschlüssel sind dem Beamten auszuhändigen.

Für die Verpflegung in der Sammelunterkunft und während der Bahnfahrt wird von uns gesorgt werden. Jedoch sollen die im Haushalt befindlichen Lebensmittel, insbesondere auch Abendbrotstullen, im Handgepäck mitgebracht werden.

In der Sammelunterkunft und während der Bahnfahrt stehen Krankenbehandler und Pflegepersonen zur Verfügung. Eine Verabreichung etwa erforderlicher Medikamente findet ausschließlich durch das Sanitätspersonal statt.

In der Anlage ist ein Merkblatt beigefügt, das alle zu beachtenden Anweisungen enthält. Wir bitten Sie herzlich, diese Anweisungen genauestens zu befolgen und die Transportvorbereitungen in Ruhe und Besonnenheit zu treffen.

Unsere von der Abwanderung betroffenen Mitglieder müssen sich bewusst sein, daß sie durch ihr persönliches Verhalten und die ordnungsgemäße Erfüllung aller Anweisungen entscheidend zur reibungslosen Abwicklung des Transports beitragen können. Es ist selbstverständlich, daß wir, soweit dies zugelassen ist, alles tun werden, um unseren Gemeindemitgliedern beizustehen und ihnen jede mögliche Hilfe zu leisten.

Jüdische Kultusvereinigung zu Berlin e.V.
Der Vorstand

Die Jüdische Kultusvereinigung in Berlin wurde von der Gestapo gezwungen, bei der Deportation der Juden organisatorisch mitzuwirken. Man versprach sich davon zweifellos auch eine »beruhigende« Wirkung auf die Betroffenen.

Inge Deutschkron 1940

Blindenwerkstatt Otto Weidt: 1. Reihe: 2. v. l. Inge Deutschkron, 3. v. l. Werner Basch; 2. Reihe: 4. v. l. Erika Hampel, 5. v. l. Gustav Kremmert, 6. v. l. Otto Weidt, 7. v. l. Alice Licht (Ali); 4. Reihe: 2. v. r. Horn.

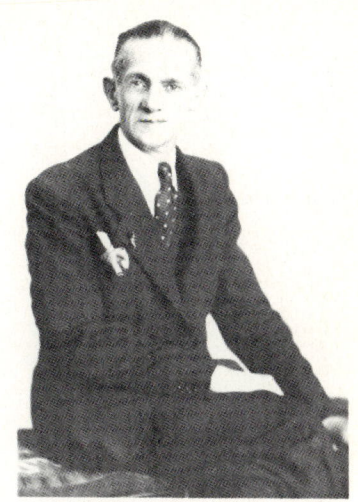

Otto Weidt

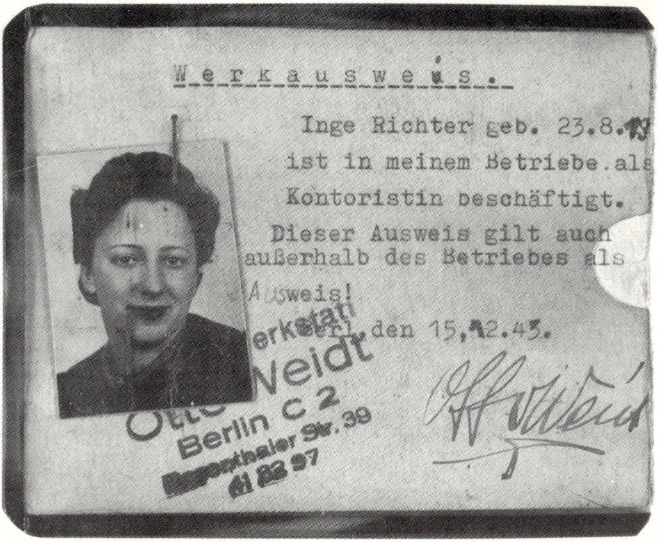

Werkausweis.

Inge Richter geb. 23.8.19

ist in meinem Betriebe als

Kontoristin beschäftigt.

Dieser Ausweis gilt auch

außerhalb des Betriebes als

Ausweis!

Berl. den 15.12.43.

Werkausweis auf den Namen Inge Richter mit falschem Geburtsdatum.

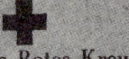

Deutsches Rotes Kreuz

Präsidium / Auslandsdienst
Berlin SW 61, Blücherplatz 2

ANTRAG
an die *Agence Centrale des Prisonniers de Guerre, Genf*
— Internationales Komitee vom Roten Kreuz —
auf Nachrichtenvermittlung

REQUÊTE
*de la Croix-Rouge Allemande, Présidence, Service Étranger
à l'Agence Centrale des Prisonniers de Guerre, Genève*
— Comité International de la Croix-Rouge —
concernant la correspondance

1. Absender Lisa Holländer, Berlin-Wilmersdorf
   Expéditeur Sächsische Str. 27 I
   bittet, an
   prie de bien vouloir faire parvenir à

   Verwandtschaftsgrad: Vetter

2. Empfänger Fam. Landa, 6/24 Northwood Hall,
   Destinataire Hornsey lane, London N 6

   England

   folgendes zu übermitteln / *ce qui suit:*

(Höchstzahl 25 Worte!)
(25 mots au plus!)

Lieber Martin!
Hoff Dich gesund, desgleichen kann ich auch von mir sagen. Fimmel und Mutti wohlauf. Würde mich freuen, von Dir zu hören.

Gruss und Kuss
Lisa

(Datum / *date*) Berlin, 8.1.44   (Unterschrift / *Signature*)

3. Empfänger antwortet umseitig
   Destinataire répond au verso

Über das Rote Kreuz war ein »Briefwechsel« (jeweils 25 Wörter) mit dem in London lebenden Vater möglich. Nach dem Untertauchen war die Berlinerin Lisa Holländer die Deckadresse.

4. **Antwort des Empfängers:**
Réponse du destinataire:

(Höchstzahl 25 Worte!)
(25 mots au plus!)

Unendlich erfreut über
Eure Nachricht, sehr dankbar
dafür. Ich bin gesund.
Schreibt wieder, damit ich
weiss, wie es Euch gesund-
heitlich geht.

Gruss und Kuss
Martin

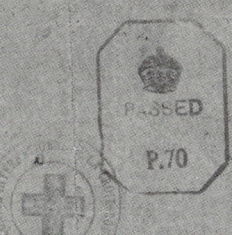

(Unterschrift)
(Signature)

PASSED
P.70

26 AVR. 1941

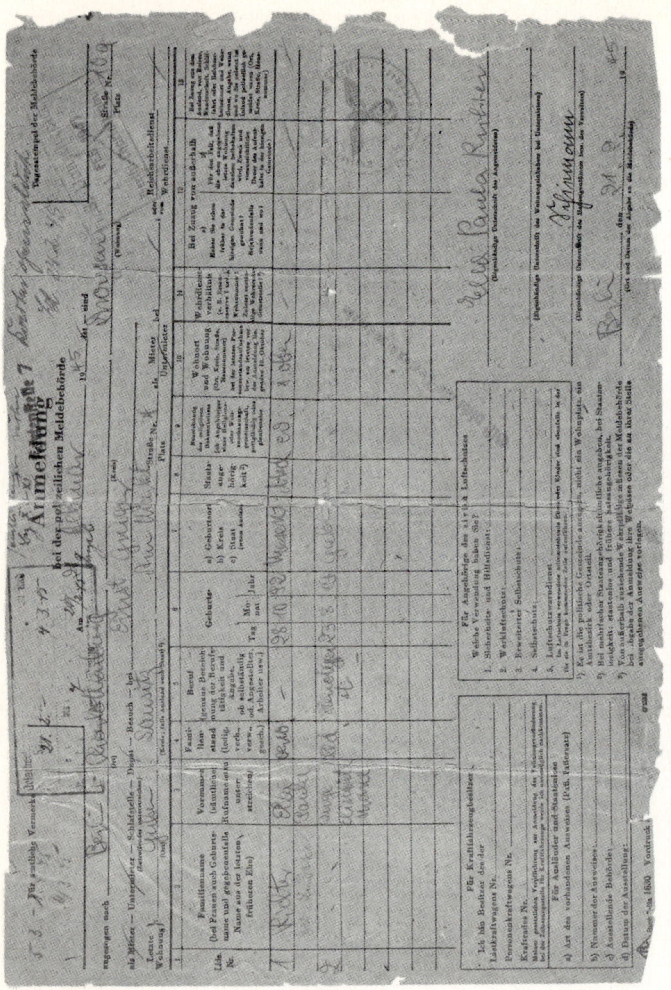

Der Schritt zur »Legalisierung«: Anmeldung als Flüchtlinge aus Guben unter dem Namen Richter.

Beispiele von Bezugskarten, die Inge und ihre Mutter als Flüchtlinge von der Nationalsozialistischen Volkswohlfahrt (NSV) erhielten und nicht mehr einlösen konnten.

Haushaltsausweis der »Richters«, der ihnen eine »normale« Versorgung mit Lebensmitteln ermöglichte.

Rudolf Kratzert
Inh. M. Kratzert
D. Frische Fische
Fisch- — Wild — Geflügel
BERLIN W 15, Kurfürstenstr. 1
Fernruf: 92 3489
Kunden-Nr. 61978

C. Rieger
Markthalle
E. Räucherwaren und Marinaden
Westfälischestr.
Stand 6
Kunden-Nr. 1340-5

F 1	F 13	R 1	M 1
F 2	F 14	R 2	M 2 — 2. März 1945
F 3	F 15	R 3	M 3 — März 1945
F 4	F 16	R 4	M 4 — März
F 5	F 17	R 5	M 5 — 18. April 1945
F 6	F 18	R 6	M 6 — Brot
F 7	F 19	R 7 — 10.5.	M 7 — Brot
F 8	F 20	R 8	M 8
F 9	F 21	R 9	M 9
F 10	F 22	R 10	M 10
F 11	F 23	R 11	M 11
F 12	F 24	R 12	M 12

W.	1	4	7
	2	5	8
	3	6	9

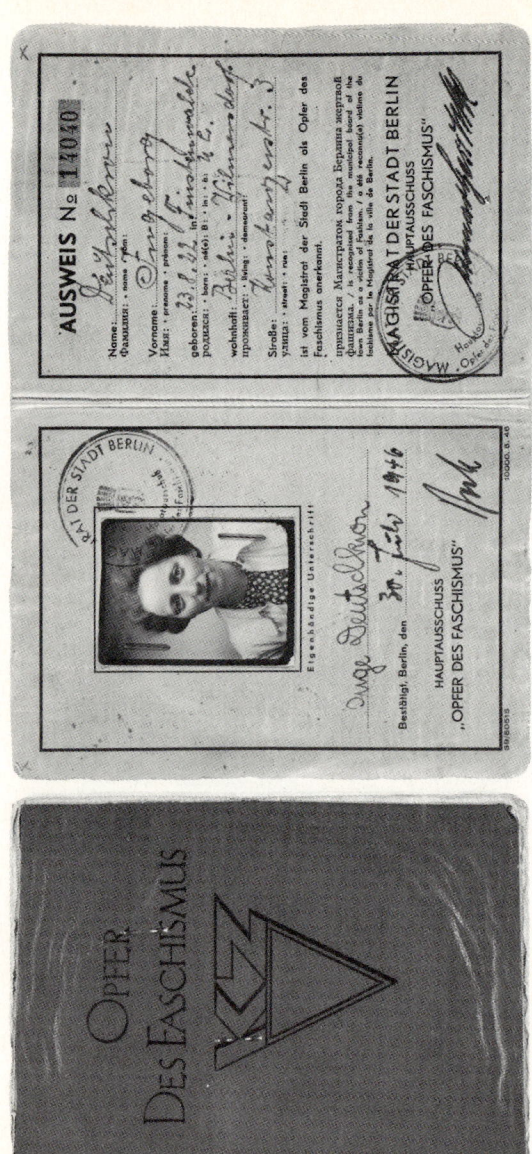

1946 als »Opfer des Faschismus« anerkannt.

jüdischen Häusern Berlins vorfuhren. Dann ging alles sehr schnell. Wie sie gingen und standen, wurden die Menschen in die Wagen getrieben. Und wenn sie nach ihren Kindern oder Frauen schrien, dann hieß es lediglich: »Die treffen Sie schon noch.« Dann waren sie still.

Käthe Rosenthal, die Mutter von Hans, war eines Tages auf diese Weise abgeholt worden. »Aber mein Sohn ...«, wollte sie erklären. »Ihr Sohn interessiert uns nicht«, wurde sie angefahren und in den Möbelwagen geführt. Ihre Wohnung wurde versiegelt. Im Sammellager fragte sie einen jüdischen Ordner nach ihrem Sohn. Hans wandte sich sofort an die Gestapo. Sie brauchten ihn noch. Ihm und seine Mutter wurde gestattet, nach Hause zurückzukehren, zum zweiten Mal. Noch einmal packte die Mutter den Rucksack aus.

Mit der Wiener Gestapo waren auch drei Juden aus Wien gekommen, die in der österreichischen Hauptstadt Handlanger der Gestapo gewesen waren. Ich empfand Bewunderung für Ali, als sie eines Tages stolz berichtete, daß sie einen dieser Juden aus der Zeit kenne, da sie noch für den Hilfsverein der Juden in Deutschland tätig gewesen war. Uns erschien das als großer Glücksfall. Kurz darauf brachte sie ihn ins Büro. Ich habe keine genaue Erinnerung an Robert Gerö. Ich weiß nur noch, daß er eine Brille und einen Schnurrbart trug und wienerisch sprach. Wir nannten ihn Schmidt. Weidt war ihm gegenüber fast unterwürfig, wie wir alle, denn er versprach, die »Möbelwagen« so lange wie möglich von unseren Häusern fernzuhalten. Es fiel Weidt nicht schwer, Gerö für sich einzunehmen. Der Antinazi, der unter allen Umständen seine jüdischen Blinden retten wollte – seine Ali dazu –, das war für einen Außenstehenden, sicherlich auch für einen Wiener Juden rührend und großartig. Jedenfalls nahm Robert Gerö von nun an auch an unseren geselligen Abenden teil, trank mit uns und war mit uns »vergnügt«.

Die Möbelwagen wurden der Schrecken der Berliner Juden. Eines Tages fuhren sie auch bei der Blindenwerkstatt Weidt vor. Sie holen die Blinden und die Taubstummen. Ich kann die Szene nicht vergessen. Ohne einen Laut legten sie ihre Arbeit nieder, nahmen ihre Sachen, faßten einander an den Händen und gingen tastend und still die Treppe hinunter. Viele von ihnen hatten sehende Frauen, auf die sie angewiesen waren. Aber das interessierte die Gestapo nicht. Sie wurden in die Wagen getrieben wie alle anderen. Weidt schwieg. Er schien wie ohnmächtig vor Zorn. Jedes Gespräch hatte der Gestapomann abgelehnt. Er hätte nur seine Pflicht zu tun, und die wäre, die jüdischen Blinden und Taubstummen ins Sammellager zu bringen. Das Sammellager Große Hamburger Straße 26 war nicht weit entfernt von der Blindenwerkstatt. Kurz nach der Abfahrt der Möbelwagen verließ Weidt die Werkstatt. Er hatte kein Wort gesagt, und keiner hatte gewagt, ihn anzusprechen. Und wieder stapfte er, die Blindenbinde am Arm, seinen Stock in der Hand, die Straße entlang zur Gestapo.

Am späten Nachmittag hatte er sein Ziel erreicht. Er hatte sie freibekommen, seine Blinden. Niemand war zugegen, als er der Gestapo die Bedeutung seiner Werkstatt für den Krieg erklärte. Niemand weiß, wie er es erreichte. Möglicherweise unterstrich er seine Argumente mit »Gaben«. Die Blinden nahm er gleich mit. Er ließ sich nicht damit abfinden, daß sie schon nachkommen würden. Otto Weidt stand vor dem Sammellager und wartete auf sie. An der Spitze seiner Blinden, die untergehakt hinter ihm liefen und den Judenstern an ihren Lederschürzen trugen, ging er zu Fuß zur Werkstatt zurück. Aber Weidt wußte und sagte es auch: »Das war das letzte Mal.«

Untergetaucht

»Sie müssen mir etwas ganz fest versprechen«, eindringlich forderte es die kleine Frau Gumz. Sie hielt die Hände meiner Mutter wie in einem Schraubstock umklammert. Ihre blauen Augen glänzten und schimmerten vor Erregung wie Irrlichter. Ihre aufgesprungenen Lippen über den breit auseinanderstehenden, etwas vorgeschobenen Zähnen zitterten. »Sie müssen mir etwas versprechen!« wiederholte sie mehrmals. Es war an einem kalten düsteren Novembertag im Jahre 1942. Nun schon ein Jahr lang rollten die regelmäßigen Transporte jüdischer Menschen aus Berlin in Richtung Osten. Niemand wußte genau, wohin.

»Aber was soll ich Ihnen denn versprechen?« fragte meine Mutter ein wenig verwirrt und ratlos. »Ich kann Ihnen doch nichts versprechen, ohne zu wissen, um was es geht!«

»Doch, das müssen Sie aber«, verlangte Frau Gumz. Etwas verlegen und ganz leise fügte sie hinzu: »Wenn ich Ihnen sage, um was es geht, würden Sie vielleicht zögern.«

»Also gut«, gab meine Mutter endlich nach, »ich verspreche es Ihnen.«

Frau Gumz lachte kurz und, wie es schien, sehr zufrieden. »Sie haben mir eben versprochen, daß Sie und Inge sich nicht wie die anderen deportieren lassen.«

»Aber Frau Gumz«, rief meine Mutter und entzog ihre Hände dem immer noch festen Griff, »ich verstehe das alles nicht, und überhaupt, was ist geschehen, daß Sie so reden, und wie stellen Sie sich das vor?«

Frau Gumz beugte sich vor. »Der Fritz von nebenan, Sie wissen schon, der junge Soldat, ist aus dem Osten zurückgekommen.« Dann fügte sie sehr leise hinzu: »Er hat erzählt, was sie dort mit den Juden machen.«

»Ja, was denn?« fragte meine Mutter spürbar erregt. »Ach, ich kann Ihnen das nicht erzählen, es ist furchtbar.« Ihre letzten Worte gingen in Tränen unter. »Der Fritz hat unterschreiben müssen, daß er nicht darüber spricht, was er gesehen hat, aber wer kann denn das ...!«

»Es ist also wahr, was der englische Sender schon seit einiger Zeit berichtet.« Meine Mutter sagte es mehr zu sich selbst. Sie dachte an die vagen Meldungen über Vergasungen, Hinrichtungen, Erschießungen von Juden, an die keiner von uns so recht geglaubt hatte, oder vielleicht besser gesagt, nicht hatte glauben wollen. Es erschien so unfaßbar.

Frau Gumz schien die Frage meiner Mutter vorausgeahnt zu haben. Ganz schnell entgegnete sie:

»Wir helfen Ihnen, ich verspreche es Ihnen. Mein Mann und ich haben das schon beschlossen. Sie kommen zu uns.« So einfach sagte sie das. Als wir aus der Tür ihres Ladens in die Dunkelheit traten, rief sie uns noch nach:

»Vergessen Sie nicht, Sie haben es versprochen...!« Ihre fast bittenden Worte klangen uns nach.

»Wir müssen das mit Ostrowski besprechen«, überlegte meine Mutter. »So einfach ist das schließlich nicht.«

Ein wenig zögernd gingen wir zu ihm. »Die Gumzens sind so einfache Menschen, daß sie die Tragweite ihrer Absicht nicht übersehen«, hatte meine Mutter mehrmals eingewandt, wenn wir über die Möglichkeit des »Untertauchens« sprachen. Sie wiederholte ihre Bedenken, aber Ostrowski war anderer Meinung.

»Das ist eine großartige Idee«, rief er aus, rieb sich die Hände und schien erfreut, endlich eine Gelegenheit gefunden zu haben, seine Opposition gegen Hitler aktiv auszudrücken. »Natürlich, das werden wir tun. Grete und ich werden Ihnen helfen.«

Seine Freundin Grete betrieb seit Ostrowskis Entlassung aus dem Staatsdienst eine Papierhandlung mit Leihbücherei. Sie diente teils als Einnahmequelle, teils als Tarnung, denn ehemalige SPD-Funktionäre waren der Gestapo wegen vermuteter antinazistischer Umtriebe stets verdächtig. Eine bürgerliche Existenz konnte diesen Verdacht beseitigen oder doch mindern. Sie wohnten in einer kleinen 1½-Zimmer-Wohnung in Berlin-Halensee. Es war klar, daß wir bei ihnen kein Unterkommen finden konnten.

»Macht euch darüber keine Sorgen«, meinten beide, »da gibt es den Laden, da gibt es unser Bootshaus, und schließlich gibt es noch mehr Menschen in Berlin, die so denken wie wir.«

Sehr beruhigt und mit vielen Nahrungsmitteln beladen, die wir seit Jahren nicht mehr gesehen hatten, verließen wir unsere Freunde – meine Mutter nunmehr überzeugt, daß wir das »Untertauchen« wagen sollten.

»Es kann nicht mehr lange dauern mit diesem Hitler, höchstens noch drei Monate.« Ostrowski sprach es im Brustton der Überzeugung. Wir waren geradezu verhungert nach Zuversicht und Optimismus. So nahmen wir seine Worte dankbar auf. Wie er zu dieser Analyse gelangte, die er uns so überzeugend darzulegen verstand, weiß ich heute nicht mehr. Einzelheiten über die Kriegslage bezog er natürlich vom englischen Sender. Aber was ihn veranlaßt haben mag, Ende 1942, als Hitler noch auf dem Höhepunkt seiner Macht stand, ein so rasches Ende des Dritten Reiches zu erwarten, vermag ich nicht zu sagen.

Nun war die Entscheidung gefallen. Lediglich der Termin unseres »Untertauchens« stand noch nicht fest. Wir wollten ihn so lange wie möglich hinauszögern. Mit großer Aufmerksamkeit verfolgten wir die Aktivitäten der Gestapo, die langsam, aber konsequent alle Juden aus Berlin deportierte. Als ich am Nachmittag von der Arbeit nach Hause kam, fand ich eines Tages einen Zettel meiner Mutter vor, die in der Abendschicht arbeitete. Auf dem Zettel stand nur: »Ich kann nicht mehr, wir müssen so schnell wie möglich untertauchen.« Was war geschehen?

Sie erzählte mir, was sich in meiner Abwesenheit zugetragen hatte. Als an der Wohnungstür geklingelt wurde, öffnete sie. Vor ihr standen zwei baumlange Kerle, der eine ein Gestapomann, der andere sein Fahrer. Sie verlangten Einlaß, um etwas aus dem versiegelten Zimmer einer vor Wochen deportierten Hausgenossin zu holen.

»Was machst du eigentlich zu Hause?« fragte der Gestapomann meine Mutter. Sie erklärte ihm, daß sie erst am Abend zur Arbeit ginge. »Na, da können wir dich doch gleich mitnehmen!« meinte er gut gelaunt, indem er meiner Mutter auf den Popo klatschte.

»Wo ist dein Zimmer?« Sie ging ihm voran in unser Zimmer. Er ließ sich in einem Sessel nieder und hieß seinen Fahrer, das gleiche zu tun.

»Also gut, mach dich fertig, pack ein paar Sachen zusammen, viel wirst du nicht brauchen, wir warten so lange.«

Meine Mutter wußte nicht, was sie tun sollte. Sie tat schließlich, als habe sie die Aufforderung nicht richtig verstanden, nahm eine Näharbeit und setzte sich.

»Bist du allein!« fragte der Gestapomann.

»Nein, ich habe eine Tochter.«

»Na, machst du dich nicht fertig?« drängte er. Meine Mutter erklärte ihm sehr ruhig, wenn sie schon deportiert würde, dann wolle sie mit ihrer Tochter zusammensein, und die sei noch bei der Arbeit.

»Was meinst du?« wandte sich der Gestapomann an den Fahrer. »Was sollen wir machen, sollen wir sie mitnehmen, oder sollen wir sie hierlassen?« Der Fahrer hatte sein Gesicht hinter einer Zeitung versteckt und zuckte die Schultern. Da stand der Gestapomann auf, trat dicht an meine Mutter heran und griff nach ihr.

»Lassen Sie das!« rief sie und versuchte, sich seinen Händen zu entziehen. Als der Gestapomann sich einen Augenblick abwandte, gab der Fahrer meiner Mutter durch ein Zeichen zu verstehen, daß der Gestapomann nur ein grausames Spiel spielte. Sie setzte sich wieder an ihre Näharbeit. Der Gestapomann baute sich vor ihr auf, stemmte die Hände in die Hüften und fuhr sie an:

»Sag mal, hörst du nicht? Du sollst dich fertig machen; wir nehmen dich mit!«

Noch einmal bat sie ihn, sie doch nicht ohne ihre Tochter mitzunehmen. Endlich lachte der Gestapomann laut auf, wandte sich an den Fahrer und fragte: »Na, was meinst du, sollen wir sie doch noch hierlassen?«

Der Fahrer nickte vorsichtig.

»Na schön«, sagte der Gestapomann und sich zum Gehen wendend: »Das nächste Mal kommst du nicht so billig davon, Freundchen!« Meine Mutter konnte mir nicht sagen, wie lange diese Tortur gedauert hatte. Ihr schienen es Stunden gewesen zu sein.

Es muß etwa um die gleiche Zeit gewesen sein, als Robert Gerö in die Blindenwerkstatt kam, um mir zu sagen: »Wenn du wirklich untertauchen willst, dann mußt du es bald tun. Ich kann dich nicht mehr lange schützen.« Es gab nur noch wenige jüdische Häuser in Berlin, die auszuräumen waren. Die Wiener Gestapo würde ihr Ziel, Berlin »judenrein« zu machen, erreichen. Es sei nur noch eine Frage kurzer Zeit, meinte er. Ich sagte ihm, daß wir in Kürze untertauchen würden. Wir gingen noch einmal zu den Gumzens. »Meint ihr wirklich...?« Meine Mutter konnte den Satz nicht beenden, da hatte Frau Gumz bereits sehr energisch »ja« gesagt. Ihre Augen leuchteten.

Natürlich hatte ich auch Weidt über unser Vorhaben verständigt und von ihm jede Hilfe zugesagt erhalten. Als ich erwähnte, daß wir noch einige Sachen hätten, die ich nicht gerne in die Hände der Gestapo fallen lassen wollte, meinte er: »In meinen Lagerräumen ist noch Platz.«

Meine Mutter begann mit den Vorbereitungen. An jedem

Nachmittag, wenn ich von der Arbeit heimkehrte, während sie sich bereits zu ihrer Arbeitsstelle aufgemacht hatte, fand ich einen gepackten Koffer vor. Ich schleppte ihn am nächsten Morgen in aller Frühe zur Blindenwerkstatt. Nach einem neuen Gesetz durften Juden in Deutschland nicht mehr über Eigentum verfügen. Sie waren lediglich Nutznießer staatlicher Leihgaben. Wir besaßen noch zwei Couches, die wir vielleicht später noch brauchen konnten. Ich fragte Weidt um Rat. Er war ein praktischer Mann. »Wir holen sie mit dem Firmenwagen ab«, meinte er, obgleich er so gut wie ich wußte, daß das riskant war. Weidt kannte keine Angst. »Das wird so schnell gehen, daß es keiner sieht.« Wir verabredeten, die Couches an einem Vormittag abzuholen, wenn die meisten Menschen ihrer Arbeit nachgingen, meine Mutter aber wegen ihrer Nachtschicht zu Hause war. Und so geschah es. Wenige Tage vor unserem Untertauchen baten wir die Wirtin, uns die von ihr angebotenen Betten doch wieder ins Zimmer zu stellen. Die wenigen Gegenstände, die wir zurücklassen mußten, machte ich durch Risse und Löcher unbrauchbar. Ich hatte eine böse Freude an dieser unauffälligen Zerstörung. Als die Vorbereitungen abgeschlossen waren, setzten wir den Termin unseres »Untertauchens« fest.

»Eure Freunde nehmen euch auf«, sagte Weidt, »gut und schön; aber was werdet ihr am Tage machen? Bei ihnen herumsitzen?« Er hatte recht. Das hatten wir nicht bedacht. Aber er schien sich darüber schon Gedanken gemacht zu haben. »Du kannst bei mir weiterarbeiten. Wir müssen sehen, wie wir das legalisieren können«, überlegte er. Ich verstand kein Wort. Er ließ mich gehen und versicherte mir, er würde schon Rat finden. Wenige Tage später erschien Frau P. im Büro. Ich wußte, daß sie eine Wohnung in der Nähe des Alexanderplatzes hatte und Schwarzmarktgeschäfte betrieb; auch, daß sie Mädchen, die dem ältesten Gewerbe nachgingen, beherbergte oder vermittelte. Ich hatte nie viel Notiz von ihr genommen und wußte nur, daß sie immer Zugang zu Weidt hatte und sich mit ihm duzte.

Weidt bat mich eines Morgens in sein Büro und fragte: »Hast du 50 Mark dabei?« Ich sah ihn erstaunt an, nickte aber.

»Hier, Frau P. hat ein Arbeitsbuch für dich besorgt.« Er hielt es mir hin. Ich starrte auf den Adler mit dem Naziemblem und begriff nichts.

»Du bist von nun an Gertrud Dereszewski. Sieh dir genau an, wann sie geboren ist! Lern das alles hübsch auswendig.«

Weidt lächelte verschmitzt und erklärte, wie er das geschafft hatte. Gertrud Dereszewski war ein Mädchen, das Frau P. »nahestand«. Es hatte keinerlei Neigung, wie andere deutsche Frauen bis zum Alter von 55 Jahren zur Arbeit in einem Rüstungswerk dienstverpflichtet zu werden, und zog es vor, dem bisherigen Gewerbe weiter nachzugehen. So verkaufte Gertrud Dereszewski ihr Arbeitsbuch zu einem relativ niedrigen Preis und erhielt dafür einen Betriebsausweis mit Bild als Arbeiterin der Blindenwerkstatt Otto Weidt. Ich erhielt ebenfalls einen derartigen Ausweis, der sich von dem ihren nur durch mein Bild unterschied. Gertrud Dereszewski wurde offiziell sowohl bei der Krankenkasse als auch beim Arbeitsamt gemeldet.

Dann kam der Tag. Es war der 15. Januar 1943. Die gläserne Tür des Berliner Mietshauses schlug hinter uns zu. Wir standen auf der Straße. »Ich habe meine Uhr liegenlassen!« rief meine Mutter. Sie war ganz bleich; noch einmal hinaufgehen? Es schien uns fast wie ein schlechtes Omen. Dennoch – wir wagten es. Leise schloß meine Mutter auf. Niemand durfte uns sehen. Wir hatten den Stern bereits von unseren Mänteln getrennt. Unser Aufbruch mitten am Tag mit großen Tragetaschen in der Hand hätte Verwunderung, wenn nicht gar Verdacht erregen müssen. Noch einmal schlichen wir in das Zimmer zurück, das in seiner Kahlheit fremd und kalt erschien. Tatsächlich lag die Armbanduhr meiner Mutter auf dem Tisch. Sie ergriff sie hastig. Wir eilten davon. Dann tauchten wir bei Gumzens unter, die uns freudig begrüßten.

»Ich bin so stolz, daß ich Sie dazu überreden konnte«, sagte die einfache Frau und wies uns eine Kammer im rückwärtigen Teil der düsteren Parterrewohnung hinter dem Laden zu.

»Bei uns gehen so viele Menschen ein und aus, da fallen Sie gar nicht auf«, meinte Herr Gumz, der von Hitlers nahem Ende ebenso überzeugt war wie Ostrowski.

An die erste Nacht unseres neuen Daseins erinnere ich mich nicht. Ich war so erschöpft, daß ich in dem eichenen Bett, das ich nun für mehrere Wochen mit meiner Mutter teilen mußte, sofort einschlief.

Am nächsten Morgen ging ich wie jeden Tag zur Arbeit in die Blindenwerkstatt Weidt. Meine Existenz war durch die Dokumente der Gertrud Dereszewski sozusagen legalisiert worden. Den Kunden und den Vertretern der Firma Weidt, die mich kannten, wurde nun meine Heirat mitgeteilt. Ali, die wie Weidt viel Sinn für die Komik dieser Situation hatte, brachte einen alten Trauring mit. Ich war nun Frau Dereszewski und mußte viele zweideutige Witze über mich ergehen lassen, die sich auf die Hochzeitsnacht bezogen. Mir war alles recht.

An meinem Tagewerk änderte sich zunächst gar nichts. Meine Mutter fand sich schwer in das Nichtstun. Sie bemühte sich, im Haushalt zu helfen, aber das gelang nicht so recht, denn die Familie Gumz hatte keinen geregelten Tagesablauf. Es gab keine festen Mahlzeiten. Jeder aß, wann es ihm gerade einfiel. Meine Mutter konnte auch nicht einmal in der Küche helfen, denn der Herd stand im Laden, wo die Wäsche zum Trocknen von der Decke hing, die Plätterin mit dem Gasbügeleisen über gestärkte Kragen fuhr und die Heißmangel fast ständig in Betrieb war. Während das Mittagessen auf dem Herd brodelte, nahm Frau Gumz Pakete schmutziger Wäsche entgegen, legte sie zum Sortieren bereit und händigte die saubere Wäsche an die Kunden aus. Meine Mutter war immer froh, wenn ich nach Hause kam und ihr bei ihrer Untätigkeit Gesellschaft leistete. Wenn sie Frau Gumz ihr Leid klagte, daß sie sich so überflüssig vorkomme, gab ihr Frau Gumz ein paar Strümpfe zu stopfen und sagte: »Aber seien Sie doch froh; ruhen Sie sich doch ein bißchen aus.« Das schlichte Gemüt der Frau konnte nicht fassen, daß die neue Situation als »Illegale« meiner Mutter keine Ruhe ließ. Dennoch schliefen wir in den ersten Tagen unserer Illegalität sehr viel ruhiger als zuvor, denn die Sorge bedrückte uns nicht mehr, was der nächste Tag an Schikanen und Quälereien bringen würde.

Jeden Abend mühte sich Herr Gumz, mit seinem Rundfunkgerät einen ausländischen Sender zu erreichen. Da saß dann der vierschrötige Mann in seiner Arbeitskleidung, ohne Kragen und Krawatte, und kroch förmlich in den Apparat hinein und wir mit ihm. Gelang es ihm nicht, denn deutschsprachige Sendungen aus dem Ausland wurden oft gestört, war er den ganzen Abend brummig. Immer wieder versuchte er es von neuem, gelang es, dann verzog sich sein zahnloser Mund zu zynischem Lachen, wenn die Nachrichten ungünstig für Hitlers Kriegführung lauteten. Sein zwölfjähriger Sohn spielte währenddessen, aber seine sehr wachen Augen ließen erkennen, daß er genau wußte, was sein Vater tat. Er war nicht in der Hitler-Jugend. »Das haben wir geschafft«, lachte Gumz. Er konnte sich immer wieder von neuem darüber freuen, wie ihm das gelungen war. Er schlug sich auf die Oberschenkel: »Plattfüße hat er, habe ich gesagt, und der Doktor hat das auch bescheinigt. Zum Marschieren ist so einer doch nicht geeignet.«

Frau Gumz hatte immer Angst um ihren »Papa«. »Er redet zuviel«, sagte sie und wünschte die Zustimmung meiner Mutter. Gumz kannte keine Vorsicht. Grüßte ein Kunde mit »Heil Hitler«, dann erschien er im Laden, um ihn sich ganz genau anzusehen und ein Gespräch mit ihm zu beginnen. Er verstand es, solche Leute unsicher zu machen. Sie wußten nie, wie sie mit ihm dran waren. Oft erklärte er in aller Ausführlichkeit, wie er die Aussichten für die Welt sah: »Nur so viele werden überleben, wie unter einem Lindenbaum Platz haben«, verkündete er als Zeuge Jehovas. Manche hörten ihm ungläubig zu, andere zeigten Furcht. Überzeugen konnte er kaum jemanden, aber daß es mit Deutschland ein schlechtes Ende nehmen könnte, das schien vielen nicht mehr ausgeschlossen, wenngleich es noch keine unmittelbaren Anzeichen dafür gab. »Wir werden uns noch zu Tode siegen«, sagten einige der Kunden von Gumz angstvoll. Frau Gumz war weniger gesprächig. Sie beobachtete die Menschen und war allenfalls zu einigen sarkastischen Bemerkungen bereit. »Ach, wissen Sie, unser Führer wird das schon machen. Machen Sie sich man keine Sorgen.«

Es wurde viel gelacht bei der Familie Gumz. Mir zuliebe wurde Hans Rosenthal zum Essen eingeladen. Die Mahlzeit bestand zumeist aus Karnickelbraten. Viele Berliner hielten damals Karnickel in ihren Schrebergärten oder, wie die Familie Gumz, im Keller oder auch auf dem Balkon. In den Anlagen und Parks der Stadt suchten die Berliner Futter für ihren Sonntagsbraten. Die Gumzens reicherten diese Mahlzeiten mit Gemüse aus ihrem Garten in Berlin-Drewitz an. Dazu gab es einen sehr süffigen Obstwein eigener Produktion. Was Wunder, daß wir vergnügt waren.

Ich erinnere mich eines solchen Abends, an dem Hans zu Gast war und ein zu jener Zeit relativ schwerer Luftangriff unserem Vergnügen ein jähes Ende bereitete. Da die Gumzens im Parterre wohnten, mußten wir nicht in den Keller gehen. Hans war sehr besorgt, daß der Luftschutzwart seines Hauses ihn im Keller vermissen würde, denn es war längst nach 20 Uhr, der erlaubten Ausgangszeit für Juden. Wieder einmal hatte uns die Angst eingeholt, die wir einige vergnügte Stunden lang vergessen hatten. Die irgendwo detonierenden Bomben waren dagegen bedeutungslos und unwichtig.

Wenige Tage nach unserem Untertauchen hörte ich in meinem kleinen Büro der Blindenwerkstatt Weidt, wie eine mir bekannte Frauenstimme, die ich nicht gleich identifizieren konnte, nach mir fragte. Krampfhaft überlegte ich, wer das sein könnte. Dann hörte ich Weidts Stimme.

»Die Deutschkron«, sagte er, »die ist seit Tagen nicht mehr zur Arbeit erschienen. Was wollen Sie von ihr?«

In Sekundenschnelle verschwand ich unter meinem Schreibtisch. Schlagartig wußte ich, daß es die arische Ehefrau eines Mitbewohners aus der Bamberger Straße 22 war. Ali war aufgestanden, um mich zu suchen und zu warnen. Sie sah mich nicht unter meinem Schreibtisch. Erst, als ich vorsichtig hervorguckte, entdeckte sie mich und setzte sich geistesgegenwärtig davor. Ich war nun gänzlich unsichtbar und hörte, wie Frau Wachsmann sagte:

»Deutschkrons sind verschwunden und haben weder Gas noch Elektrizität bezahlt. Auch den Hausschlüssel haben sie mitgenommen.«

»Warum kommen Sie eigentlich hierher?« fragte Weidt.

»Ich habe doch neulich Ihren Lieferwagen gesehen und beobachtet, wie die Couches der Deutschkrons eingeladen wurden. Da dachte ich mir ...«

Weidt unterbrach sie. »Mir fällt ein, die Deutschkron hat ihren letzten Lohn nicht abgeholt. Daraus kann ich Ihnen den fehlenden Betrag auszahlen. Wieviel macht es denn?«

Frau Wachsmann nannte eine Summe. Weidt wies den Buchhalter an, die Summe aus der angeblichen Lohntüte der Deutschkron zu entnehmen.

»Sind Sie jetzt zufrieden?«

»Ja, aber der Hausschlüssel?« meinte Frau Wachsmann.

»Da kann ich Ihnen leider nicht helfen. Sollte sich die Deutschkron melden, werde ich es ihr sagen«, vertröstete Weidt die Frau, die dann auch befriedigt das Büro verließ.

Ich kroch aus meinem Versteck hervor. An diese Rechnungen hatte ich natürlich nicht gedacht. Ich war verlegen. Weidt meinte: »Mach dir nichts draus, auch das will gelernt sein.« Dann überlegten wir, wie ich den Hausschlüssel zurückschicken könnte, ohne daß Weidt in den Verdacht geriet, mit mir Kontakt gehabt zu haben.

Tage später fuhr ich mit der S-Bahn nach Grünau, einem Vorort Berlins, um dort den Schlüssel mit einem Brief aufzugeben, in dem ich mich entschuldigte, den Schlüssel erst jetzt und auf diesem Weg zu übergeben. »Die Ereignisse haben sich so überschlagen, daß ich es vergaß und erst daran erinnert wurde, als ich ihn in meiner Tasche fand.« Außerdem legte ich Geld für

Gas und Elektrizität dem Brief bei. Wir hörten nie wieder etwas von Frau Wachsmann. Einige Tage lang war ich im Büro wachsamer als zuvor. Dann vergaßen wir die Angelegenheit.

Es schien unvermeidlich, daß auch Ali irgendwann untertauchen mußte. Sie sprach immer wieder mit ihrem »Papi«, wie sie Weidt nannte, darüber. Ohne ihre Eltern ginge sie natürlich nicht, erklärte sie. Weidt überlegte lange und beschloß schließlich, ein sogenanntes Ausweichlager für die Blindenwerkstatt zu mieten. Die Werkstatt in der Rosenthaler Straße bot nur wenig Raum. Der Bedarf nach einem Lager war glaubhaft. Also mietete Weidt ein Ladenlokal in der Neanderstraße 18. Dort wurden Bürsten und Besen eingelagert. Wer in diesen Lagerraum sah, konnte an seiner Nutzung nicht zweifeln. In dem hinter dem Laden gelegenen Raum wurde Quartier für drei Personen vorbereitet. Eines Nachts zog dann die Familie Licht dort ein. Ali ging wie gewohnt ins Büro, um weiter als Sekretärin von Weidt zu arbeiten; ihre Bezahlung bestand nun vornehmlich aus Lebensmitteln. Auch ihr Vater fand in der Werkstatt eine Arbeit. Nur die Mutter blieb am Tage in der Neanderstraße. In der Blindenwerkstatt wußte außer uns keiner davon; aber die meisten ahnten es wohl.

Dann kam Horn, bat und bettelte: »Weidt, bitte hilf mir! Ich will nicht deportiert werden; hab Familie, meinen Sohn, meine Tochter!« Seine Augen flehten, und immer wieder aufs neue wiederholte er seine Bitte. Weidt wollte gerne helfen, wenn er nur gekonnt hätte. Dann fiel ihm eine Möglichkeit ein. Ohne Zögern trennte er den letzten Raum von der wie ein Schlauch angelegten Werkstatt ab, indem er einen großen Kleiderschrank vor die Tür schieben ließ. In diesem Schrank hingen Mäntel und Kleider. Schob man sie beiseite, dann wurde offenbar, daß der Schrank keine Rückwand hatte. So konnte das spätere Asyl der Familie Horn betreten werden. Vier Personen sollten darin hausen. Auch sie wollte Weidt mit Lebensmitteln versorgen.

Dann kamen die Zwillinge Marianne und Anneliese Bernstein, etwa 18 Jahre alt. Marianne war blind und machte Heimarbeit für Weidt. Auch sie baten täglich: »Bitte, Papi, hilf uns!«

Weidt holte noch einmal Frau P.; sie nahm die beiden Mädchen auf. Eine Kammer – ein Kabuff, wie sie sagte – war hinter ihrer Wohnung noch frei. Alles schien so einfach. Wir fanden Vergnügen daran, auch Weidt, der ein bewundernswertes Organisationstalent entwickelte. Wir dachten nicht viel weiter als von einem Versteck zum anderen.

Von einem Versteck ins andere

Frau Gumz lächelte verlegen, als sie beim Essen erzählte: »Die Nachbarin hat gefragt, ob wir Besuch hätten.« Sie habe die Frage bejaht. »Ja, eine Kusine aus meiner pommerschen Heimat.« Keiner sagte ein Wort. Meine Mutter senkte den Kopf; sie hatte verstanden.

»Wir werden hier wegmüssen«, sagte sie mir angstvoll, als wir allein waren, »denn wie lange kann man zu Besuch sein?«

Es war gewiß nicht gut, daß die Nachbarin etwas von unserer Anwesenheit bemerkt hatte. Vielleicht war sie nur neugierig, ohne etwas Schlechtes im Schilde zu führen, vielleicht aber auch nicht. Und was wäre, wenn sie mit anderen darüber spräche – mit dem Hauswart oder mit dem Blockwart oder mit dem Luftschutzwart. Wir fühlten, daß Frau Gumz sich Sorgen machte. Sie sagte nichts.

»Das Wochenende könntet ihr doch in Drewitz verbringen.« In Drewitz hatten sie ihren Schrebergarten mit Laube. Wir sagten: »Aber gern«; eine Wahl hatten wir ohnehin nicht. »Wir kommen am Sonntag nach«, versprach sie.

Im Schrebergarten stand eine primitive Bretterhütte, der Witterung und mangelnde Pflege heftig zugesetzt hatten. Sie hielt sich nur mühsam aufrecht. Wasserleitung oder Kanalisation gab es nicht. Wenn der Kanonenofen geheizt wurde, konnte sie dennoch gemütlich sein. Die Einrichtung bestand aus alten ausrangierten Möbeln des Hauses Gumz. Diese Hütte umgaben Gemüse- und Obstbeete, Sträucher und Bäume. Wir hatten schon oft dort »Nachlese« halten dürfen. In einem Anbau saßen Karnickel eng gedrängt.

Die Laube in Drewitz war fürwahr ein ideales Versteck für ein verlängertes Wochenende. Bei einem längeren Aufenthalt würden wir unweigerlich den Dorfbewohnern auffallen. Auf dem Weg nach Drewitz überlegten wir, was zu tun wäre. Wir fürchteten uns vor dem Satz, der unweigerlich kommen mußte und das Ende unseres Asyls bei der Familie Gumz bedeutete. Wir fürchteten uns vor dem Gespräch mit Dr. Ostrowski. Wir fürchteten uns davor, über kurz oder lang für jeden eine Belastung zu sein.

»Vielleicht sprecht ihr mal mit euren anderen Freunden«, meinte Frau Gumz unvermittelt, als sie den Sonntagsbraten austeilte, »wie es mit euch weitergehen soll.« Sie sagte kein Wort darüber, daß sie uns nicht behalten könnte. Meine Mutter entgegnete rasch: »Ja natürlich, gleich morgen.« Mir blieb der Bissen im Hals stecken. Niemand sprach. Nach einer Weile sagte Frau Gumz: »Wir werden euch natürlich weiterhelfen, mit Essen und so.« Sie litt so offensichtlich unter dem, was sie sagen mußte, ihre Augen schimmerten verdächtig. Ihr Mann erhob sich rasch vom Tisch, verließ den Raum und machte sich im Garten zu schaffen.

»Wir werden aufgeben müssen«, sagte meine Mutter. Ihre Augen standen voller Tränen. Ihre Hände fuhren unruhig über die Tischdecke. Auch sie verließ das Zimmer. Frau Gumz schwieg. Schließlich wandte sie sich an mich und sagte: »Ihr müßt das doch verstehen. Wir tun es doch auch nicht gern.«

»Aber natürlich«, antwortete ich, »wir werden schon einen Weg finden.« Ich sagte es nur, um Frau Gumz zu trösten, denn ich wußte auch nicht, wie.

Wenn ich an Ostrowski dachte, kamen mir Zweifel, wie er uns weiterhelfen sollte. Die kleine Wohnung, in der er mit seiner Freundin Grete Sommer lebte, war auf ihren Namen eingetragen. Seine jüdische Frau und sein Sohn bewohnten eine größere Wohnung in Charlottenburg. Obgleich seine Ehe tatsächlich nicht mehr bestand, ließ er sich zunächst nicht scheiden. Er wollte seine Frau nicht den Nazis ausliefern.

Ostrowski hörte uns an. »Klar, wir helfen euch.« Aber wie? Provisorisch könnten wir ja zunächst auf dem Fußboden des Wohnzimmers in ihrer Wohnung übernachten.

»Das geht schon mal«, sagte Grete. Dann fiel ihr etwas Besseres ein. »Hinter meinem Laden in dem Kabuff kann man doch Matratzen auf den Boden legen. Ein WC gibt es im Keller, und ein Waschbecken existiert ebenfalls.« Jeden Abend würde man uns nach dem Essen in den Laden bringen und dort einschließen. Morgens würde ich sozusagen als erste Kundin den Laden verlassen, um zur Arbeit zu gehen. Meine Mutter könnte sich während des Tages im Laden, aber auch im Haushalt nützlich machen. Wir waren sehr beglückt.

»Wird es Sie nicht stören, wenn wir ständig um Sie herum sind in dieser kleinen Wohnung?« fragte meine Mutter ahnungsvoll.

»Ach, wie lange kann dieser Hitler noch aushalten«, meinte Ostrowski wieder einmal überzeugt. Natürlich würde es nur ein Übergang sein.

Der Abschied von der Familie Gumz war tränenreich. »Ach, es tut mir so leid.« Frau Gumz wiederholte diese Worte immer wieder. »Nicht wahr, ihr kommt uns besuchen.« Sie bettelte fast darum. Wir versprachen es. Meine Mutter war im Grunde froh, das dunkle Zimmer in dem ungeordneten Haushalt verlassen zu können.

Der Lieferwagen von Weidt brachte unsere Couches zum neuen Asyl, dieses Mal in den Laden von Grete Sommer, in der Westfälischen Straße 64. Unsere übrige Habe nahm Frau P. auf, denn bei Weidt lag sie ohne Aufsicht in der Expedition. Jeden Abend legten wir nun die Aufleger dieser Couches längsseits auf den Fußboden des kaum 1½ Meter breiten Raumes und löschten das Licht so schnell wie möglich, damit es nicht auffiel, daß jemand zu so ungewöhnlicher Stunde im Laden war.

Frau Mausch, die Portierfrau, haßte außer ihrem Mann nur noch Hitler und die Nazis. Sie war eine hagere blonde Frau, knochig und stark, mit energischen Bewegungen, unbeherrscht und jähzornig. Sie nahm keine Rücksicht darauf, wer Zeuge ihrer Wutausbrüche wurde. »Die redet sich noch mal um Kopf und Kragen«, prophezeite Grete. »Schade, daß wir sie darum nicht einweihen können. Sie würde euch rührend umsorgen, aber könnte alles verraten, wenn sie mal wütend ist. Nein, nein, das geht nicht.« Also schlichen wir heimlich in den Laden, wagten uns nicht zu mucksen, registrierten jedes Geräusch und wußten, daß auch dieser Zustand nicht lange währen konnte.

»Was machen wir am Wochenende?« fragte Ostrowski. Im Laden konnten wir natürlich nicht bleiben. Das würde auffallen. Grete wußte immer einen Ausweg. »Was hältst du von Schildhorn?« Sie war stolz auf ihre einfallsreiche List. Sie lachte gern, und die selbstherrlichen Nazis zu hintergehen bereitete ihr grenzenloses Vergnügen.

Am Wochenende des 13. Februar machten wir uns zu viert nach Schildhorn auf. Es war ein kalter, ungemütlicher Wintertag, grau und regnerisch. In Schildhorn besaßen die beiden ein Bootshaus. Bis zur Stössenseebrücke konnten wir fahren. Dann mußten wir zu Fuß gehen. Ostrowski und Grete gingen uns voran. Es dunkelte bereits. Meine Mutter und ich unterhielten uns. Wir fühlten uns im Dunkel der einbrechenden Nacht geborgen. Wir waren jetzt selten allein und genossen diese Möglichkeit eines Gesprächs. Was mein Vater wohl machte, was er wohl dachte. Plötzlich stand jemand vor uns. Ostrowski zischte uns an: »Wie könnt ihr so ungeniert sprechen? Wenn euch einer belauscht hätte, wie wir jetzt?«

Meine Mutter und ich wurden sehr still. Wir schluckten den Vorwurf. Sicherlich hatte Ostrowski recht.

»Und damit ihr es gleich wißt: Wenn mal etwas passieren sollte, dann werde ich euch natürlich opfern. Ich muß am Leben bleiben. Ich habe noch eine Karriere vor mir.« Ostrowski war der festen Überzeugung, daß er in einem demokratischen Staat nach dem Ende Hitlers eine Rolle spielen würde. Von sich und seinen Fähigkeiten war er überzeugt. Schweigend gingen wir weiter. Ich ahnte, daß meine Mutter den Tränen nahe war. Meine Gefühle für Ostrowski, den ich vorher bewundert hatte, waren nun zwiespältig geworden. Ich sagte nichts.

Im Bootshaus war es hundekalt. »Es wird euch gleich zu warm sein«, sagte Grete munter, während sie den Kanonenofen mit Holzscheiten füllte. Zunächst qualmte er gewaltig, dann wurde es warm und auch gemütlich.

Grete lachte: »Am 13. Februar haben wir die Sommersaison noch nie eröffnet.«

Das Bootshaus mit zwei engen Räumen, in denen nur schmale Holzpritschen Platz hatten, ein Tisch, ein paar Stühle und eine Kochnische, war natürlich nur für den Sommer gedacht.

Ostrowski unterhielt dort ein Segelboot, mit dem er und seine politischen Freunde an Wochenenden auf der Havel kreuzten. Dabei bot sich eine gute Möglichkeit, unbeobachtet und unbelauscht die politische Lage zu erörtern.

Wir horchten in die Stille. Außer dem Knistern und Knacken des brennenden Holzes war nichts zu hören. Das Wochenende blieb kalt und unfreundlich. Am Sonntag kamen Gretes Eltern zu Besuch. Sie brachten lang entbehrte Lebensmittel, Wurst, Butter und Brot in Hülle und Fülle aus dem Laden mit. Wir diskutierten die Lage.

»In Stalingrad«, so berichtete der rundliche Bernhard Sommer das Neueste aus den Nachrichten der BBC, »scheint es tatsächlich zu Ende zu gehen.« Ostrowski sprang auf. Sein Gesicht strahlte. Dies sei der erste deutliche Hinweis darauf, daß es mit Hitler bergab gehe. Und wenn der Stein erst ins Rollen gekommen sei, dann ...

»Freu dich nicht zu früh, Otto«, warnte der alte Sommer, »vor uns liegt noch ein langer Weg.«

»Nein, das fällt doch zusammen wie ein Kartenhaus.«

Ostrowski bestand auf seiner Meinung. Die Offiziere würden die Niederlage nicht einfach hinnehmen, denn sie waren ja nicht verantwortlich für die Befehle dieses »Verrückten«. Der alte Sommer wußte, daß es wenig Sinn hatte, mit Ostrowski zu diskutieren. Sein Optimismus war unerschütterlich.

Mit Hans Rosenthal hatte ich häufig Kontakt. Er rief mich bei Grete an, oder wir trafen uns in der Blindenwerkstatt. Einmal standen wir eng aneinandergeschmiegt im Vorraum der Werkstatt, als die Vertreterin eines großen Filmverleihs eintrat.

»Ach wie nett!« rief sie erfreut. »Herr Dereszewski natürlich!«

Hans nickte freundlich und hielt seine Aktentasche krampfhaft vor den gelben Stern.

»Meinen allerherzlichsten Glückwunsch zu Ihrer Hochzeit!« sagte sie überschwenglich. »Sie müssen einmal zu mir kommen mit Ihrer jungen Frau.« Dabei sah sie mich freundlich an. »Ach, da fällt mir ein; haben Sie Lust, der Uraufführung eines unserer Filme beizuwohnen?«

Wir hatten Lust. Ich sagte es spontan. »Dann kommen Sie übermorgen. Ich hinterlege die Karten für Sie an der Kasse des Admiralspalastes.« Sie verabschiedete sich sehr herzlich, nicht ohne noch einmal zu versichern, wie sehr sie sich freue, das jungvermählte Paar bei sich zu sehen. »Es gibt ja so wenig Erfreuliches heutzutage!«

»Was werden wir machen?« fragte Hans, als sie gegangen war.

»Wir gehen hin«, antwortete ich, »natürlich ohne Stern.«

Es war ein seltsames Gefühl, als wir den Admiralspalast betraten. Wir kannten keinen. Die Dame begrüßte uns liebenswürdig. Beklommen setzten wir uns auf die angewiesenen Plätze. Wir waren unter lauter fröhlichen Menschen, die sorglos über Belanglosigkeiten plauderten. Als es dunkel wurde und der Film begann, atmeten wir erleichtert auf. Was uns vorgeführt wurde, war ein leichter bis seichter Film ohne Probleme. Das Volk mußte unterhalten und von der Wirklichkeit abgelenkt, nicht aber zum Nachdenken angeregt werden.

»Welch entzückender Film. Wie schön Sie gespielt haben, meine Liebe«, so schwirrten die Stimmen um mich herum, als dem geladenen Premierenpublikum anschließend Sekt serviert wurde. Neue Filmprojekte wurden diskutiert. Von Skireisen, Fahrten nach Italien oder Paris war die Rede. Der Krieg schien für diese Menschen gar nicht zu existieren. Ich war sehr neidisch, weil sie so sorglos waren. Die Damen waren gut gekleidet. Sie erhielten alles, was sie brauchten. Soldaten schleppten aus den besetzten Gebieten Seidenstrümpfe, Stoffe, Pelze und Schuhe heran. Ich wurde mir meines armseligen Kleidchens bewußt, das ich als heranwachsendes Mädchen noch vor Beginn des Krieges erhalten hatte.

»Da hat mir doch der X neulich einen Rotwein aus Paris mitgebracht, also mein Lieber, etwas so Exquisites habe ich noch nie getrunken. Ja, ja, diese Franzosen. Sie verstehen zu leben...« Der kleine rundliche Herr, der das sagte, verdreht genüßlich die Augen.

Hans und ich gingen so bald wie möglich. Wir hatten in eine andere Welt hineingesehen. Es gab sie unmittelbar neben uns. Die Menschen dort sprachen Deutsch wie wir. Sie waren vielleicht keine Nazis. Aber von dem Elend und der Not von Menschen, die zwar aus ihrer Gesellschaft ausgestoßen, aber neben ihnen lebten, wußten sie nichts – oder wollten nichts wissen. Und so ging Hans wieder in seine Wohnung zurück, aus der er jeden Tag abgeholt werden konnte, und ich in mein Versteck hinter dem Ladentisch.

Eines Morgens saß ich wie gewöhnlich an meinem Schreibtisch in der Blindenwerkstatt, als das Telefon klingelte.

»Hier Kriminalpolizei«, sagte jemand am anderen Ende. Ich erschrak.

»Ja, bitte?« sagte ich sehr schüchtern.

»Arbeitet bei Ihnen eine Gertrud Dereszewski?«

»Ja«, entgegnete ich und erstaunlich geistesgegenwärtig, »ich verbinde Sie mit unserer Personalabteilung.« Dann schaltete ich den Apparat zunächst ab.

»Ali, die Kriminalpolizei will etwas von Gertrud Dereszewski.«

»Schalt schnell um zu Papi.« Ich tat es. Ali lief in Weidts Zimmer. Während Weidt sprach, stand ich wie gebannt in der Tür.

»Dereszewski?« sagte Weidt, »ja, die arbeitet bei mir... Sie ist in Ungarn aufgegriffen worden?« Weidt hörte zu und sagte dann schließlich: »Wenn das so ist, dann lege ich keinen weiteren Wert auf ihre Mitarbeit. Ich werde Ihnen das Arbeitsbuch einschicken. Ich danke Ihnen für Ihren Hinweis.« Zu mir gewandt sagte Weidt:

»Das ist nicht gut.«

»Muß ich nun hier weg?« fragte ich angstvoll.

»Nein, nein«, sagte Weidt schnell, »es ist halt nur vorbei mit deiner Legalität. Wir müssen dich sofort überall abmelden, bei der Krankenkasse, beim Arbeitsamt.«

Ich behielt natürlich den Betriebsausweis. Die Daten der Dereszewski schienen mir im Falle eines Falles immer noch nützlich. Aber meine Situation hatte sich verschlechtert. Ich war bedrückt. Ali tröstete mich; sie war in einer ähnlichen Lage.

Es muß um den 25. Februar herum gewesen sein, als Hans mich im Laden anrief.

»Geh um Gottes willen morgen nicht zu Weidt!« Ich wollte den Grund wissen, aber er verweigerte jede Antwort. Ich versprach, das Haus nicht zu verlassen.

Am nächsten Morgen sah man Polizeiwagen durch die Straßen Berlins rasen. Wenn sie vor einem Haus hielten, stürzten Beamte in Zivil und Uniform heraus, rannten hinein und führten jemanden ab, setzten ihn in den Wagen und fuhren schnell weiter zum nächsten Haus. Sie holten die letzten Juden ab, die sich noch in Berlin befanden. Sie holten sie aus ihren Wohnungen und aus den Fabriken, wo immer sie sie fanden. Und sie nahmen sie mit, so wie sie waren – im Schlafanzug, im Arbeitskittel, ohne Mantel. Vom Fenster sah ich sie, sehe ich sie noch heute, wie sie – in ihrem Erschrecken wie erstarrt – von Polizeibeamten, SS-Leuten, Zivilbeamten in die Wagen gestoßen wurden.

»Schnell, schnell!« so trieb man sie an. Die Polizeiwagen nahmen sie auf, fuhren davon, kehrten leer zurück. Überall waren sie zu sehen. Die Leute auf der Straße blieben stehen, flüsterten miteinander. Dann gingen sie rasch wieder auseinander, gingen zurück in ihr schützendes Haus. Hinter den Fenstervorhängen schauten sie verstohlen auf die Straße und beobachteten das Geschehen.

Meine Mutter und ich waren wie erstarrt. Wo war Hans? Wo meine Freunde aus der Blindenwerkstatt? Unvorstellbar, daß es in Berlin keine Juden mehr geben sollte.

»Um Gottes willen, geht nicht aus dem Haus!« riet Grete. Wir saßen in ihrer Wohnung. Ich weinte. Meine Mutter sprach kaum. Grete und Ostrowski schwiegen. Was sollten sie auch sagen. Nur einmal brach es aus Grete hervor.

»Diese Schweine!« rief sie aus und lief aus dem Zimmer.

Die »Aktion« dauerte mehrere Tage. Dann waren sie alle

fort.* Wir hatten keinen Schrei gehört, kein Aufbegehren. Am Montag ging ich noch einmal in die Werkstatt zu Weidt. Es war niemand mehr da. Die Schritte hallten wider in den leeren Räumen. Die Blinden waren fort, der Buchhalter Werner Basch, die sehenden Zuarbeiter. Nur die wenigen Nichtjuden saßen an ihren Plätzen. Die blinde Charlotte weinte; sie hatte zu lange mit den jüdischen Kameraden in einer Werkstatt gearbeitet. Fritz, der, bevor er zu Weidt kam, ein »Hutgeschäft« hatte, wie man Bettler in Berlin nannte, sagte ständig: »Ach Jott, ach Jott, wat machen se bloß mit dene.«

Und dann waren da noch die Untergetauchten oder »Geflitzten« – Horn und seine Familie, der blinde Dr. Frey, der irgendwo illegal lebte, Ali und ihre Eltern.

»Ich bin ruiniert«, sagte Weidt, »ich weiß nicht, was werden wird.«

»Sieh zu, daß du eine andere Tätigkeit findest«, riet Ali mir. »Bis Weidt andere Arbeiter bekommt, wenn er sie überhaupt bekommt, wird einige Zeit vergehen. Komm zu uns, wann immer du willst, Inge, vielleicht ändert sich bald alles.« Aber so wie es war, würde es nie wieder werden. Das war klar.

Wo war Hans? Ich fragte es hundertmal. Ich wagte nicht, in seine Wohnung zu gehen, und mußte abwarten. Meine Mutter sagte mir das immer wieder. Er wußte ja, wo er mich erreichen konnte. Endlich, am Montag nach der Aktion, meldete er sich von einer öffentlichen Telefonzelle. Ja, auch er war mit seiner Mutter abgeholt worden; zum dritten Mal. Aber wieder war er nicht zur Deportierung vorgesehen. Er würde in Berlin bleiben, zunächst jedenfalls. Ich war selig. Aber was hieß das? Er würde entweder in der Großen Hamburger Straße oder im Jüdischen Krankenhaus, Iranische Straße, wohnen müssen. Die Gestapo brauchte ihn noch. Er müßte nur noch für sie Einkäufer sein. Materialien, ganze Scheinwerferausrüstungen, Luxus-Badezimmer, die sonst keiner mehr in Berlin auftreiben konnte – Hans bekam sie von Großhändlern, die genau wußten, daß das Leben des Juden Hans Rosenthal davon abhing. Hans war ohne Zweifel der einzige Jude in Berlin, der noch den Stern trug, außer jenen, die in nichtprivilegierten Mischehen lebten.

Grete lachte mich freundlich an: »Mach dir keine Sorgen. Ich wollte dir neulich schon anbieten, mir im Laden zu helfen.« Ich

---

* 63 Todestransporte mit ca. 35 000 Juden verließen Berlin in der Zeit von Oktober 1941 bis zum Kriegsende.

war sehr überrascht. Ich, die untergetauchte Jüdin ohne Papiere, sollte in einem Laden stehen und mit Deutschen reden, als wenn nichts wäre?

»Aber warum denn nicht? Kein Mensch hat eine Ahnung, wer du bist. Du bist meine Freundin Inge. Das ist alles.« Grete erschien das völlig problemlos.

Zunächst arbeiteten wir zusammen. Ich mußte die Preise kennen, über den Inhalt der Bücher in der Leihbücherei ungefähr Bescheid wissen, um sie den Lesern empfehlen zu können. Ich mußte die verschiedenen Kategorien der Stammkunden kennenlernen. Da waren zunächst die »Kollegen«, Kaufleute der Nachbarschaft. Sie erhielten ohne jede Frage von dem kostbaren Schreibpapier, das genauso knapp war wie etwa Butter oder Fleisch. Sie gaben Grete dafür von ihren Waren. So erhielt sie jede Menge Milch. Für Gemüse oder Kartoffeln gab sie nie eine Marke ab. Wenn sie die Fleischersfrau anrief und um ein Stück Fleisch von zwei Pfund bat, gab sie dem Laufjungen, der es ablieferte, höchstens Marken zum halben Wert. Dafür revanchierte sie sich bei anderer Gelegenheit. Ich lernte das schnell.

Dann war da die Kategorie der Kunden, die Anti-Nazis waren. Grete kannte sie seit 1933, als sie das Geschäft eröffnet hatte, also lange genug, um ihre Einstellung richtig einschätzen zu können. Sie kamen oft zu einem Plausch, der meist darin bestand, darüber zu diskutieren, was die BBC am Abend vorher gemeldet hatte. Sie durften Bücher aus der sogenannten »Giftküche« ausleihen. Dort wurden jene Bücher gehalten, die von Nazis auf den Index gesetzt worden waren. Es handelte sich um Bücher von jüdischen, ausländischen und natürlich politisch unliebsamen Autoren. Auf der Karteikarte wurde solch ein Buch nur mit einem Stichwort vermerkt. Und natürlich erhielten auch sie vom kostbaren Schreibpapier oder was sonst in dieser Branche knapp war – wie Federhalter oder Klopapier. Diese Kostbarkeiten hatten wir nie oder nur in sehr schlechter Qualität für Unbekannte oder für Nazikunden.

Die Zahl der Nazikunden war sehr klein. Sie grüßten mit »Heil Hitler«. Ich tat es auch, im Gegensatz zu Grete, die diesen Gruß stets zu vermeiden suchte. Manche »erzog« sie auf ihre Weise, indem sie einen »Guten Tag« wünschte, der doch so schön sei, daß man darauf aufmerksam machen müsse. Sie wagte dies natürlich nicht bei Beamten vom nahen Polizeirevier oder Uniformierten, die den Laden betraten. Sie sagte dann sehr deutlich »Heil Hitler«. Die ihr bekannten Kunden, die zufällig im Laden waren, sahen erstaunt auf, grinsten Grete verstohlen an und ignorierten den Kunden, so als sei er Luft. Ich bat Grete, mich zunächst so wenig wie möglich allein zu lassen. Ich war nicht frei von Furcht.

»Aber wer soll denn darauf kommen, daß du Jüdin bist?«

Grete lachte. Die Frechheit, als »geflitzte Jüdin« in einem offenen Laden zu stehen, war in der Tat zu groß, um glaubhaft zu sein. Ich gewöhnte mich langsam daran und wurde Grete eine echte Hilfe.

Als ich am Sonnabend vor dem Osterfest den Laden schloß und die übriggebliebenen Osterkarten aus der großen Auslage nehmen wollte, in der die Kunden selber aussuchen konnten, fand ich eine Geldtasche. Ich erschrak. Die arme Frau, dachte ich zunächst. Ich öffnete die Tasche. Als erstes sah ich den drei Monate gültigen rosa Haushaltsausweis, der zu Sonderrationen und zum Kauf von Nähzeug berechtigte. Dann fand ich einen Satz Lebensmittelkarten. Was für ein Schatz! Aber ich durfte ihn nicht behalten. Die Frau, der er gehörte, hieß Amanda Heubaum. Ich mußte über den Namen lachen. Dann sah ich ihre Personaldaten. Sie hätten auch für meine Mutter gelten können. Ich rang mit mir. Was war zu tun? Ich legte die Tasche zunächst beiseite und räumte weiter auf. Aber dieser Fund ging mir nicht aus dem Kopf. Ich öffnete die Tasche noch einmal. Da entdeckte ich ein Seitenfach, das mir zuerst entgangen war. Darin steckte ein postkartengroßes Porträt von Adolf Hitler. In diesem Augenblick hatte ich mich entschieden. Ich wollte jedoch Grete, die ihre Kunden besser kannte als ich, die letzte Entscheidung überlassen. Wir berieten nicht lange. Das Führerbild gab den Ausschlag. »Wer das Bild mit sich herumträgt, zeigt, daß er diesem Verbrecher Sympathien entgegenbringt.« Ostrowski gab überdies zu bedenken, daß Amanda Heubaum ihre Karten ohnehin ersetzt bekommen würde, wenn sie den Verlust meldete.

»Und wenn sie sie nicht kriegt, stört es mich auch nicht«, sagte Grete entschieden. Wir waren selig. Was gab es alles auf diese Marken zu kaufen! Wir steuerten zum gemeinsamen Haushalt bei und genossen es, nicht nur die Nehmenden zu sein. Meine Mutter mußte manche Spöttelei über sich ergehen lassen, solange sie den Haushaltsausweis der Amanda Heubaum als Ausweis benutzen konnte.

Zunächst schien alles gutzugehen. Ich gewöhnte mich an die Tätigkeit im Buchladen. Die Kunden akzeptierten mich, »Fräulein Inge«, als Freundin von Grete Sommer. Manche begannen sogar, mir den Vorzug zu geben, denn Grete war oft launisch. Sie hatte es schwer, Geschäft und Haushalt gleichermaßen zu versorgen. Ostrowski war nicht leicht zufriedenzustellen. Er verlangte, daß sie Mahlzeiten wie in normalen Zeiten herbeizaubere. Er schätzte das gute Leben und war der Meinung, daß es ihm zustände. Grete war findig genug, stets einen Weg zu finden, um ihm die gewünschten Leckerbissen zu verschaffen. Da waren nicht nur die Eltern mit dem Lebensmittelgeschäft, von denen sie sich einfach so viel Butter geben ließ, wie der Haushalt benötigte. Da gab es noch die Frau Mausch, die aus gutem Grund als Aufwartefrau in einer benachbarten Buttergroßhandlung und in einer Fleischerei arbeitete. In Aufwischlappen eingewickelt, schmuggelte sie die Waren aus dem Geschäft, die sie dann zu Schwarzmarktpreisen verkaufte oder als Tauschobjekte nutzte. Butter gegen Bohnenkaffee, Bohnenkaffee gegen Fleisch, gegen Seife usw. Grete war so in ihre schwarzen Geschäfte verwickelt, daß sie kaum an anderes denken konnte. Und dann war da noch die Portierfrau ihres Wohnhauses, Frau Sell, deren Mann aus den besetzten Gebieten Dinge mitbrachte, die in Deutschland längst nicht mehr legal zu haben waren. Sie alle wurden von Grete angehalten, ihren Bedarf zu decken.

Eines Tages kam das Ehepaar Garn zu Besuch. Paul und »Mutter« Garn hatten es recht schwer, seit Paul 1933 seinen Posten als Gewerkschaftsfunktionär verloren hatte. Er war nicht mehr so jung, und es quälte ihn, daß er nun als Arbeiter helfen mußte, Hitlers Krieg zu verlängern. Für ihn, den überzeugten Anti-Nazi, war das wie ein Verbrechen, das er allerdings nicht verhindern konnte. Seine Frau, ebenso stattlich und groß wie er, kränkelte. Die beiden waren auch im Alter noch wie Turteltauben. Sie hatten keine Kinder und waren ganz aufeinander angewiesen. Beide hatten gütige blaue Augen, die sich oft mit Tränen füllten, wenn sie ihre Lage bedachten. Ihre Gesichter waren runzelig und voller tiefer Furchen, die in heftige Bewegung gerieten, wenn sich die Garns erregten. Und das Thema Nazis erregte sie. Als wir ins Zimmer traten, empfing uns »Mutter« Garn mit den Worten:

»Deutschkrons, ihr kommt mal jetzt ein bißchen zu uns. Wir haben es gerade besprochen.« Paul Garn nickte zustimmend.

Grete fügte hinzu: »Es ist ganz gut, wenn ihr mal ein

bißchen woanders seid. Zu lange an einem Platz fällt leicht auf. Die Inge kommt natürlich wie immer zur Arbeit.« So war's beschlossen.

Wir hatten keine Einwände. Wie sollten wir auch! Meine Mutter sprach die üblichen Floskeln der wohlerzogenen Bürgerin. »Werden wir Sie auch nicht stören?«

Frau Garn schmunzelte: »Na, ein Kuraufenthalt wird das nicht werden bei uns. Ihr wißt doch, wir haben bloß zwei Zimmer. Ihr könnt in der Küche schlafen.«

Und so ließen wir die meisten unserer Habseligkeiten bei Grete im Laden und zogen zu den Garns, in den Norden Berlins, Olivaerstraße 3, eine der Arbeitersiedlungen, wie sie damals gebaut worden waren, bevor Hitler an die Macht kam. Lange Straßenzüge, helle, saubere Häuser mit kleinen Zimmern, Bad und WC in der Wohnung; zweifellos ein Fortschritt Ende der zwanziger Jahre, als sie als erstes Beispiel gesünderer Arbeiterwohnungen gebaut worden waren.

Die Küche war warm, denn Frau Garn kochte dort auf einem Kohlenherd. Im Winter saßen die beiden Alten meist in der Küche. Das Wohnzimmer mit dem Balkon blieb den Sommermonaten und Gästen vorbehalten. Das Sofa in der Küche unter dem Küchenbord mit den blankgescheuerten Töpfen bot ein bequemes Lager. Ich hatte mich längst daran gewöhnt, mit meiner Mutter in einem Bett zu schlafen. Sie verließ das Haus nicht, saß ständig bei den Garns, strickte, nähte oder half im Haushalt. Das war für sie nicht leicht zu ertragen, zumal nicht abzusehen war, wann sich dieser Zustand ändern würde. Sie war sehr bedrückt. Ich hätte gut reden, meinte sie. Ich ging zur Arbeit, während sie den ganzen Tag wie eingesperrt in der kleinen Wohnung saß. Grete sorgte mit Lebensmitteln dafür, daß die Garns durch uns nicht Hunger litten. Meine Mutter wurde immer nervöser. Als ich eines Abends im Dunkeln mit ihr spazierenging, erzählte sie, daß eine Nachbarin hereingekommen sei, ohne daß Frau Garn sie habe daran hindern können.

»Ach, Sie haben Besuch?« hätte sie erstaunt ausgerufen. Wieder diese vermaledeite Frage.

»Wer weiß, was die denkt«, hatte Frau Garn gesagt, als die Nachbarin verschwunden war, »sie hat so komisch geguckt...«

»Wir werden wieder fortmüssen«, meinte meine Mutter angstvoll. Und dann, wohin? »Zu Grete können wir nicht wieder.«

Ich suchte eine Gelegenheit, Weidt zu besuchen. Vielleicht

wußte er Rat. Aber dort fand ich alle in tiefer Sorge. Die drei Lichts, Ali und ihre Eltern, wohnten nach wie vor bisher unbelästigt im Nebenlager in der Neanderstraße. Die aufgeschichteten Besen und Bürsten und die entsprechende Beschriftung ließen keine Zweifel aufkommen. Es schien ein perfektes Versteck. Dank Otto Weidt hatten sie auch keine Lebensmittelsorgen. Aber Vater Licht war schwer erkrankt. Ein Arzt konnte nicht hinzugezogen werden. Selbst Weidt kannte keinen, dem er vertraut hätte.

»Was soll nur werden, wenn er das nicht überlebt?« Ali sprach es aus. Weidt war sehr besorgt. Nichts erinnerte mehr an sein einstiges Draufgängertum. Hinzu kamen schwerwiegende finanzielle Sorgen. Mit Mühe hatte er einige Blinde gefunden, die für ihn arbeiteten, aber ihre Zahl füllte kaum die Hälfte der Werkstatt. Ohne Produktion konnte er aber keine Lebensmittel besorgen. Ihm drohte der Verlust von Wehrmachtsaufträgen. »Wenn Sie nicht innerhalb von ... liefern«; Briefe mit diesem Inhalt lagen bereits vor. Früher hätte Weidt in einem solchen Fall wenigstens einen Teil geliefert, um den Auftraggeber nicht zu verstimmen. Jetzt hatte er nicht einmal das. Ich wagte nicht, von meinen Sorgen zu sprechen, und ging wieder. In Gretes Laden vergaß ich diese Sorgen meist rasch. Ich war viel zu beschäftigt, brachte Ordnung in die Kundenkartei, was Grete längst nicht mehr tat.

»Was soll's! Wenn der Krieg aus ist, dann schmeiße ich den Laden sofort hin. Dann machen wir nur noch Politik«, pflegte sie zu sagen, »und das kann ja nicht mehr lange dauern.«

Für mich war diese Arbeit mehr als ein Zeitvertreib. Grete ließ mich immer häufiger im Laden allein und überließ mir schließlich sogar die Schlüssel. Zunächst hatte ich ihr die Schlüsssel jeden Abend gebracht und sie am Morgen abgeholt. Das hörte nun auch auf. Grete kam nur noch von Zeit zu Zeit ins Geschäft, wie ein Gast, und freute sich über alles, was ich tat und einnahm.

Auf dem Nachhauseweg überfiel mich jedesmal die Angst – was ist, wenn wir heute nacht nicht mehr dort schlafen können? Eines Nachts gab es Fliegeralarm. »Ihr müßt oben bleiben«, sagte Garn. Wir fürchteten uns. Weniger vor den Bomben, die damals noch nicht zahlreich fielen. Aber was würde sein, wenn das Haus einen Treffer erhielt und wir gefunden würden?

Und wieder klingelte es eines Tages. Und wieder drang die

neugierige Nachbarin schneller in die Küche ein, als Frau Garn sie daran hindern konnte.

»Sie haben aber lange Besuch«, sagte sie. Wir waren in der Tat bereits mehrere Wochen bei Garns. Frau Garn hatte kaum die Tür hinter ihr geschlossen, als sie mit mühsam unterdrückter Angst erklärte:

»Ihr müßt weg, es geht nicht mehr. Ich habe Angst. Ihr wißt doch, ich bin herzkrank...« Sie hatte Tränen in den Augen, als sie das sagte. Paul Garn wandte sich ab. Er sagte nichts und machte sich am Ofen zu schaffen.

Meine Mutter entgegnete:

»Aber natürlich, ich verstehe.« Aber sie fügte kaum hörbar hinzu: »Was machen wir nur jetzt?«

Keiner antwortete ihr. Wir schliefen kaum in jener Nacht. Am Morgen packten wir unsere wenigen Habseligkeiten.

»Weinen Sie doch nicht, Frau Deutschkron. Wir werden schon einen Weg finden«, war Gretes tröstende Auskunft, als wir ihr berichteten. Sie stand breitbeinig vor meiner Mutter, die Arme in die Hüften gestemmt. Ostrowski sagte lakonisch: »Ich werde mit Rieck sprechen. Ihr bleibt solange hier.«

Grete kochte Kaffee, und als wir dann zusammensaßen und nichts zu sagen wußten, da schlug sie mit der Faust auf den Tisch, daß die Tassen klirrten. »Nein, was denkt ihr bloß, wir werden euch doch nicht einfach wegschicken.«

»Danke, danke, Grete«, sagte meine Mutter mit erstickter Stimme, »aber wo sollen wir denn hin?« Die Frage blieb sehr lange unbeantwortet, denn Ostrowski hatte Rieck nicht gleich angetroffen.

In »Sicherheit«

»Meinen Mann haben die Nazis umgebracht!« Lisa Holländer sagte es hart und energisch. Nachdem er verhaftet worden war, hatte sie sich monatelang vergeblich darum bemüht, etwas über sein Schicksal zu erfahren. Überall war sie abgewiesen worden, ohne eine Antwort zu erhalten. Bis sie eines Tages aus einem KZ ein Paket mit der blutbefleckten Hose ihres Mannes und die Nachricht bekam, er sei einem Herzschlag erlegen. Lisa Holländer, Schwester unserer Freundin und Helferin Jenny Rieck, begründete mit dieser lapidaren Aussage ihre sofortige Bereitschaft, uns aufzunehmen. Rieck hatte uns zu ihr gebracht. Es gab für sie kein Zaudern. Sie freute sich, uns helfen zu können. »Es ist mir sogar ein Bedürfnis«, sagte die blonde Frau mit Nachdruck. Sie war viele Jahre mit dem jüdischen Exportkaufmann Paul Holländer verheiratet gewesen. Er hatte sie zu sich genommen, als sie in Not gewesen war, denn sie hatte ein uneheliches Kind, in der damaligen Zeit ein schrecklicher Makel für ein junges Mädchen. Das hatte sie ihm nie vergessen. Ihr wohlhabender Mann hatte ihr jeden Wunsch erfüllt und sie über alle Maßen verwöhnt. Als sie einst Französisch lernen wollte, berief Paul Holländer meinen Vater als Lehrer. Das lag Jahre zurück. Ja, und eines Tages hatten die Nazis Paul Holländer abgeholt. Es bereitete keine Schwierigkeit, einem jüdischen Kaufmann »Mißbrauch« der Nazi-Gesetzgebung nachzuweisen.

»Ihr könnt bleiben, solange ihr wollt«, sagte Tante Lisa, wie ich sie bald nannte, als ginge es um eine Einladung zum Tee, »ich habe genug Platz.«

Uns schien das kaum glaublich. Wir hatten den Eindruck, als kümmerte diese Frau die Gefahr nicht, in die wir sie zwangsläufig brachten. Wir dankten ihr überschwenglich. Ich bekam sogar ein eigenes kleines Zimmer, wie ich es noch nie in meinem Leben gehabt hatte. Meine Mutter schlief auf der Couch im Wohnzimmer.

Das Haus in der Sächsischen Straße 26, in dem Tante Lisa wohnte, lag im sogenannten »Rosenhof«, einem Block von mehreren Häusern, die rund um eine mit Rosen bepflanzte Anlage errichtet waren. Der für den Block zuständige Hausverwalter wohnte in einem der Häuser. Ein sehr günstiger Umstand für uns. Es konnte uns schwerlich jemand beobachten. Tante

Lisa schien nicht nur sehr resolut, sie war es auch; sie ließ sich durch nichts aus der Fassung bringen. Daß Nachbarn sie beobachten oder der Blockwart neugierige Fragen stellen könnte, war ihr völlig gleichgültig.

»Ich habe nichts mehr zu verlieren«, sagte sie, »mein Liebstes haben sie mir schon genommen.« Wenn die NSV* Spenden sammelte, schlug sie die Tür rigoros zu. Als meine Mutter einmal zögernd meinte, es wäre wegen unseres Aufenthaltes bei ihr vielleicht diplomatischer, einen Obolus zu geben, da empörte sich Lisa: »Die kriegen von mir keinen Pfennig und damit basta!«

Wir hatten es wirklich gut bei ihr. Was wir an Geldmitteln hatten, legten wir zusammen und führten gemeinsamen Haushalt. Grete, bei der ich zu Mittag aß, hatte überdies begonnen, meine Arbeit zu entlohnen, und zwar meist in Form von Butter oder anderen wertvollen Lebensmitteln, berechnet nach dem Kurs der Schwarzmarktpreise. Natürlich war ich auch inzwischen mit ihrer Zustimmung dazu übergegangen, mir Milch und Gemüse von den benachbarten Kaufleuten zu verschaffen.

»Ich kann nicht aus dem Laden. Kannst du mir nicht ein bißchen Milch bringen?« pflegte ich dem jungen Mädchen aus dem benachbarten Milchladen zu sagen, wenn es zu mir einkaufen kam. Nach wenigen Minuten kehrte es damit zurück.

Frau Mausch, die des öfteren zum Schwatzen kam, warf gelegentlich einen Ring schwarzer Blutwurst auf meinen Ladentisch.

»Magst du so etwas?« fragte sie. Die gab es auf halbe Marken. Sie erhielt sie von der Fleischersfrau geschenkt, bei der sie saubermachte. Von dort organisierte sie illegal so viel, daß sie die Blutwurst verschmähen konnte. Das Mädchen vom nahen Gemüsehändler brachte mir ebenfalls, was ich benötigte, ohne auch nur je eine Lebensmittelmarke dafür zu sehen. So ging es uns zu jener Zeit relativ gut. Dennoch stellte ich mit Schrecken fest, daß unser Bargeld abnahm. Wir zahlten Tante Lisa Miete und mußten manchmal zusätzliche Einkäufe auf dem schwarzen Markt vornehmen. Ich konnte nicht mehr verdienen, als ich von Grete erhielt. Meine Mutter mußte eine Arbeit annehmen. Hans Rosenthal wußte Rat. Er führte meine Mutter bei der Druckerei Theodor Görner ein, mit der er, ähnlich wie mit Weidt, Geschäfte machte. Görner lehnte Hitler und die Nazis

---

* Nationalsozialistische Volkswohlfahrt.

eindeutig ab. Er erklärte meiner Mutter, er wolle gar nicht wissen, wer sie wirklich sei. Sie möge ihm sagen, wie er sie nennen solle. In seiner Setzerei könne sie als Arbeiterin beschäftigt werden. Meine Mutter beschloß, auf den Namen Richter zu hören. Görner fügte noch hinzu:

»Ich werde Ihnen heimlich am Anfang eines jeden Monats die Lebensmittelmarken zustecken, die Sie für unser Kantinenessen hier abgeben müssen.«

Meine Mutter bekam den Lohn einer Arbeiterin, und wir waren zufrieden. Bei den Kollegen gab sie sich als Witwe eines Studienrates aus und genoß das Werben des alten Witwers Kruse.

Die Firma Görner fertigte Stoffdrucke an und war als kriegswichtiger Betrieb anerkannt. Ihre Kollegen flüsterten ihr zu, Görner sei ein alter Kommunist. Aber das störte keinen der Arbeiter. Die meisten machten aus ihrer Abneigung gegen Hitler keinen Hehl. Nur der alte Herr Kruse warnte. Zwar mochte er die Nazis auch nicht, aber die anderen seien auch nicht so wünschenswert. Er sei zur See gefahren und kenne die Engländer und die Amerikaner.

Unser Leben schien damals fast »normal«. Wir hatten beide Arbeit und ein festes Domizil. Wir aßen schlecht und recht wie die meisten Deutschen und hofften auf ein baldiges Ende des Krieges. Jeden Abend drehten wir am Radio und redeten uns ein, holländisch zu verstehen, wenn es darum ging, irgendeine Nachricht zu interpretieren. Einige Sprecher der BBC wurden für uns zu Idolen. Und wir fluchten, wenn gerade ihre Sendungen gestört wurden. Sie verblüfften uns immer wieder durch die genaue Kenntnis der Verhältnisse im »Dritten Reich«. Auch Auschwitz wurde erwähnt. Wir hörten es wohl, aber wir sprachen nicht darüber. Es lähmte uns.

Tante Lisa hatte nichts dagegen, daß Hans mich besuchte. Natürlich versteckte er den Stern. Er lebte nun mit seiner Mutter in der Iranischen Straße im ehemaligen Jüdischen Krankenhaus. Es gab dort noch einige jüdische Ärzte. Die Gestapo nutzte es als Gefängnis für transportunfähige Juden, die dort bis zu ihrer Genesung leben durften. Illegale wie wir, die geschnappt worden waren, wurden von dort aus deportiert. Hans warnte mich immer wieder vor der Gefahr, erwischt zu werden. Die Gestapo hatte eine »Geflitztenkartei« angelegt. Bei den Bemühungen, ihrer habhaft zu werden, halfen der Gestapo jüdische Spitzel. Auch sie wohnten in der Iranischen Straße. Hans berichtete von einem jungen Mädchen, das sich nichtsahnend mit einem Bekannten auf dem Bahnhof Gesundbrunnen verabredet hatte. Sie hatte ihm zuvor anvertraut, daß sie illegal lebte. Als sie zum vereinbarten Zeitpunkt auf dem Bahnsteig eintraf, sah sie ihren vermeintlichen Freund mit zwei Gestapobeamten. Sie handelte blitzschnell. Ohne zu zögern, sprang sie auf die Gleise der S-Bahn, auf denen gerade ein Zug einlief. Ihr wurde lediglich die Ferse eines Fußes abgefahren, erzählte Hans, der geholt worden war, um das verletzte Mädchen mit dem Krankenwagen in die Iranische Straße zu bringen. Hans erinnerte sich voller Bewunderung, daß das Mädchen erst bewußtlos wurde, nachdem es im Krankenwagen die ihr offenbar von Freunden überlassenen Lebensmittelkarten zerrissen hatte, um diese arischen Freunde zu schützen. Auch die Gestapobeamten waren von dieser Willenskraft so beeindruckt, daß sie nicht eingriffen. Wie ich nach dem Krieg erfuhr, war dieses junge Mädchen eine Schulkameradin von mir gewesen.

Hans berichtete auch von zwei Jungen, die nicht deportiert wurden, weil ihr Vater mit einer Christin verheiratet gewesen war und sie nicht jüdisch erzogen hatte. Diese beiden Jungen, der eine 9, der andere 7 Jahre alt, waren völlig allein. Die Mutter und die Großeltern waren gestorben, der Vater wie auch alle anderen jüdischen Verwandten im KZ. Die Jungen waren ständig hungrig und mußten betteln. Beiläufig fragte ich nach dem Namen der Jungen.

»Phillipsborn«, sagte Hans. Meine Mutter und ich sprangen auf. Es waren die Söhne meines Vetters Willy, der 1938 ins KZ gebracht worden war. Die Mutter hatte gezwungenermaßen die Scheidung betrieben und die Kinder behalten. Nach ihrem Tod waren sie dann in einem jüdischen Heim untergebracht worden. Wir überlegten fieberhaft, wie wir den Kindern helfen könnten. Aber in unserer Lage war das kaum möglich.

Eines Tages kam Hans völlig niedergeschlagen zu mir.

»Sie sind alle weg«, sagte er. Die Gestapo hatte die Blindenwerkstatt Weidt »ausgeräumt«.

Der alte Horn, Weidts Bürstenfachmann, war einem ehemaligen jüdischen Freund begegnet und hatte ihm erzählt, daß er illegal lebe und wie das in der Blindenwerkstatt Weidt vor sich gehe. Wenige Tage später war die Gestapo erschienen und ohne die Proteste von Weidt zu beachten, in das vermeintlich letzte Zimmer der Werkstatt gegangen, hatte den Schrank geöffnet, die Kleider beiseite geschoben und die ganze Familie Horn aus ihrem Versteck geholt. Inzwischen hatten andere Beamte aus dem sogenannten Ausweichlager in der Neanderstraße die Eltern der Alice Licht mitgenommen. Ali hätte möglicherweise entkommen können, aber sie blieb bei ihren Eltern. Weidt soll wie rasend gewesen sein. Ungeachtet der Gefahr war er bei der Gestapo vorstellig geworden und hatte erwirkt – wie, das blieb sein Geheimnis –, daß Ali und die Eltern nach Theresienstadt deportiert wurden. Das galt als Vergünstigung, die eigentlich nur den von der Gestapo als »verdiente Juden« anerkannten Personen gewährt wurde. Daß es von dort auch einen Weg nach Auschwitz gab, ahnten wir zu jener Zeit noch nicht. Wir erfuhren es später, als eine Postkarte von Ali, die sie aus dem Zug von Theresienstadt nach Auschwitz geworfen hatte, tatsächlich in Berlin eintraf. Ein Unbekannter hatte sie, wie von Ali auf der Postkarte erbeten, frankiert.

Als ich Weidt einige Tage nach der Gestapo-Aktion in seiner Werkstatt aufsuchte, fand ich einen einsamen, gebrochenen alten Mann vor. Von dem einstigen Draufgänger war nichts mehr übrig. Weidt saß da und starrte vor sich hin.

»Du bist die einzige«, sagte er nur und legte seine große Hand schwer auf meine Schulter. Dann stand er auf, nahm einen völlig neuen Mantel vom Haken und drängte mich, ihn gleich anzuziehen.

»Nimm ihn, nimm ihn!« Er hatte den Mantel für Ali anfertigen lassen. Er war nicht rechtzeitig geliefert worden. Ich war sehr dankbar, denn meine Sachen begannen schäbig zu werden.

»Du kannst ihn Ali zurückgeben, wenn sie wiederkommt«, meinte Weidt, und als er mein Zögern merkte, fügte er hinzu: »Ich werde nach Auschwitz fahren. Ich werde etwas unternehmen. Ich kann sie doch nicht so einfach in Auschwitz umkommen lassen.«

Ich hatte den festen Eindruck, daß diese Worte mehr seine Verzweiflung als eine feste Absicht ausdrückten – aber ich irrte mich.

Diese Begebenheiten lasteten schwer auf uns. Immer wieder diskutierten wir die Fälle derer, die gefaßt worden waren. Angst beschlich uns.

Tante Lisas Wohnung war ideal. Die Nachbarn grüßten einander, aber nur selten gab es einen Kontakt. Fliegerangriffe waren damals noch harmlos und richteten zu jener Zeit kaum Schaden an. Wir wohnten in der ersten Etage und waren weniger gefährdet als Einwohner im vierten Stock. Die Wahrscheinlichkeit war gering, daß eine Polizeistreife im Geschäft von Grete oder in der Druckerei von Görner auftauchen würde. Dennoch verließ uns die Spannung nie.

Am 23. August 1943 hatten wir meinen Geburtstag mit einer von Tante Lisa herbeigezauberten Flasche Wein gefeiert. Vergnügt gingen wir früh ins Bett. Ich erwachte von einem fürchterlichen Getöse. Der Fensterrahmen mitsamt den Splittern der Scheibe waren auf meinem Bett gelandet. Draußen mußte die Hölle los sein. Wir hatten die Sirene, die das Nahen feindlicher Flugzeuge ankündigte, verschlafen. Dieses Mal griffen die Engländer Berlin mit voller Wucht an. Ich stürzte aus meinem Bett und versuchte, mich im Dunkel, das von zuckenden Blitzen erhellt wurde, anzuziehen. Das ganze Haus schwankte wie ein Schiff im Seegang. Wir mußten an den Wänden und Pfeilern Halt suchen. Tante Lisa meinte, wir sollten den Versuch wagen, ins Erdgeschoß und schließlich auch in den Keller zu gelangen. Aber das war unmöglich. Überall fielen uns Türen, Fenster und Stuck entgegen. Es pfiff und heulte und dröhnte und krachte um uns herum. Der Platz im dunklen, fensterlosen Korridor an die Mauer gepreßt war sicherer.

Tante Lisa war überzeugt, dieser schwere Angriff könne nur dem Oberkommando der Wehrmacht und dem SS-Hauptquartier in der Nähe des Fehrbelliner Platzes gegolten haben. Sie ahnte noch nicht, daß dies der erste Angriff von vielen künftigen war. Nach zwanzig Minuten war der Spuk vorbei.

Wir hatten Glück gehabt. Bei uns waren nur sämtliche Fenster zersplittert und die Verdunklungsrollos zerfetzt. Durch die leeren Fensterhöhlen sahen wir den Himmel über Berlin rot gefärbt. Wie Feuerwerk zuckten die Flammen auf, zerstoben in Millionen Funken, schwarze Rauchwolken wälzten sich dazwischen. Die Luft war schwer von Brandgeruch. Menschen schrien. Feuerlöschzüge rasten durch die Nacht. Wir freuten uns über unser Glück und darüber, daß die Engländer endlich ihre Macht gezeigt hatten. Dann begannen wir zu schuften, um die Zimmer wieder bewohnbar zu machen. Wir fegten, wischten, hämmerten und freuten uns dabei. Trotz der ausgestandenen Angst waren wir vergnügt.

»Um Gottes willen; zeigt eure Freude morgen nicht!« warnte meine Mutter. Zum Schlafen kamen wir nicht. Von Ferne hörten wir das Knistern der Flammen, das Zusammenstürzen ganzer Etagen. Am Morgen sahen wir dann das ganze Ausmaß der Verwüstung. Es war nicht unbeträchtlich. S-Bahn-Strecken waren getroffen, die Schienen hingen verbogen in der Luft. Die Strecken waren von Kratern aufgerissen, die Oberleitungen der Straßenbahnen in Fetzen.

Dennoch hörte die Pflicht, zur Arbeit zu gehen, für die Berliner mit den Luftangriffen keineswegs auf.

Von nun an ging ich nicht mehr so sorglos zu Bett. Es war uns auch klar, daß wir bei künftigen Angriffen nicht mehr in der Wohnung bleiben konnten. Tante Lisa wußte einen Ausweg. Sie ging ohnehin nicht gern in den Keller. Der Gedanke bedrückte sie, ein Haus über sich zu haben. Sie zog den Splittergraben auf dem nahen Fehrbelliner Platz vor. Keiner wurde dort nach seinen Personalien gefragt. Er war darum auch für uns geeignet. Wir mußten allerdings beim ersten Ton der Sirene aus der Wohnung stürzen, um rechtzeitig im Splittergraben zu sein.

Wir packten einen kleinen Koffer mit den wenigen Sachen, die uns wichtig schienen, und stellten ihn im Korridor bereit. Ich gebe zu, daß ich beim Dunkelwerden nervös wurde. Der Schock der Nacht, in der ich vom Höllenlärm der krachenden Bomben geweckt worden war, saß tief. Meine Mutter lachte mich aus. Im Brustton der Überzeugung sagte sie:

»Uns treffen die Bomben nicht.« Es war gut, daß wenigstens sie an etwas glaubte. Ich konnte es nicht und fürchtete mich. Jeden Abend um die gleiche Zeit horchte ich hinaus, und fast jeden Abend kamen sie auch – oftmals auf die Minute genau zur gleichen Zeit wie am Vorabend. Sobald ich den ersten Ton der Sirene vernahm, trieb ich meine Mutter und Tante Lisa an, die beide sehr langsam waren. Ich rannte ihnen voraus zum Splittergraben, der vor Bomben, wie sie die Engländer nun warfen, wahrhaftig keinerlei Schutz bot. Mit uns saßen fast jeden Abend die gleichen Menschen im Splittergraben. Sie sprachen nicht über den Krieg oder die Situation, sondern saßen nur da und warteten.

»Da haben wir ja noch einmal Glück gehabt.« Das war der Standardsatz, wenn wir uns nach einem Fliegerangriff voneinander verabschiedeten.

Auf den ersten schweren Angriff am 23. August 1943 folgten zunächst nur kleinere Angriffe, die die Berliner nervös machten. Ende November 1943 nahmen die Engländer die schweren Angriffe auf Berlin wieder auf.

»Ich habe nichts mehr.« Kätchen Schwarz, eine meiner Kundinnen, kam am Morgen des 23. November in das Geschäft.

»Die ganze Wohnung ist weg. Es ist nichts mehr da; es war auch nichts mehr zu retten. Ein Volltreffer.«

Käte Schwarz war die Frau eines Professors für römisches Recht an der Berliner Universität. Sie war eine schöne Frau mit einem sehr jungen Gesicht. Blond, blauäugig, mit klaren Gesichtszügen. In ihrer Art und in ihrer Kleidung war sie schlicht. Sie kam in den Laden, um mit »vernünftigen Menschen« zu sprechen. Auch wenn sie es nicht gesagt hätte, wußte ich, daß sie BBC hörte. Sie benutzte deren Formulierungen.

»Wie lange noch, wie lange noch?« fragten Frau Steinhausen, Frau Wiese, Frau Schwarz immer wieder. Die Männer dieser Frauen waren im Krieg. Aber sie alle wünschten die Niederlage herbei, um die Nazis loszuwerden.

An jenem Tag, an dem sie ausgebombt wurde, blieb Kätchen Schwarz länger als sonst im Geschäft. Sie wollte offensichtlich mit mir allein sein.

»Ich werde nach Ingolstadt ziehen«, sagte sie, »ich habe in Berlin nichts mehr. Dort scheint es mir sicherer. Ich habe da Familienangehörige.«

Ja, und dann druckste sie ein bißchen herum, bis sie plötzlich ansetzte: »Ach, Fräulein Inge, ich kenne Sie nun doch auch schon ganz gut. Ich weiß, wie Sie denken ...«, da kam wieder jemand zur Tür herein. Wieder wartete Kätchen Schwarz, bis er gegangen war. Schließlich kam es:

»Sie müssen mir helfen, Fräulein Inge!« Ich guckte erstaunt.

»Wenn ich aus Berlin weggehe, dann könnte jemand anders Schwierigkeiten haben.« Wieder hielt sie inne, als wollte sie noch einmal Mut schöpfen. Und wieder unterbrach sie eine eintretende Kundin. Wieder wartete sie, bis diese den Laden verlassen hatte.

»Inge, ich habe eine Jüdin versteckt. Könnten Sie ihr nicht von nun an an meiner Stelle helfen?«

Käte Schwarz sah mich forschend an. Ihr Gesicht verriet die Spannung, vielleicht auch ein klein wenig Angst.

Nach einigen Sekunden Schweigen lachte ich laut los. Nun schaute Kätchen überrascht und verwirrt.

»Wenn Sie nun schon so offen mit mir sprechen, dann muß ich Ihnen wohl die Wahrheit sagen – ich bin auch eine versteckte Jüdin.« Kätchen setzte sich vor Überraschung hin. Sie starrte mich völlig sprachlos an.

»Aber Fräulein Inge, warum haben Sie mir das nicht früher gesagt? Warum nicht? Ich hätte Ihnen doch auch geholfen.«

Ihre Worte überstürzten sich. Sie war ganz aufgeregt, geradezu begeistert. »Von nun an helfe ich Ihnen natürlich auch«, sagte sie entschlossen. »Was brauchen Sie?«

Ich erzählte ihr, wie es uns erging. Wir hätten beide Arbeit und verdienten damit, was wir für Miete und die wenigen Lebensmittel brauchten, die wir kaufen konnten, wie etwa rote Rüben oder Kohlrüben.

»Kann ich Ihnen mit Brot- und Fettmarken helfen?« fragte sie, und dann sehr energisch: »Sie werden jetzt jeden Monat von mir einen Brief mit Marken erhalten.«

»Aber Sie haben doch auch nicht viel«, wandte ich ein.

»Aber Inge, was reden Sie nur?! Und überdies, das soll doch nicht Ihre Sorge sein.« Und dann sah sie mich noch einmal fassungslos an.

»Warum haben Sie mir das nicht gesagt? Fast sehe ich darin einen Mangel an Vertrauen«, sagte Käte Schwarz.

Ich erklärte ihr, daß unsere Betreuer und wir selber der Meinung seien, daß es besser sei, wenn nur wenige unser Geheimnis wüßten. Die Garantie, daß es ein Geheimnis blieb, schien uns so eher gegeben.

»Vielleicht haben Sie recht«, meinte Kätchen, »aber nicht wahr, Inge, von nun an haben wir keine Geheimnisse mehr voreinander?! Sie sagen mir, wenn Sie etwas brauchen, und wenn ich irgendwie kann, werde ich Sie unterstützen.« Und dann, fast bittend: »Sie werden sich doch trotzdem um Lotte kümmern, ja?«

Lotte Eifert war groß und dunkel. Ich schäme mich, es zuzugeben, aber ich ging nicht gern neben ihr – sie sah meines Erachtens jüdisch aus, oder was man damals darunter verstand. Käte Schwarz hatte sie nur flüchtig gekannt. Gemeinsame Freunde hatten sie bei Kätchen untergebracht, als Lotte vor der Gestapo geflohen war. Kätchen brachte sie bei anderen Freunden unter, nachdem sie ausgebombt worden war. Schließlich meldete sich Lotte auf eine Anzeige, in der eine Hauslehrerin in Potsdam gesucht wurde. Sie erhielt die Stellung, verbunden mit einem Zimmer in dem noch bombensicheren Potsdam. Dort fühlte sie sich wohl und sicher, zumal sich herausstellte, daß der Vater der Kinder, die sie betreuen mußte, der SS angehörte.

Ausgebombt

»Nur keine Aufregung, es ist schon vorbei!« rief einer der Männer. Der Splittergraben hatte sich wie ein Schiff im Seegang aufgebäumt. Das Krachen war ohrenbetäubend. Es hatte offensichtlich dicht bei uns eingeschlagen. Die Holztür des Grabens schlug im Luftdruck hin und her. Grelle Blitze zuckten, der ganze Himmel war in Bewegung. Eine Farbenskala von Gelb zu Rot loderte über den schwarzen Konturen der Häuser, ab und zu durchbrochen von einer hochschießenden pechschwarzen Rauchgarbe. Ich saß eng an meine Mutter gepreßt und meinte, das Ausklinken der Bomben zu hören. Nur die eine, die wir nicht gehört hatten, war dicht bei uns niedergegangen.

»Die man nicht hört, die treffen«, erklärte uns ein Soldat. Er war auf Heimaturlaub von der Front in Berlin und gab offen zu, daß ein nächtlicher Bombenangriff in Berlin viel furchtbarer wäre als ein Tag an der Front.

Als der Bombenhagel abzuflauen begann, lugten einige vorsichtig aus dem Splittergraben. Ihr Bericht war niederschmetternd. Im näheren Umkreis schien alles zu brennen. Als endlich Entwarnung gegeben wurde, gingen wir in Richtung unseres Hauses, völlig überzeugt, daß es nicht getroffen wäre. Wir sahen mit einiger Genugtuung, daß das Oberkommando der Wehrmacht (OKW) und der SS-Komplex am Fehrbelliner Platz brannten. Empört registrierten wir, daß dort Löschzüge der Feuerwehr eingesetzt wurden, während die Wohnhäuser daneben niederbrannten. Natürlich reichten die Feuerwehren, die es damals noch in Berlin gab, nicht aus, um alle von englischen Bomben verursachten Brände zu löschen. Aber daß die wenigen zur Rettung von Akten der SS eingesetzt wurden, empörte nicht nur uns. Böse Worte fielen. In solchen Augenblicken kannten die Berliner keine Angst. Als wir uns unserem Haus näherten, stellten wir entsetzt fest, daß es auch dort im vierten Stock brannte.

»Eine Brandbombe, man könnte sie löschen«, meinten die Nachbarn. »Aber wir haben kein Wasser.« Der Versuch, es mit dem wenigen Wasser zu tun, das in einem Eimer neben einem Sack mit Sand vor der Tür einer jeden Wohnung zu stehen hatte, war geradezu lächerlich.

»Wir werden zusehen müssen, wie das Haus langsam niederbrennt.« Die Bewohner sagten es mit Bitterkeit.

»Also retten Sie alles, was Sie retten möchten«, riet einer dem anderen.

Ich lief zum Gebäude des OKW. Dort sah ich, wie Soldaten der Waffen-SS Akten schleppten.

»Ist es nicht wichtiger, uns zu helfen, unsere Habseligkeiten zu retten?« fragte ich mit aufsässigem Ton.

»Geh mit ihr«, sagte einer, der das Sagen zu haben schien. Ein junger Soldat, Auslandsdeutscher aus Ungarn, wie er mir verriet, kam mit mir. Ich bat ihn, mit in die Wohnung von Tante Lisa zu gehen. Wir wollten das Wichtigste auf die Straßen tragen. Kleinmöbel hätten Sinn, rieten die Nachbarn, die könne man überall brauchen. Wie unsere Nachbarn stellten wir alles einfach auf die Fahrbahn. Ein feiner Nieselregen fiel. Wir merkten es kaum. Wir schleppten, was wir konnten. Manchmal drückte mir der Soldat die Hand. Er bat mich, ihn am nächsten Abend zu treffen. Ich versprach es. Aber erst müßten wir die Möbel retten, sagte ich. Das Feuer breitete sich langsam aus. Die brennenden Balken begannen herunterzustürzen. Das Eindringen ins Haus wurde gefährlich. Der junge Soldat rettete noch Tante Lisas Ohrensessel. Als das Feuer sich durch die Decke in Tante Lisas Wohnung gefressen hatte, standen wir hilflos und stumm. Es war der 30. Januar 1944, drei Uhr nachts und kalt. Als meine Mutter eine Matratze auseinandernehmen wollte, um sich daraufzusetzen, schlug ihr eine Stichflamme entgegen, die sich nur mühsam löschen ließ. Phosphor hatte sich offensichtlich an der Luft entzündet. So standen wir auf der Straße, die von den Feuern grell erleuchtet war, und wußten nicht, was wir tun sollten.

»Was soll ich denn eigentlich mit den Möbeln machen?« fragte Tante Lisa. Es schien plötzlich völlig irrsinnig, sie gerettet zu haben. Einen Möbelwagen, um sie abzufahren, würde sie sicher nicht bekommen. Ließ man die Möbel auf der Straße, würden sie verschwinden. Die Nachbarn, die wir vorher nicht gekannt hatten, waren der gleichen Meinung.

»Laßt uns zur NSV gehen, die müssen uns helfen.« Tante Lisa ging mit. Wir blieben bei den Möbeln. Langsam begriffen wir, daß wir unser Obdach verloren hatten. Aber noch kamen wir nicht recht zur Besinnung.

»Da müßt ihr auch hingehen«, meinte Tante Lisa, als sie von der NSV zurückkam. »Dort herrscht völliges Chaos, das muß man ausnutzen.« Sie grinste hämisch. »Sie geben jedem, der da sagt, daß er ausgebombt sei, zu essen und verteilen Lebensmittelmarken für die nächste Woche.«

Wir gingen sofort. Es war genau so, wie Tante Lisa gesagt hatte. Ella und Inge Richter wurden als Bombengeschädigte aus dem Hause Sächsische Straße 26 eingetragen. Wir nahmen die kostbaren Lebensmittelmarken in Empfang. Man empfahl uns, gut zu frühstücken. In einem improvisierten Eßsaal gab es unbegrenzt Bohnenkaffee und Stullen, die dick mit Wurst belegt waren. Wir sollten zu Mittag wiederkommen, was wir auch taten. So gut hatten wir lange nicht gegessen. Als »Ausgebombte« erhielten wir Dinge, die sonst nirgends mehr aufzutreiben waren.

»Sie haben Angst vor uns«, flüsterte jemand, »in Hamburg haben Ausgebombte gegen die Regierung rebelliert.«

Mit den Möbeln, die nun auf der Straße standen, wußte auch die NSV nichts anzufangen. »Die Volksgenossen werden sie bestimmt nicht stehlen«, hieß es tröstend. Das war alles.

Am frühen Morgen erschien Walter Rieck; er hatte von den Verwüstungen in der Gegend des Fehrbelliner Platzes gehört. Frau Jenny Rieck war mit der Tochter zunächst nach Bayern gezogen, während Walter Rieck, den geschäftliche Pflichten in Berlin hielten, in einer Siedlung bei Potsdam Asyl gefunden hatte. Diese Siedlung »Eigenheim« war eine Arbeitersiedlung gewesen. Es waren meist Einfamilienhäuser mit einem kleinen Gemüsegarten, nahe der Hauptstraße von Potsdam nach Rehbrücke gelegen. Vater Hentze, der den Riecks das Dachzimmer in seinem Haus zur Verfügung gestellt hatte, war Finanzbeamter. Er war seit 1933 nicht mehr befördert worden, denn er hatte sich geweigert, in die NSDAP einzutreten.

»Na, dann eben nicht«, sagte er, der keine politische Vergangenheit, wohl aber ein Gewissen hatte. »Besser, als sich mit Verbrechern arrangieren zu müssen.«

Als die Riecks in Berlin ausgebombt worden waren, stellte er ihnen eine kleine Wohnung im Nachbarhaus zur Verfügung, die seiner verheirateten Tochter gehörte. Da ihr Mann als Soldat vermißt war, brauchte sie ohnehin nicht so viel Platz, meinte er. Mit Rieck zog auch dessen Untermieterin Charlottchen, eine junge Filmschauspielerin, nach Potsdam.

»Ihr kommt erst mal alle drei mit nach Potsdam«, sagte Rieck, als er die Bescherung sah. »Ihr müßt erst mal schlafen. Dann werden wir weitersehen.«

»Aber die Möbel?«
Er machte eine wegwerfende Handbewegung. Tante Lisa nickte nur. »Kommt!« sagte sie sehr energisch.

Wir waren völlig erschöpft, so daß wir schon auf der Fahrt in der S-Bahn einschliefen. Auf den Haaren hatte sich dicker schwarzer Ruß abgesetzt. Unsere Gesichter waren grau vom Staub und unsere Kleider vom Wasser fleckig und von Funken angesengt. Alles roch nach Rauch. Rieck brachte uns drei zunächst in der kleinen Wohnung unter. Er selbst ging zurück in das Dachzimmer, wo Charlottchen untergebracht war. Wir waren viel zu müde, um das zu registrieren.

Wir brauchten einige Tage, um zur Besinnung zu kommen. In der Wohnung konnten wir nicht bleiben; soviel stand fest. Rieck schlug vor, wir sollten uns in der Siedlung ganz ungeniert um ein Domizil bemühen. Niemand würde mißtrauisch werden, wenn wir uns dort nicht polizeilich meldeten. Kein Berliner tat das, denn dann verlor er seine Sonderzuteilungen, die nur den von Bomben bedrohten Städtern zustanden.

Mit Hilfe von Hentzes fanden »die Richters« – so hießen wir nun überall – eine kleine Hütte auf einem Grundstück Ravensbergweg 4, das einer Frau Fabig gehörte. Diese Hütte war einmal ein Ziegenstall gewesen, kombiniert mit einer Waschküche.

»Ja, wenn Sie glauben, daß Sie da wohnen können ...« Die weißhaarige Frau mit den verarbeiteten Händen und dem eckigen Gesicht lachte freundlich.

»Ach, lieber in einer weniger komfortablen Wohnung als in Berlin.«

»Ich glaube es Ihnen«, sagte Frau Fabig, »wir sehen ja oft von hier, wie es brennt.«

Wir wurden handelseinig. Das Häuschen war solide aus Stein gebaut mit Zementfußboden und festem Dach, einem Fliegenfenster und Holztüren. Eine Heizung gab es nicht. Auf dem Herd aus roten Ziegeln, auf dem früher der kupferne Waschkessel gestanden hatte, konnten wir kochen, und wir hofften, daß er auch ein wenig wärmen würde. Der eigentliche Stall wurde unser Schlafzimmer. Gutmütige Nachbarn, von Frau Fabig ermuntert, brachten alte Möbel für die ausgebombten Berliner. Wir fanden, daß wir ein großartiges Asyl gefunden hätten, denn da es als nicht bewohnbar galt, war es auch dem Wohnungsamt nicht gemeldet.

Frau Fabig, Witwe eines Bauarbeiters, hatte natürlich keine Ahnung, wem sie da Asyl gewährte. Wir zahlten ihr eine geringfügige Miete und waren überdies oft bei ihr im Haus zum Kartenspielen oder zum Schwatzen.

Meine Mutter stellte sich wie so oft als Witwe eines Studienrates vor. Wir galten bald in der ganzen Siedlung als vorbildliche arbeitsame Mitmenschen. Jeden Morgen fuhren wir nach Berlin zur Arbeit. Alles schien vollkommen in Ordnung. Daß wir Lebensmittel und selbst Kohlen, die ich aus den Kellern ausgebombter Häuser oft unter Lebensgefahr stahl, aus Berlin mitbrachten, schien nicht weiter verwunderlich, waren wir doch angeblich in Berlin gemeldet. Im nahen Wald der Siedlung »Eigenheim« sammelten wir Brennholz. Es war grün und brannte schlecht. Wichtiger noch waren die Pilze, die im Herbst unsere häufige Nahrung wurden. Bald waren wir Experten auf diesem Gebiet und produzierten delikate Mahlzeiten. Leider war die Saison nur kurz. Einmal durch einen Wald gehen können, ohne etwas zu suchen ... Dieser Wunsch schien damals unerfüllbar.

Manchmal standen wir nachts auf, um von unserem sicheren Port aus das von englischen Bombern in Brand gesteckte Berlin zu sehen. Die Angriffe wurden häufiger und heftiger. Sie richteten gewaltige Schäden an. Ganze Straßenzüge waren nur noch Trümmer und Ruinen. Die Menschen fürchteten sich vor den Nächten, aber ihre Moral brach nicht. Ihre Wut gegen die Angreifer nahm zu, weil die Zerstörungen so sinnlos erschienen. »Ja, wenn sie wirklich kriegswichtige Ziele angriffen, aber Wohnviertel ...«, hörte man.

Grete und Ostrowski hatten Berlin verlassen. Ihre Wohnung war ebenfalls ausgebombt. Sie lebten in Calau, einer Stadt in der Lausitz, wenige Stunden von Berlin entfernt. Einmal in der Woche kamen sie nach Berlin, »besuchten« mich in ihrem Laden, prüften die Kasse und freuten sich, daß alles in Ordnung war. Dann fuhren sie in ihr vor Bomben sicheres Domizil zurück.

»Es kann ja nicht mehr lange dauern ...« Dieser Satz war so stereotyp, daß ich ihn bald nicht mehr hören konnte. Ich war zu jener Zeit absolut selbständig im Geschäft. Die Kontakte zu den Geschäftsleuten der Nachbarschaft hatte ich langsam, aber stetig gefestigt. Außerdem hatte ich begonnen, Ware zu besorgen, was seit Jahren nicht mehr geschehen war, weil Grete das Geschäft nicht mehr interessierte. Auch wenn ich nur Briefpapier schlechtester Qualität zu verteilen hatte, konnten Kunden damit gehalten werden.

Eines Tages stand Hans vor mir. Wir sahen uns nicht oft. Er erhielt nur »Ausgang«, wenn er etwas für die Gestapo zu besorgen hatte. Das war nun seine Hauptaufgabe.

»Viele Grüße von Walter Skolny«, sagte er.

Ich verstand sofort. Skolny hatte wie ich illegal gelebt. Er war von der Gestapo geschnappt worden. Ein jüdischer Spitzel hatte ihn verraten. Hans ließ mir nicht viel Zeit, über diese gemeine Tat nachzudenken.

»Hier, das sind die Schlüssel zu der Wohnung, in der Walter ein Zimmer hatte. Versuch bitte, die Schwarzmarktware aus dem Hause zu schaffen, bevor die Gestapo kommt.«

Walter Skolny hatte keine Freunde gehabt, die ihn hätten verstecken können. Er hatte versucht, diesen Mangel mit Geld auszugleichen. Schwarzmarktgeschäfte verhalfen ihm dazu. Das war einige Zeit gutgegangen. Die Vermieterinnen fragten nicht näher, wenn sie entsprechend entlohnt wurden, und das noch von einem so gut aussehenden jungen Mann. Walter hatte mit einem Mann, den er nicht kannte, ihm jedoch vertraute, ein Geschäft abgeschlossen. Am nächsten Morgen war dieser mit der Gestapo zum Treffpunkt gekommen. Walter hatte zu flüchten versucht, aber eine Pistolenkugel in sein Bein hatte das verhindert. Nun fürchtete er, die Gestapo würde seine Schwarzmarktware finden und ihn dafür besonders hart strafen.

Hans beschrieb mir, wie ich das Zimmer finden könnte, ohne die Wirtin aufzuschrecken, und drängte: »Bitte, tue es bald; sonst ist es zu spät.« Ich sollte die Waren in einem Koffer, den ich im Zimmer finden würde, zu einer Frau Grüger in der gleichnamigen Bäckerei, Droysenstraße 10, bringen.

Am gleichen Abend konnte ich nichts mehr unternehmen. Nach Geschäftsschluß mußte ich mich beeilen, noch vor Dunkelheit nach Potsdam zu gelangen, bevor »die Engländer kamen«. Am nächsten Morgen stand ich früher auf als sonst, fuhr zum Lehniner Platz, öffnete in einer Seitenstraße eine Haustür, stand vor der mir angegebenen Wohnungstür, horchte auf Stimmen oder andere Geräusche in der Wohnung, schloß vorsichtig auf und schlich mich in die Richtung des Zimmers von Walter, wie Hans angegeben hatte. Das Herz klopfte mir bis zum Hals, als ich den Schlüssel in das Türschloß steckte. Es konnte die falsche Tür sein. Es war dann doch die richtige. Ich sah mich um, öffnete die Schränke – Speckseiten, Seidenstrümpfe, Alkohol, Kaffee. Mir schwindelte. Dinge, die ich seit Jahren nicht gesehen hatte. Wie betrunken warf ich alles in einen Koffer. Ich hatte keine Zeit zum Nachdenken. Der Koffer war schwer. Ich schleppte mit fast übermenschlicher Kraft. Der Schweiß stand mir auf der Stirn. Als ich die Wohnung ungesehen verlassen hatte, wurde ich ruhiger. Auf der Straße erkannte ich, daß der Koffer zu schwer für mich war. Aber ich mußte es schaffen. Zum Glück war es nicht weit bis zur Droysenstraße.

In der Bäckerei stand eine Frau hinter dem Ladentisch. Sie sah mich prüfend an.

»Frau Grüger?« fragte ich. Die kleine Frau mit sehr hellen Augen über slawischen Backenknochen blickte lauernd.

»Ich bringe Ihnen Grüße von Walter«, sagte ich sehr langsam. Nun schaute sie erstaunt.

»Ich habe ihn lange nicht gesehen«, erwiderte sie vorsichtig. Ich erzählte schnell, was sich zugetragen hatte. Ihre Augen füllten sich mit Tränen.

»Ich habe ihm hundertmal gesagt, er soll vorsichtiger sein. Nein, so ein Unglück, so ein Unglück. Diese Schweine.« Sie weinte. Dabei zerknüllte sie ihr Taschentuch in der Hand, als hätte sie einen der Schuldigen gefaßt. Plötzlich sah sie mich an: »Wer sind Sie eigentlich?«

Ich sagte es ihr. Sie hörte ruhig zu. Dann bestimmte sie: »Von nun an werde ich Ihnen helfen. Sie werden Walters Platz bei mir einnehmen.« Und schon ergriff sie eine Tüte, warf Brötchen und Kuchen hinein, ohne zu zählen, und sagte: »Kommen Sie ungeniert, wann immer Sie etwas brauchen. Kommen Sie! Versprechen Sie mir das?« Sie weinte von neuem. Ein Angestellter mußte an ihrer Statt im Laden bedienen. Sie zog mich ins Zimmer hinter dem Laden.

»Wie ist das alles furchtbar«, schluchzte sie und erzählte, daß in der Backstube ein jüdischer Freund versteckt sei, der Rechtsanwalt Dr. Hans Münzer.

Er wagte sich überhaupt nicht mehr hinaus aus Angst, von der Militärpolizei, den im Berliner Volksmund so genannten »Kettenhunden«, nach seinen Papieren gefragt zu werden. Es gab schon viele Deserteure. Frau Grüger schimpfte und weinte abwechselnd vor sich hin.

»Was diese Schweine angerichtet haben...« Diese energische Frau äußerte ihren Haß auf die Nazis ohne jede Vorsicht.

»Jawohl, jeden Morgen lege ich Brot und Brötchen an den Baum vor der Tür für die Kriegsgefangenen, die sie regelmäßig hier vorbeiführen. Sie müßten sehen, wie die sich daraufstürzen, die armen Kerle.«

Nein, Angst kannte sie nicht, die Bäckersfrau. Ihr Mann, still und scheu – so ganz anders als seine Frau – teilte ihre Einstellung.
»Ja, das sind Verbrecher«, er sagte es langsam, aber sehr bestimmt.
Als Hans wiederkam, berichtete er, daß die Gestapo nichts mehr in der Wohnung von Walter vorgefunden hätte, außer einer völlig überraschten Wirtin, die keine Ahnung gehabt hatte, wem sie da Asyl gewährt hatte. Die Gestapo muß kurze Zeit nach mir in der Wohnung gewesen sein. Walter war dankbar, ließ mich grüßen und hoffte, mich bald wiederzusehen.
Der Verlauf des Krieges ließ in der Tat solche Hoffnungen berechtigt erscheinen. Der Rückzug an der Ostfront wurde längst nicht mehr bekanntgegeben, wie zuvor etwa der Fall von Stalingrad, als Totenehrungen und offizielle Trauerfeiern abgehalten worden waren. Die amtliche Propaganda bemühte sich krampfhaft, im Volk den Glauben an den Sieg zu erhalten. Deutschland würde und mußte siegen – »Was soll denn sonst aus uns werden?« fragten einige meiner Kunden, die keine Nazis waren, aber berechtigte Angst hatten, am Ende doch mit den Nazis identifiziert zu werden, wenn der Krieg für Deutschland verlorenginge.
Wie verheerend die deutschen Verluste an der Front wie auch durch Bombenangriffe in der Heimat waren, erfuhren wir vom englischen Sender. Inzwischen hatten auch die Amerikaner begonnen, Berlin zu bombardieren, und zwar bei Tage. Ihre Angriffe waren vielleicht noch wirksamer, da sie den Produktionsprozeß unmittelbar trafen. Solche Angriffe schienen oft den Tag zur Nacht zu machen, so schwarz zog der Rauch der Brände über die Stadt. Die wenigen Autos, die Fahrerlaubnis hatten, wurden von aufgebrachten Menschen angehalten, um mitgenommen zu werden. Pferdegespanne waren ebenso selten. Einmal stand ich auf einem solchen Fuhrwerk, das durch die zerstörte Friedrichstraße rollte. Ein alter Klepper, dessen Rippen unter dem Fell sichtbar waren, zog den Wagen langsam voran. Da sah ich am Bordstein einen Mann sitzen. Er war von Schutt und Mörtel bedeckt und hielt den Kopf in den Händen. Zwischen seinen Fingern rieselte Blut hervor. Offensichtlich war er verschüttet gewesen. Er bat und bettelte um Hilfe. Niemand beachtete ihn. Ich sprang von meinem Fuhrwerk. Der Kutscher hielt seinen Gaul an. Widerwillig half er mir, den Mann auf das Gefährt zu schleppen.

»Jetzt müssen wir auch noch am Krankenhaus vorbei«, murrte der Kutscher böse und schlug auf sein Pferd ein, das plötzlich laufen konnte. Am Straßenrand waren noch mehr solcher Gestalten aufgetaucht.

Bei Tagesangriffen versuchte ich, einen der Bunker zu erreichen, dessen Türme, von denen Flak die angreifenden Flugzeuge beschoß, aus Beton bestanden und darum als sicher galten. In diesen Bunkern war von den Angriffen selbst nichts zu hören. Nur das Schwanken dieser Kolosse durch den Luftdruck der gewaltigen Detonationen wurde spürbar. Was die Bomber angerichtet hatten, sahen wir erst nach der Entwarnung, wenn wir wieder ans Tageslicht durften. Bei solchen Gelegenheiten sorgte ich mich besonders um meine Mutter, die in einem anderen Stadtteil arbeitete. Telefonieren war oft nicht möglich, denn auch das Telefonnetz war zum Teil lahmgelegt. Dann kamen Gerüchte auf.

»Im Wedding haben sie furchtbar gehaust...« – »Sehen Sie doch, wo die Feuer stehen, das muß Steglitz sein...« Und so ging es weiter. Wenn ich nach einem solchen Angriff von meiner Mutter nichts gehört hatte, eilte ich voller Unruhe und Angst nach Potsdam. Einmal aber war es kein Angriff, der mich die Sekunden zählen ließ, bis ich den Laden schließen konnte. Und dann hatte ich mindestens noch eine Stunde Fahrt bis Potsdam. Hans hatte mich im Laufe des Nachmittags angerufen und gefragt, wo meine Mutter sei. Ich antwortete arglos: »Wie immer, bei Görner.«

»Da muß etwas passiert sein!«

»Ja, was denn, um Gottes willen?«

»Ich weiß es nicht«, sagte Hans. »Ich weiß nur, daß dort etwas geschehen ist.« Ich war völlig verzweifelt. Wie ich die Stunden bis zum Ladenschluß überstand, weiß ich nicht mehr. Von der Station lief ich in unsere Straße und rief schon von weitem nach meiner Mutter. Als sie ganz überrascht am Gartentor erschien, brach ich in hemmungsloses Weinen aus. Die Spannung war zu groß gewesen.

»Warum hast du mich nicht angerufen?« fragte ich sie vorwurfsvoll.

»Ich konnte ja nicht ahnen, daß du davon hören würdest«, sagte meine Mutter mit einem berechtigten Vorwurf an die Adresse von Hans, der seine Frage gewiß gut gemeint hatte.

Was war geschehen? Am Vormittag hatte Görner meine Mutter plötzlich rufen lassen und ihr gesagt:

»In wenigen Minuten wird die Gestapo hier sein. Benehmen Sie sich ganz natürlich, damit Sie keinen Verdacht erregen. Es betrifft Sie nicht.«

Er hatte kaum ausgesprochen, da schwirrten die Gestapobeamten bereits im Hause herum. Sie verlangten, daß die Betriebsangehörigen versammelt würden. Meine Mutter stand »harmlos« bei ihren Kollegen. Sie hatte zwar noch überlegt, ob sie über die Hintertreppe verschwinden sollte, aber dann entschied sie sich glücklicherweise dagegen. Der Hinterausgang war von der Gestapo genauso besetzt worden wie der Haupteingang. Als die Belegschaft versammelt war, trat einer der Gestapobeamten vor und erklärte, daß der Betrieb geschlossen würde. Görner habe sich wie ein Volksfeind benommen. Er habe vor Jahren ein halbjüdisches Kind adoptiert und nun versucht, für dieses Kind einen Platz an einer höheren Schule zu erhalten. Eine solche Handlung grenze an Landesverrat. Auf jeden Fall aber sei sie eine Mißachtung der deutschen Rassegesetze. Wenn Görner schon einen solchen Bastard in seinem Haus dulde, dann sei es noch immer nicht rechtens, daß er eine deutsche Schule damit belaste und deutschen Kindern zumute, neben einem jüdischen Kind zu sitzen.

Görner persönlich geschah nichts. Sein Betrieb wurde geschlossen. Das war fatal, denn meine Mutter war nun arbeitslos. Wie konnten wir in unserer Nachbarschaft begründen, daß sie nicht mehr arbeitete? Zu jener Zeit waren alle Frauen bis zum Alter von 55 Jahren dienstverpflichtet. Wir kamen überein, zunächst einen Monat Betriebsferien aus Mangel an Material anzugeben; eine damals plausible Erklärung. Gelegentlich kam meine Mutter mit mir nach Berlin, um mir das Kohlenschleppen abzunehmen.

Einmal, als wir mit der S-Bahn unterwegs waren, setzte sich ein Soldat uns gegenüber. Er ließ mich nicht aus den Augen. Schließlich beugte er sich vor und fragte:

»Sind Sie nicht Inge Deutschkron?« Ich sah ihn erstaunt an und verneinte überrascht und sicher. Ich wußte wohl, daß es Helmut Wende, der ehemalige Schwiegersohn von Jenny Rieck, war. Meine Mutter meinte: »Ach, der Herr hat dich wohl verwechselt?« Während der Soldat offensichtlich verwirrt um Entschuldigung bat, näherten wir uns zu unserer Erleichterung einer großen Umsteigestation, auf der wir leicht verschwinden konnten. Wir ergriffen unsere Taschen und stiegen aus. Vielleicht war Helmut Wende kein Nazi, vielleicht sogar ein Gegner, aber wir konnten nicht riskieren, unsere Identität preiszugeben.

Noch mehr Glück hatten wir bei einer anderen Fahrt mit der S-Bahn. Am Bahnhof Zoo stiegen zwei Männer ein. Sie gingen vom vorderen Teil des Wagens nach hinten durch und riefen den Reisenden zu, ihre Ausweise für eine Kontrolle bereitzuhalten. Wir hatten Glück und standen im vorderen Teil des Wagens. Während die Männer am anderen Ende mit der Kontrolle begannen, fuhr der Zug bereits im Bahnhof Tiergarten ein. Noch ehe er hielt, sprangen wir ab und eilten die Treppe des Bahnhofs hinunter. Meine Mutter war solchen Situationen nicht gewachsen. Sie war kreideweiß und völlig atemlos.

Was nun? Natürlich konnten wir nicht sofort auf den Bahnsteig zurückkehren, obwohl wir keine andere Möglichkeit hatten, als mit der S-Bahn nach Potsdam zu fahren. Wir machten uns also zu Fuß zur nächsten Bahnstation Bellevue auf. Es war kein leichter Weg, weil wir nicht sicher sein konnten, ob wir nicht noch einmal in die gleiche Kontrolle gerieten. Wir stiegen dennoch wieder in die S-Bahn, wagten aber nicht, uns hinzusetzen. An jeder Station blickten wir gebannt hinaus, bereit, noch im letzten Moment abzuspringen. Wie erleichtert waren wir, als wir vom Bahnhof Grunewald abfuhren. Bis zur nächsten Station Nikolassee hatten wir acht Minuten Zeit, uns zu erholen. Wir hatten Glück.

Menschliches, Allzumenschliches

Vor mir standen Dr. Ostrowski, Grete und eine Dame, die als Schwester eines Freundes von Ostrowski bezeichnet wurde. Es war höchst ungewöhnlich, daß Grete und Ostrowski so unvermutet mitten in der Woche nach Berlin kamen. Ein ungutes Gefühl überkam mich. Ostrowski ging sofort in den kleinen Raum hinter dem Laden. Ich mußte ihm folgen. Grete begann, der Dame Einzelheiten des Geschäftes zu erklären. Ziemlich barsch wandte sich Ostrowski mir zu:

»Du, hör mal, wir können dich hier nicht länger beschäftigen. Das ist zu gefährlich geworden.«

Ich erstarrte. Bisher war alles ohne Schwierigkeiten verlaufen. Ich hatte fast 18 Monate in Gretes Geschäft gearbeitet, als wäre dies das Natürlichste von der Welt, hatte Schreibpapier verkauft und Bücher ausgeliehen, hatte »Heil Hitler« gesagt und auch »Guten Tag«. Das Geschäft war für mich wichtig. In ihm war ich untergebracht und brauchte nicht auf der Straße herumzulaufen, auf der immer Gefahren lauerten, Polizeikontrollen oder Spitzel. Ich hatte mich auch mit den benachbarten Lebensmittelhändlern angefreundet, deren Bekanntschaft mir unsere Versorgung erleichtert hatte. Das sollte zu Ende sein. Ich war wie versteinert.

»Was ist geschehen?« Ich brachte die Worte nur mühsam über die Lippen.

»Gott sei Dank bisher noch nichts«, erwiderte Ostrowski streng, »aber es kann sehr bald etwas geschehen. Man führt jetzt Kontrollen durch.«

Und er erklärte mir, daß diese Kontrollen angeblich Frauen unter 55 Jahren galten, die sich der gesetzlichen Pflicht, in den Rüstungsfabriken zu arbeiten, bisher erfolgreich entzogen hatten. Ich war viel zu verwirrt, um das alles zu verstehen. Mir waren die Gründe gleichgültig. Die Tatsache, daß ich nun ohne Arbeit sein würde, überschattete alles andere.

»Was soll ich jetzt nur machen?« fragte ich sehr niedergeschlagen.

Ich wußte nur zu gut, daß ich mich nicht längere Zeit in unserem Ziegenstall aufhalten konnte, ohne in unserer kleinen Siedlung Verdacht zu erregen. Ich fragte das einen Menschen, in dem ich bisher einen Helfer gesehen hatte. Ich spürte zum ersten Mal, daß es ihm gleichgültig war, was aus mir wurde. Er erklärte, der Krieg würde sehr bald zu Ende sein, und er könnte es sich nicht leisten, ein Risiko einzugehen, er müsse überleben. »Das ist alles nur eine Frage von Wochen«, fügte er hinzu. Es war Herbst 1944.

»Wie oft habe ich das nun schon gehört«, muckte ich das erste Mal auf, »bis dahin werden wir wohl verrecken!«

»Was bist du undankbar! brauste Ostrowski auf. »Ich verstehe gar nicht, wie du dich anstellst.« Und noch einmal erklärte er, daß er in einer kommenden Regierung eine so wichtige Rolle spielen würde, daß er sein Schicksal nicht von mir abhängig machen könnte. Den Tränen sehr nahe, versicherte ich ihm, daß ich seine bisherige Hilfeleistung für uns nicht unterschätzte. Aber ich wüßte nicht weiter. Meine Mutter sei bereits ohne Arbeit und könnte nichts anderes tun, als im Park von Sanssouci spazierenzugehen, was auch nur noch bis zum Anbruch des Winters möglich sein würde.

»Na, dann gehst du eben an der Havel spazieren«, sagte Ostrowski und lachte auf. Es klang hämisch. Ich hatte das Gefühl, daß etwas in mir zerbrach. Dieser Mann hatte uns geholfen. Das war ihm sicherlich ein Bedürfnis gewesen. Es war seine einzige Möglichkeit, der Opposition gegen Hitler Ausdruck zu geben. Dann, als die Niederlage Hitlers offenbar wurde, dachte er nur noch an die Zeit »danach«. Gelegentlich hatte er uns gefragt: »Na, ihr werdet doch nach dem Krieg nicht vergessen, was wir für euch getan haben?«

Meine Mutter hatte das immer hoch und heilig geschworen. Da das Ende nun schon in Sicht war, gab es für ihn nur noch eines, was wichtig erschien: seine eigene Person.

Ich faßte mich schnell und sagte kurz: »Auf Wiedersehen«, nahm meine Sachen und floh förmlich aus dem Laden. Ich fuhr sofort nach Potsdam. Meine Mutter war schon zu Hause. »Du kommst so früh?« Sie fragte es sorglos und redete weiter: »Das Essen ist noch nicht fertig; es gibt Pilze.« Für uns war der Herbst die beste Zeit des Jahres, in der wir fast täglich im nahen Wald Pilze sammelten. Sie schmeckten nicht nur gut, sie waren auch nahrhaft. Die Sorglosigkeit meiner Mutter war Ausdruck einer gewissen Sicherheit, die wir inzwischen erlangt hatten. Alles war bisher über Erwarten gutgegangen. Ich begann zu weinen und berichtete ihr, was geschehen war.

»Ostrowski wird schon wissen, was er tut«, meinte meine Mutter. Ihr Vertrauen in diesen Mann war grenzenlos. »Du darfst nicht undankbar sein«, schalt sie mich, als ich Zweifel an ihm äußerte. Ich begriff nicht, wie er mich hatte fortschicken können, ohne auch nur Möglichkeiten zu überlegen, was ich weiter tun könnte.

»Ich war nichts anderes als eine billige Aushilfe, der ein Pfund Butter, das er auf dem Land billig erstand, als Monatsgehalt viel wert war.«

Meine Mutter verstand meine Empörung nicht. »Wir werden nun gemeinsam im Park von Sanssouci spazierengehen«, meinte sie, froh, nun nicht mehr allein herumlaufen zu müssen, »vielleicht hat Ostrowski recht, und es dauert wirklich nur noch ein paar Wochen.«

Pünktlich wie jeden Morgen gingen wir nun anstatt zur Arbeit mit einem Buch in der Tasche in den Park von Sanssouci. Zunächst genoß ich es, unter den alten Bäumen spazierenzugehen. Dort konnte man sich in eine andere Welt versetzt glauben. Die herrlichen Gärten mit den bunten Blumenrabatten waren gepflegt wie eh und je. Das Schloß und seine Dependancen standen unberührt da; ein Stück heile Welt im Chaos der letzten Kriegsmonate. Nur einige ältere Leute gingen wie wir in den schattigen Alleen spazieren und hörten dem Vogelgezwitscher zu. Wenn es regnete, besichtigten wir in aller Ruhe das Schloß. Manchmal gab es Fliegeralarm. Aber das schreckte uns nicht. Wir gingen zwar in die Nähe des Luftschutzkellers, der einst dem Alten Fritz als Weinkeller gedient hatte; wir betraten ihn jedoch nie. Damals waren wir noch so sicher, daß Potsdam nicht bombardiert würde. Der Alarm galt meist einem Angriff auf die nahe Stadt Berlin. Als wir uns wieder einmal in die Nähe des Luftschutzkellers begaben, sah ich eine Gruppe von Männern in mir unbekannter Uniform. Zwei deutsche Soldaten mit dem Gewehr über der Schulter begleiteten sie. Ich war neugierig und ging näher heran.

»Inge, sei vorsichtig«, rief meine Mutter. Sie hatte bereits erkannt, daß es kriegsgefangene englische Offiziere waren. Ich ging näher an sie heran, hörte sie englisch sprechen, und dann war mir alle Gefahr gleichgültig. Ich sprach einen von ihnen auf englisch an. Er war vorsichtiger als ich und sah sich nach den deutschen Wachen um, bevor er mir erzählte, daß sie in einem Kriegsgefangenenlager in der Nähe von Sanssouci untergebracht seien. Einer der deutschen Soldaten schaute zu uns herüber, ohne jedoch einzugreifen. Es kümmerte mich nicht. Ich überschüttete den Engländer mit Fragen, wann der Krieg zu

Ende sein würde, was dann käme. Die anderen Engländer schauten belustigt zu. Meine Mutter hielt sich abseits und gestikulierte, entsetzt über meine Unvorsichtigkeit. Mein Gesprächspartner erkannte die Gefahr.

»Kommen Sie, stellen Sie sich in meine Nähe. Ich werde mit einem meiner Kameraden ein Gespräch führen, das auf Ihre Fragen Antwort gibt. Tun Sie so, als hörten Sie uns nicht zu«, flüsterte er. So geschah es. Es könne sich nur noch um Monate handeln, meinten die englischen Offiziere übereinstimmend. Sie waren über das Kriegsgeschehen genau orientiert. Und dann sagte er: »Wir werden die Fehler von Versailles nicht wiederholen.« Und ein anderer fügte hinzu: »Das hat nur Hitler an die Macht gebracht«, und, »wie schade, daß Sie sich nicht selber von Hitler befreien konnten.« Ich hielt es nicht länger aus und erzählte, daß ich Jüdin sei und versteckt lebte. Ich sprach von meinem Vater in England, aber mir wurde während meiner hastigen Worte klar, daß das alles sehr unglaubhaft klingen mußte. Wir hatten keine Zeit mehr, Namen auszutauschen. Die Luftschutzsirenen gaben Entwarnung. Die Soldaten trieben die englischen Offiziere zum Weitergehen an. Wir winkten uns noch mit den Augen zu.

Tagelang sprach ich von nichts anderem als von dieser Begegnung mitten im Krieg, die uns ermutigt hatte. Irgendwie begannen wir, uns sicherer zu fühlen. Es war, als sei das Ziel schon sichtbar.

Eines Abends klopfte es an der Holztür unseres Ziegenstalls. Walter Rieck trat rasch ein. Der große Mann wirkte im Dämmerlicht des frühen Dezemberabends ganz verfallen. Sein Gesicht war fahl, seine Lippen blutleer, die Augen waren gerötet. Seine Arme hingen schlaff herab. Er setzte sich schwer, nahm den Hut ab und nach ein paar Sekunden sagte er mit heiserer Stimme:

»Hört mal, ich mußte heute vor der Gestapo in Potsdam erscheinen«, und nach einer kurzen Atempause: »Sie fragten mich, ob es richtig sei, daß ich zwei Jüdinnen verstecke.«

»Um Gottes willen, woher kommt denn das?« Meine Mutter war aufgesprungen. Entsetzt schlug sie die Hände vors Gesicht. Ich war wie gelähmt. Wer konnte in Potsdam einen solchen Verdacht hegen?

»Es muß wohl eine Denunziation sein«, sagte Rieck sehr langsam und wandte sein Gesicht dem Fenster zu. »Es schien mir, als glaubte die Gestapo die Geschichte auch nicht so recht, sonst hätten sie wohl nicht so komisch gefragt«, überlegte er laut. Wir waren viel zu erschrocken, um daraus irgendwelche Folgerungen zu ziehen.

»Wir müssen sofort weg von hier«, rief meine Mutter, »aber wohin nur? Wohin nur?« fragte sie voller Angst. Es war klar, daß wir uns in Gefahr befanden, auch wenn Rieck vorsichtig meinte, daß die Gestapo der Denunziation wenig oder gar keine Bedeutung beizumessen schien. Wir mußten damit rechnen, daß sie der Anzeige nachgehen würden. Rieck stimmte zu, daß es besser wäre, wenn wir wenigstens für eine kurze Zeitspanne verschwinden könnten. Er saß und sann mit uns darüber nach, wohin.

»Da wäre die Wohnung von den Linkes«, sagte er langsam. »Warum eigentlich nicht?« Karl Linke, ebenfalls ehemaliger Sozialdemokrat und Rektor einer weltlichen Schule, hatte eine Wohnung in der Konstanzer Straße 3, einem Haus, das Rieck verwalte. Seit den Bombenangriffen auf Berlin war auch er in die Provinz übergesiedelt. Nur selten kam er, um nach dem Rechten zu sehen. Den größten Teil seiner Möbel hatte er in der Wohnung gelassen. Würde er nichts dagegen einzuwenden haben? Wie könnten wir ihn fragen? Rieck wußte es auch nicht. Er überlegte lange. Schließlich sagte er:

»Ich habe die Schlüssel; ich übernehme die Verantwortung. Ich kenne Linke.« Es blieb kein anderer Weg. Wir mußten unseren Ziegenstall verlassen, der uns als ein so sicheres Versteck erschienen war. Unterkünfte bei Freunden waren rar geworden, denn auch sie gehörten zu denen, die ihre Wohnungen durch Bomben verloren hatten.

»Ihr müßt etwas erfinden, damit ihr wieder hierher zurückkommen könnt, sollte die Gestapo dieses Versteck nicht ausmachen«, sagte Rieck.

Frau Fabig durfte die Wahrheit nicht ahnen. »Denkt euch etwas aus, und nehmt nur das Notwendigste mit«, ermahnte er uns. Dann ließ er uns allein mit dem Versprechen, seine Frau und Tante Lisa mit dem Wohnungsschlüssel der Linkes zu uns zu schicken.

Wir lebten nun fast zwei Jahre in der Illegalität. Der Krieg neigte sich seinem für die Alliierten siegreichen Ende zu. Aber noch konnte jeder Tag für uns zum Verhängnis werden. Noch rollten die Züge mit Deportierten gen Osten.[*]

---

[*] 1944 wurden noch monatlich Transporte von Berlin nach Auschwitz abgefertigt. Die Zahl der Deportierten war selten höher als 30, also zumeist

Wir zogen unsere Koffer hervor, warfen hinein, was uns in die Hand fiel: Lebensmittel, Kleider, alles schien uns kostbar, konnte zum Überleben beitragen. Was aber sollten wir unserer Frau Fabig sagen, die keine Ahnung hatte, wen sie da aufgenommen hatte? Was klang glaubhaft? Während wir so arbeiteten und nachdachten, kamen Tante Lisa und Frau Rieck. Meine Mutter machte aus ihrer Verzweiflung kein Hehl. Ich sagte nichts. Mir war, als könne ich gar nicht mehr denken.

»Wenn die Gestapo noch in dieser Nacht kommt«, rief meine Mutter, »dann sind wir gefangen!« Es ging kein Zug mehr nach Berlin, und in der kleinen Siedlung würden wir sofort gefunden.

Meine Mutter war wie von Sinnen. Ihre Fragen und Klagen überstürzten sich. Wie fortkommen, ohne daß Frau Fabig etwas merkte? Wie, wenn Linke uns nicht in seiner Wohnung dulden wollte? Bis zu diesem Augenblick hatten beide Frauen regungslos zugehört. Plötzlich schlug Jenny Rieck die Hände vors Gesicht und schluchzte hemmungslos auf. Dann nahm sie meine Mutter, die selber kaum noch der Tränen Herr werden konnte, in die Arme. Nur Lisa Holländer blieb ruhig.

»Ihr müßt hier morgen früh vor Morgengrauen weg«, sagte sie sehr bestimmt. Sollte die Gestapo kommen, dann sicherlich nicht vor fünf Uhr. Das leuchtete ein. Also müßten wir vor fünf Uhr den Ziegenstall verlassen. Tante Lisa wollte sich unter irgendeinem Vorwand einen Leiterwagen von den Hentzes borgen, auf dem wir unsere Sachen zum Bahnhof Potsdam schaffen könnten. Sie würde bis dorthin mit uns gehen. In Berlin müßten wir dann allein zurechtkommen. Blieb nur noch die Frage, was wir der netten alten Frau Fabig mitteilen sollten. Sie war so gutgläubig und freundlich. Sie und ihr Mann, ein Bauarbeiter und alter Gewerkschafter, hatten sich das Häuschen vom Munde abgespart. Er war früh gestorben. Sie lebte von der kärglichen Rente und den Erträgen ihres Gartens, in dem sie emsig arbeitete. Daß sie nicht zu den Nazis gehörte, war klar. Dennoch konnten wir sie nicht ins Vertrauen ziehen. Sie war ein ängstlicher Typ. Wie würde sie reagieren? Sie hatte Kinder und Enkelkinder. Endlich kam uns eine Idee. Wir beschlossen, ihr

---

Menschen, die es in der Illegalität nicht ausgehalten hatten oder die gefaßt worden waren. Am 5. Januar 1945, wenige Tage vor der Befreiung von Auschwitz, wurden noch sieben Männer und sieben Frauen aus Berlin nach Auschwitz deportiert. Im März und April 1945 wurden gefaßte Juden in die Lager Bergen-Belsen, Sachsenhausen und Frauen nach Ravensbrück verschickt.

einen Brief zu hinterlassen, in dem wir ihr mitteilten, daß ich im Laden etwas »Unvorsichtiges« gesagt hätte. Es wäre möglich, daß jemand mich anzeigen würde. Darum schiene es uns geraten, nicht bei ihr zu bleiben, um sie nicht zu belasten. Sobald nichts mehr zu befürchten wäre, würden wir wieder in unseren Ziegenstall zurückkehren. Wir würden uns melden und ließen Miete und Kleider zurück.

Tante Lisa versprach, das alles Frau Fabig noch mündlich auszurichten, um es noch glaubhafter zu machen. Meine Mutter weinte unablässig. Ich hörte sie noch unter der Bettdecke schluchzen. Geschlafen haben wir beide nicht in jener Nacht. Im Morgengrauen standen wir auf. »Schnell, nur schnell«, trieb meine Mutter mich ständig an. Kurz vor fünf blinkte eine Taschenlampe auf. Tante Lisa war mit dem Handwagen angekommen. Sie hielt auf der Straße. Auf Strümpfen, um nur ja niemanden zu wecken, schleppten wir unsere Sachen hinaus. Den Brief an Frau Fabig steckten wir in den Kasten. Ich zog den Wagen, den die Frauen von hinten schoben. Bis zum Bahnhof brauchten wir etwa 20 Minuten. Unterwegs begegneten uns die ersten Leute, es waren meist Fremdarbeiter. Am Bahnhof luden wir ab und verabschiedeten uns unter Tränen von Tante Lisa. Sie versprach, uns sehr bald bei Linkes zu besuchen.

Wir schleppten unsere Sachen auf den Bahnsteig. Uns war nicht wohl zumute. Am Bahnhof Charlottenburg ließen wir einen Teil unserer Habe in der Gepäckaufbewahrung. Dann gingen wir zur Konstanzer Straße. Wir schlichen die Treppen hinauf und klingelten. Als sich nichts rührte, schloß meine Mutter auf. Wir traten ein. Der Drei-Zimmer-Wohnung sah man an, daß sie lange nicht bewohnt worden war. Sie war verstaubt und roch muffig. Wir beschlossen, uns nur im Schlafzimmer einzurichten, in dem zwei Betten standen. Es lag zum Hof hinaus und war nicht so leicht einzusehen. Es hatte auch keine Wand zur Nachbarwohnung. Wir schlichen leise durch die Zimmer, um nicht gehört zu werden, und sprachen nur im Flüsterton. Als wir uns niederlegten, schliefen wir vor Erschöpfung sofort ein. Wir wachten erst auf, als Walter Rieck die Wohnungstür aufschloß. Es war bereits Nachmittag.

»Sorgt euch nur nicht«, sagte er, »bis jetzt haben sie sich nicht gemeldet, und wenn sie das nicht sofort tun, besteht sicherlich auch keine Gefahr.« Aber natürlich wäre es gut, zunächst vorsichtig zu bleiben. Meine Mutter ließ sich nicht so leicht trösten. Aber Rieck blieb zuversichtlich. »Ich hatte schon bei der

Gestapo den Eindruck, daß sie die Sache nicht ernst nehmen«, wiederholte er. Immer wieder bat er, uns keine Sorgen zu machen. Er übernähme auch die volle Verantwortung vor Karl Linke, den er nicht schriftlich um Erlaubnis bitten konnte. Er schien mir besonders nett und aufmerksam.

Dann kamen auch Tante Lisa und Jenny Rieck. Auch sie waren erleichtert, daß bisher alles gutgegangen war. Tante Lisa hatte schon mit Frau Fabig gesprochen, die volles Verständnis gezeigt hätte und für unsere Rücksichtnahme dankbar gewesen wäre. Sie ließ uns herzlich grüßen. Beide Frauen gingen bald wieder.

Wir begannen, uns an die Wohnung zu gewöhnen. Sie war in jeder Hinsicht angenehmer als der Ziegenstall. Die nächsten Tage vergingen in Ruhe. Als wir eines Nachmittags in die Wohnung zurückkehrten, lag auf dem Boden unter der Wohnungstür ein Stück gelbe Pappe der gleichen Farbe wie der Judenstern. Darauf Druckbuchstaben aus einer Zeitung geklebt, die die Worte ergaben: Rieck-Deutschkron-Juden. Der Schrecken traf uns wie ein Blitz. Außer den Riecks und Tante Lisa wußte niemand, wo wir uns befanden. Niemand konnte uns gefolgt sein. Es war unheimlich und unerklärlich. Meine Mutter weinte. »Wohin nur entfliehen?« rief sie immer wieder und rang die Hände. Glücklicherweise kam Tante Lisa an jenem Nachmittag. Als sie das Stück Pappe sah, wurde sie sehr bleich. Dann sagte sie zu meiner Mutter gewandt: »Bitte, beunruhige dich nicht.« Und schließlich begann sie zu erzählen: »Als Walter zur Gestapo kam, sagte man ihm, daß eine Denunziation gegen ihn vorläge, die behaupte, er habe zwei Jüdinnen versteckt. Als er seine Unschuld beteuerte, meinten die Gestapobeamten, die Sache schiene auch ihnen wenig glaubhaft. Auf seinen Wunsch wurde ihm der anonyme Brief mit der Denunziation gezeigt. Kennen Sie die Schrift? wurde er gefragt. Er mußte es bejahen. Es war die seiner Frau Jenny.« Meine Mutter sprang auf. Das konnte nicht sein! Jenny Rieck, die uns immer wieder half, wollte uns an die Gestapo ausliefern? Das schien völlig absurd.

»Nein«, sagte Lisa, »sie tut dies alles, wie es scheint, um ihren Mann nicht zu verlieren.« In der Befangenheit der Sorge um unser eigenes Schicksal war uns entgangen, daß sich zwischen Walter Rieck und der Filmschauspielerin Charlottchen eine Beziehung entwickelt hatte, während Jenny mit ihrer Tochter in Bayern gewesen war. Wir erfuhren nun auch, daß Jenny bereits einen Selbstmordversuch vorgetäuscht hatte. Sie sei seitdem nicht mehr ganz bei Sinnen. »Ja, und ein Stück gelbe Pappe, so wie jene hier, habe ich gestern in ihrer Handtasche gesehen, als sie ihr Portemonnaie herausnahm.«

Lisa tröstete meine Mutter und äußerte die feste Überzeugung, daß diese Frau in ihrer Verzweiflung zwar nicht mehr wüßte, was sie täte, aber uns gewiß nicht opfern wollte. Daher auch die ungenauen Angaben bei der Gestapo. Sie wollte wohl ihrem Mann angst machen. So versuchten Tante Lisa und später auch Walter Rieck das Verhalten dieser Frau zu erklären. Beide beschworen uns, der Angelegenheit keine Bedeutung beizumessen. Jenny würde niemals so weit gehen, uns der Gestapo ans Messer zu liefern. Sie baten uns inständig, uns Jenny gegenüber nichts merken zu lassen und so zu tun, als sei alles wie immer. Jenny gab uns glücklicherweise keine Gelegenheit mehr dazu. Wir sahen sie bis zum Ende des Krieges nicht mehr.

Obgleich die Wohnung von Linkes ein angenehmes Quartier war, wußten wir doch, daß wir nicht lange bleiben durften. Es mußte nach einer Weile auffallen, daß wir dort hausten. Und dann kam eines Tages Linke. Rieck hatte uns schon auf den Besuch vorbereitet; Linke hatte ihn angekündigt. Nur den genauen Termin konnte er ihm nicht nennen. In dieser Zeit waren Zugverbindungen Glückssache. Eines Tages schloß jemand die Wohnungstür auf. Ich ging sofort in den Korridor. Linke trat mit einer Dame ein, die er später als seine Sekretärin ausgab. Ich stellte mich vor und redete auf ihn ein, um ihm keine Zeit zur Entgegnung zu geben; sagte ihm, wer ich sei und daß Rieck uns nur vorübergehend bei ihm untergebracht hätte, daß wir ihn leider nicht um Erlaubnis hätten bitten können, daß Rieck die Verantwortung übernommen hätte, daß wir nur ein paar Tage bleiben würden, bis wir ein neues Quartier gefunden hätten, und noch mehr. Linke war sehr überrascht, aber er beruhigte mich sofort. »Das geht schon in Ordnung. Lassen Sie sich nicht stören«, sagte er und ging mit seiner Sekretärin in ein anderes Zimmer. Mir war nicht wohl.

»Wir müssen hier weg«, erklärte ich meiner Mutter, als sie nach Hause kam und ich ihr von dem Besuch erzählte. Rieck kam noch am gleichen Tag zu uns, um zu bestätigen, daß Linke auch ihm gegenüber sein Einverständnis mit unserem Aufenthalt in der Wohnung geäußert hätte. Natürlich könnte es nicht von Dauer sein. Am liebsten wäre ich schon am nächsten Tag ausgezogen. Ich war nicht sicher, ob Linke aufrichtig war oder nur so tat, weil er »ertappt« worden war. Aber wir hatten zunächst keine andere Möglichkeit. Endlos überlegten wir mit Frau Grüger, mit Tante Lisa, mit Walter Rieck, bis wir die Idee geboren hatten.

Nazis und andere

»Hahaha, auch der Herr Kommerzienrat Lewy dürfte schon in einem Massengrab schmoren.« Der schmächtige Mann mit dem Pferdegesicht, der das sagte, schaute auf den Namenszug des ehemaligen Besitzers eines Buches und lachte hämisch, wobei er selbstgefällig über seinen Schnurrbart strich. Die blonde Frau neben ihm lehnte sich an ihn und lachte ebenfalls. Ich hatte Mühe, ruhig zu bleiben. Dieser Mann hieß König. Daß er ein Nazi war, hatte ich natürlich gewußt, bevor ich bei ihm zu arbeiten begann.

Als ich meine Arbeit im Laden von Grete Sommer verloren hatte, mußte ich eine andere Beschäftigung finden. Ich konnte unmöglich im Winter weiter im Park von Sanssouci spazierengehen. Ebensowenig konnte ich den Tag über im Ziegenstall verbringen. Zunächst hatte Frau Gumz Rat gewußt.

»Komm zu uns, kannst Wäsche bügeln«, meinte sie. Ihre Büglerin hatte sie im Stich gelassen, und Arbeitskräfte waren zu jener Zeit nicht mehr oder nur schwer zu finden. Das tat ich dann auch. Das große Gaseisen war schwer, die Herrenhemden besonders sperrig. »Ein Hemd gut zu bügeln braucht 15 Minuten«, lehrte mich Frau Gumz und zeigte mir, wie ich es mit einem nassen Tuch während des Bügelns ständig benetzen mußte, um es »willig« zu machen. Der Bügeltisch stand gegenüber der Eingangstür des Ladens, so daß ich jeden Kunden sah, der den Laden betrat und von jedem gesehen werden mußte. Ich gewöhnte mich auch daran. Wenn alte Kunden Fragen stellten, erklärte Frau Gumz, daß ich ihr nur aus Freundschaft aushülfe. Es war klar, daß auch dies nicht von Dauer sein konnte.

Walter Rieck wußte wieder einmal Rat. »Bist du bereit, bei einem Nazi zu arbeiten?« hatte er gefragt. Ich lachte. »Warum denn nicht? Das ist doch sicherer als irgendein anderer Platz.« Walter Rieck war Verwalter des Hauses in Neukölln, Berliner Straße, in dem sich das Geschäft von König befand. König hatte Rieck sein Leid geklagt, daß ihm nun auch seine letzte Verkäuferin genommen und in die Rüstungsfabrik gesteckt worden wäre. Er wisse nicht, wie er das große Geschäft allein weiterführen solle. Es war ein Papierwarengeschäft mit zwei Schaufenstern, verbunden mit einer Leihbücherei, weitaus umfangreicher als die von Grete, und ein Buchantiquariat. Rieck hatte

König erzählt, er kenne mich, Inge Richter, schon einige Zeit. Ich litte an einer Knieverletzung und sei darum in einer Rüstungsfabrik nicht voll einsatzfähig und arbeite dort nur halbtags. Da ich wegen meiner verwitweten Mutter auf den vollen Verdienst angewiesen sei, wäre ich gewiß bereit, bei König an einigen Tagen der Woche auszuhelfen. König fand die Idee großartig, schon deswegen, weil er mich nicht den Behörden zu melden brauchte und nicht Gefahr lief, auch mich irgendwann an die Rüstungsindustrie zu verlieren.

Ich ging zu ihm, um mich vorzustellen, und spürte sofort, daß er Gefallen an mir fand. Aber solange die blonde Verkäuferin da war, die mich in meine Aufgabe einführte, verhielt er sich mir gegenüber nur höflich. Als sie den Laden endgültig verließ, nahm König sich öfter Zeit, mit mir zu sprechen. Sein Geschäft gefiel mir wegen der schönen alten Bücher, die er zum Teil auf Auktionen erstanden hatte. Meine Wißbegierde freute ihn. Er zeigte mir wertvolle Stücke, die er nicht zu verkaufen gedachte. »Höchstens im Notfall...«, fügte er hinzu. Als der Krieg so offensichtlich seinem Ende zuging, wurde er deutlicher. »Vielleicht eines Tages an einen Amerikaner«, er lachte zynisch. Ich sagte nichts, tat völlig ahnungslos, auch als er meinte, der Krieg könne gar nicht mehr gewonnen werden: Er vertraute mir an, daß er Parteimitglied sei, zeigte mir sein Parteiabzeichen, das er unter dem Revers trug, immer bereit, es, wenn nötig, zu zeigen, wie er lachend bemerkte. Wir grüßten einander mit »Heil Hitler«. Einige Mal lud er mich zum Essen ein. Als ich bedauerte, keine Lebensmittelmarken bei mir zu haben, winkte er ab. »Das geben mir meine Freunde ohnehin ohne Marken.« Tatsächlich respektierten sie ihn im Restaurant, so wie man einen Mann respektiert, den man lieber gehen als kommen sieht. Warum er nicht bei der Wehrmacht oder der Waffen-SS sei, fragte ich ihn.

»Man hat doch so seine Beziehungen«, meinte er und fügte grinsend hinzu, »durch die Partei natürlich.« Er mochte mich. Ich achtete sehr darauf, nichts zu tun oder zu sagen, was er als Ermutigung hätte deuten können.

»Sie sprechen Englisch?« fragte König mich einmal. Ich bejahte.

»Na, das ist ja großartig. Dann können Sie mein Geschäft führen, wenn die Amerikaner kommen«, sagte er vergnügt. »Ich als PG werde das wohl kaum dürfen«, wieder lachte er. Ich sagte nichts. Über das Thema Juden haben wir nie gesprochen. Wozu auch? Ich hatte nach seiner Bemerkung über den Kommerzienrat Lewy keine Illusionen. Trotz meines Widerwillens war ich freundlich zu ihm. Wenn er nicht anwesend war, fühlte ich mich in seinem Laden viel wohler als in Gretes. Meine Sicherheit in dem Geschäft eines in der Umgebung anerkannten Nazis schien mir größer. Eine »Giftküche« wie bei Grete, in der alle auf den Index gesetzten Bücher verwahrt wurden, gab es natürlich nicht. Die verbotenen Bücher waren tatsächlich aussortiert und verschwunden.

Walter Rieck berichtete mir, wie zufrieden König mit mir sei, mit meinem Fleiß und mit meiner Intelligenz. Als schließlich das Benutzen von Transportmitteln nur noch von und zur Arbeitsstätte und das nur mit Ausweis genehmigt wurde, besorgte mir König auch diesen, da »meine Rüstungsfabrik« angeblich am anderen Ende der Stadt lag.

»Welchen wollen Sie?« fragte er lachend und hielt mir einen grünen und einen gelben hin. Ich nahm natürlich beide und half mit einem meiner Mutter aus. Der grüne war für alle Arbeiter in Rüstungsfabriken bestimmt, der gelbe nur für Arbeiter in kriegswichtigen Betrieben. Es gab dann noch einen roten, der nur an Arbeiter in lebenswichtigen Betrieben wie Wasser-, Elektrizitäts- und Gaswerken ausgegeben wurde. Meine Beziehung zu König beunruhigte meine Mutter. »Wenn er rauskriegt, wer du bist...« Mit Recht fürchtete sie, ein Nazi würde noch wütender reagieren, eben weil er betrogen worden war. Ihre Bedenken störten mich nicht. Die Vorteile meiner Tätigkeit bei ihm schienen mir weitaus größer.

Meine Mutter befand sich in einer ähnlichen Lage. Auch sie hatte Arbeit gefunden. Wegen der immer heftigeren Bombenangriffe waren die Schulen in Berlin geschlossen und in von Bomben verschonte Gebiete wie Schlesien, das Sudetenland oder die bayerischen Berge ausgelagert worden. Nicht alle Eltern waren damit einverstanden. Sie zogen es vor, sich nicht von ihren Kindern zu trennen. Natürlich wollten sie, daß ihre Kinder weiter Unterricht erhielten. So fanden sich an Bäumen und Bretterwänden Berlins Anzeigenzettel »Lehrerin gesucht«. Meine Mutter beschloß, sich auf eine solche Anzeige zu melden. Sie gab sich als Lehrerwitwe aus und erwähnte, daß sie im Erteilen von Nachhilfeunterricht erfahren sei, was auch zutraf. Die Eltern waren mit dem Unterricht meiner Mutter so zufrieden, daß sie bald ganze Gruppen von Kindern gleichen Alters unterrichtete und gut verdiente. Es war eine makabre Groteske der Situation, daß die Väter der Kinder dieses Kreises, in den sie zufällig geraten war, ausnahmslos der SS angehörten. Wie selbstverständlich grüßten die Kinder und ihre Eltern meine Mutter mit »Heil Hitler«. Im Gegensatz zu König hielten diese Leute eine Niederlage des »Dritten Reiches« bis kurz vor der Eroberung Berlins durch die Rote Armee für ausgeschlossen. Meine Mutter, die sich nie in längere Gespräche mit ihren Arbeitgebern einließ, hörte gelegentlich solche Äußerungen dieser Eltern untereinander.

»Wann wird der Führer endlich unsere neue Wunderwaffe einsetzen?« fragten die Kinder manchmal. Sie tat dann so, als wollten die Kinder sie auf diese Weise vom Unterricht ablenken, und bat um mehr Aufmerksamkeit. So hatten wir beide Anlaß, uns gegenseitig vorzuwerfen, bei dem »noch größeren Nazi« zu dienen.

Die Hauptsache für uns war aber, daß wir »von der Straße« waren und ausreichend verdienten, um Miete und Verpflegung zu bestreiten. Die Versorgung wurde immer schwieriger. Gelegentlich ging ich noch zu meinen alten »Kollegen« nach Halensee, die mir manchmal etwas zusteckten. Aber ich konnte ihnen nichts mehr bieten. Bei einer solchen Gelegenheit sprach mich Frau Reschke an, die Inhaberin des Milchgeschäftes, das nur wenige Meter von Grete Sommers Laden entfernt lag. Ihre Agnes sei nun auch wie ich in eine Rüstungsfabrik verpflichtet worden. Sie verstünde das alles nicht mehr. Schließlich sei doch ein Milchgeschäft für die Versorgung der Bevölkerung wichtig. Sie wisse gar nicht, wie sie zurechtkommen solle, denn sie sei nun ganz allein. Zögernd fragte ich sie, ob ich ihr vielleicht behilflich sein könnte, etwa an Sonnabenden, an denen der Andrang der Kunden am Nachmittag doch am stärksten sei.

»Das wäre ja großartig«, sagte die dicke Frau sichtlich erleichtert. »Sie sind hier in der Gegend bekannt. Sie hätten also keine Schwierigkeiten mit den Kunden.« Dann hätte sie endlich die Möglichkeit, ihren Mann zu besuchen, der in der Nähe Berlins stationiert sei.

Wir verabredeten, daß ich an zwei Nachmittagen der Woche aushelfen sollte. Zu Hause ließ ich meiner Begeisterung freien Lauf.

»Wurst, Käse, Butter, Milch, Mutti, stell dir das vor!« Meine Mutter war besorgt.

»Du darfst nicht so viel stehlen. Das fällt auf. Bring lieber weniger und vor allem, vergiß nicht, das Geld für alles, was du nimmst, in die Kasse zu legen.« Ich lachte sie aus.

Also begann ich, bei Frau Reschke zu arbeiten. Die Arbeit war viel schwerer, als ich angenommen hatte. Das Abwiegen und das Verrechnen machten mir Schwierigkeiten. 125 Gramm Grütze zu 27 Pfennig das Pfund und ähnliches mehr. Wurst schneiden und Milch ausschenken, Lebensmittelmarken und Geld einnehmen – ich fand es wesentlich komplizierter, als Bücher auszugeben. Die meisten meiner Kunden freuten sich, mich wiederzusehen, und zeigten Verständnis für meine Schwierigkeiten. An einem Sonntagmorgen beschloß Frau Reschke, zu ihrem Mann zu fahren. Ich versprach, an ihrer Stelle die Milch auszugeben.

»Sie wissen ja jetzt schon Bescheid«, sagte Frau Reschke, und mit einem großen Korb am Arm verließ sie den Laden. Ich stand um 9 Uhr bereit. Aber vorerst war noch keine Milch geliefert worden. Langsam bildete sich eine Schlange von Frauen, die geduldig mit ihren Milchkannen warteten. Niemand konnte sagen, wann die Milch eintreffen würde. Als sie endlich kam, stürzten die Frauen in den Laden, wollten schnell bedient werden. Ich war froh, denn diese Ansammlung von Frauen war mir unheimlich. Sie hätten ihre Ungeduld an mir abreagieren können. Sie hätten mich anschwärzen können. Sie hatten auch zu viel Zeit, mich zu betrachten.

Der Fahrer des Milchwagens goß die Milch in den großen Bottich. Ich nahm die erste Flasche entgegen, um sie zu füllen. Aber wohin ich auch meine Schöpfkelle eintauchte, ich fand nur Schaum, der sich nicht einfüllen ließ. Niemand hatte mir gesagt, daß Magermilch, eine blauweiße Flüssigkeit, wie sie damals verkauft wurde, Zeit brauchte, um sich zu setzen. Ich wurde nervös und empfand die Nervosität der Frauen. Ich kämpfte verzweifelt mit der Milch, bis mir schließlich die Schöpfkelle in den Bottich fiel. Als ich versuchte, sie mit den Händen wieder herauszufischen, glaubte ich, alle Augen auf mich gerichtet zu sehen, manche voller Verachtung, andere voller Ungeduld. Ich schwitzte vor Aufregung. Als es mir endlich gelang, Milch in die Flaschen zu füllen und die Zahl der Frauen vor mir abnahm, war ich völlig erschöpft.

Neben mir saß die schwarze Katze des Hauses und miaute klagend, wie es mir schien. Sie war mir unheimlich, weil sie weder durch freundliche Worte noch durch Streicheln zu gewinnen war. Ihre Augen funkelten immer nur grün und böse.

Als nur noch selten Kunden kamen, setzte ich mich an Frau Reschkes Tisch im Stübchen hinter dem Laden und begann,

Marken aufzukleben, so wie Frau Reschke mir gezeigt hatte. Vor mir lagen große Zeitungsbogen, daneben Häufchen bunter Marken – die blauen für Fleisch- und Wurstwaren, die gelben für Fett und Butter und die braunen für Brot –, in der Mitte stand der Kleistertopf. Ich trug den Kleister mit einem breiten Pinsel auf das Papier auf und drückte die Marken fest. Wenn die Klingel der Ladentür anschlug, unterbrach ich meine Arbeit, um den Kunden zu bedienen. Als ich etwas länger im Laden beschäftigt war, sah ich gerade noch, wie die Katze vom Tisch sprang. Ich rannte hinter ihr her, denn an ihren Pfoten und an ihrem Fell klebten kostbare bunte Marken. Alle ihre Versuche, sie abzuschütteln, mißlangen. Das Tier ließ sich nicht fangen; es fauchte und biß um sich, wenn ich in seine Nähe kam. Als ich es endlich packen konnte, zerkratzte es mir Hände und Arme. Ich rettete von den Marken, was ich nur konnte. Ich fand Fleisch- oder Buttermarken an Möbeln, auf dem Fußboden – überall, wo die Katze gelaufen war. Auf dem Tisch sah es ebenso wüst aus. Die Katze hatte sich offensichtlich auf die frisch geklebten Marken gesetzt. Ich arbeitete wie besessen, um die Bogen wiederherzurichten und die Marken zu retten, denn mir lag natürlich daran, Frau Reschke keine Unannehmlichkeiten zu bereiten. Sie gab mir immer etwas mit. Da sie aber nicht wissen konnte, daß wir auch nicht die Grundnahrungsmittel kaufen konnten, mußte ich mir immer zusätzlich etwas nehmen. Wenn ich im Laden allein war, wog ich alles, was ich »stahl«, und legte das Geld dafür in die Kasse. Manchmal kam auch Hans Rosenthal zu mir, die Aktentasche vor den Judenstern gepreßt, um »einzukaufen«. War Betrieb im Laden, steckte ich ihm schnell ein paar Marken zu, die er dann bei mir einlöste. Vor der Kundschaft taten wir auch so, als kennten wir einander nicht. Wir sahen uns nur noch selten.

Als ich an einem Sonnabendnachmittag den Laden der Frau Reschke betreten wollte, sah ich an der mit Pappe verklebten Schaufensterscheibe, daß eingebrochen worden war. Das war in jenen Tagen des nahen Kriegsendes eine alltägliche Erscheinung. Fremdarbeiter, die längst nicht mehr richtig zu essen bekamen, brachen völlig ungehindert im Schutze der Dunkelheit in Lebensmittelgeschäfte ein. Frau Reschke schlief hinter dem Laden. Ich zögerte einzutreten, aber Frau Reschke hatte mich schon gesehen.

»Wie gut, daß Sie kommen. Die Kriminalpolizei wird gleich

hier sein, um die Einzelheiten des Einbruchs aufzunehmen. Ich kann mich daher nicht um den Laden kümmern.«

Ich erschrak. Was sollte ich jetzt machen? Die Polizei konnte meine Papiere verlangen, mich verdächtigen. Andererseits war mir klar, daß ich mich erst recht verdächtig machen würde, wenn ich nun unter einem Vorwand den Laden verlassen hätte. So wagte ich es und blieb. Tatsächlich erschienen nach einiger Zeit zwei Kriminalbeamte, grüßten freundlich mit »Heil Hitler« und ließen sich von mir zu Frau Reschke führen, die sie in ihrem Stübchen erwartete. Die Kaffeekanne stand bereits auf dem Tisch. Während sie sich an Frau Reschkes Tisch niederließen, ging ich in den Laden zurück, bediente weiter und versuchte, angestrengt zu lauschen, was drinnen gesprochen wurde. Ich konnte nichts verstehen; meine Angst nahm zu. Es gab viel zu tun am Sonnabendnachmittag. Das Gespräch der Beamten mit Frau Reschke währte eine Stunde. Dann kam Frau Reschke in den Laden, nahm eine Wurst und einige Stücke Butter, die sie ins Hinterzimmer trug. Nach einer weiteren Stunde verabschiedeten sich die Beamten freundlich lächelnd, die prall gefüllte Aktentasche unter dem Arm, Frau Reschke dankend und mir einen guten Abend wünschend. Ich war wie erlöst.

»Sie haben doch gar keine Untersuchung vorgenommen«, sagte ich verwirrt.

»Nein«, erwiderte Frau Reschke lachend, »sie haben mir bloß gezeigt, wie ich den Verlust der Lebensmittel anmelden muß und wie ich dabei am besten wegkomme.«

Flüchtlinge aus Guben

Meine Mutter klagte: »Ach, es war furchtbar, so furchtbar!« Ihre Stimme brach ab, als hätte die Erinnerung an das Erlebte sie völlig übermannt. Sie schüttelte den Kopf, ihre Augen waren weit aufgerissen. Sie legte ihr Kopftuch ab und setzte sich an den langen Holztisch. Während ihre Hände unruhig auf der Platte hin und her fuhren, wiederholte sie immer wieder: »Furchtbar, furchtbar war es.«

Der Hitlerjunge mit dem blonden Schopf und dem Kindergesicht stand vor ihr und guckte sie hilflos an. Er wußte nichts zu sagen. Ich war von diesem glaubwürdigen Ausbruch meiner Mutter ehrlich überrascht. Der Hitlerjunge wandte sich mir zu: »Vielleicht essen Sie erst eine Kleinigkeit?« Ja, das wäre gut, wir hatten in der Tat seit dem frühen Morgen nichts mehr gegessen.

»Die Formalitäten können Sie ja danach erledigen.« Der Junge eilte davon, bahnte sich behende den Weg durch die Flüchtlinge, die am Görlitzer Bahnhof von der NSV betreut wurden. Sie sahen alle noch mitgenommener aus als wir: Die Kleider zerknautscht, schmutzig, abgerissen, die Haare zerzaust, das Gesicht grau vor Müdigkeit. Verstört greinende Kinder drängten sich eng an die Erwachsenen. Kisten und Kasten standen um sie herum. Nur wenige aßen von dem, was aufgetischt wurde. Frauen der NSV mit großen Kannen und Töpfen nötigten zum Essen und Trinken. »Möchten Sie nicht noch etwas Kaffee oder vielleicht einen Teller Kartoffelsuppe?« Die Flüchtlinge waren viel zu apathisch, um essen zu können. Ebensowenig begriffen sie, daß sie hier Lebensmittel erhielten, die ein »normaler« Städter längst nicht mehr zu sehen bekam.

Die meisten waren schon Tage unterwegs, waren aufgebrochen, als die sowjetischen Truppen vor den Toren ihrer Stadt standen. Ihnen war nicht erlaubt worden, sich früher in Sicherheit zu bringen. Es sollte um jeden Meter deutschen Bodens gekämpft werden. Je größer die Zahl der Flüchtlinge, desto größer offenbar auch die Gefahr, daß sich das Volk gegen seine Regierung wandte. Als sie dann endlich fliehen durften, ließ man ihnen keine Zeit mehr, in Ruhe zusammenzupacken. Der nahe Geschützdonner ließ sie nur nach dem Nötigsten greifen und sich so schnell wie möglich aus dem Staube machen. Als sie schließlich im Zug saßen, hatten sie meist nicht mehr als ein paar Habseligkeiten retten können. Meine Mutter und ich waren in Lübbenau in den mit Flüchtlingen überfüllten Zug gestiegen. Wir waren am Morgen früh aus Berlin abgefahren. Um den Flüchtlingen so ähnlich wie möglich zu sein, trugen wir Kopftücher und abgerissene Kleider und hatten ein kleines verschnürtes Köfferchen in der Hand.

Hundertmal hatten wir diese Möglichkeit, als Flüchtlinge aus dem Osten in Berlin anzukommen, durchgesprochen und wieder verworfen, um es schließlich doch zu riskieren. Wir wollten so nahe wie möglich an die Front heran. Wir suchten das Chaos. Andererseits wollten wir auch nicht zu lange in der Eisenbahn sitzen, denn wir wußten, daß es gelegentlich Personenkontrollen gab.

Lübbenau mitten im Spreewald, zwei Stunden von Berlin entfernt, schien uns genau recht. Kaum waren wir dort angekommen – ohne Kontrollen und auch ohne Luftangriffe –, kaufte ich die Rückfahrkarten nach Berlin. Wir brauchten nicht lange auf den Flüchtlingszug zu warten. Im Waggon wurden wir mürrisch aufgenommen. Er war schon voll besetzt mit Frauen und Kindern, Hunden, Kisten und Kasten, so daß wir Mühe hatten, einen Stehplatz zu finden. Die Flüchtlinge tauschten Erfahrungen aus. Die einen waren aus der Stadt Guben geflüchtet, die anderen vom Lande. Alle erzählten von schrecklichen Verbrechen der sowjetischen Soldaten – von Vergewaltigungen, Plünderungen und Erschießungen. Wir lauschten ihren Gesprächen und warfen selbst hier und da ein Wort ein, um das Gespräch nicht abreißen zu lassen. Wir wollten ein möglichst vollständiges Bild von der Lage in den umkämpften Gebieten erhalten. Jeder Straßenzug in Guben hatte mehrmals den Besitzer gewechselt. Wir erfuhren, daß es in jeder Stadt eine Adolf-Hitler-Straße und auch eine Berliner Straße gab. Bald hatten wir beide das Gefühl, genau zu wissen, wie es gewesen war, als die Russen in Guben eindrangen.

Meine Mutter und ich waren froh, als wir uns endlich Berlin näherten. Es war Abend, und wir waren von den Strapazen und der Spannung ermüdet. Je näher wir Berlin kamen, um so besorgter wurden die Flüchtlinge. Berlin – die wenigsten kannten es, waren je in einer Großstadt gewesen, aber sie hatten von den schweren Luftangriffen gehört. Vorstellen konnten sie sich nichts darunter. Es war Februar. Die Dunkelheit brach früh herein. So sahen sie nichts von den Ruinen. Meine Mutter wurde unruhig. Sie wußte nur zu gut, daß gegen 19.00 Uhr mit den Engländern zu rechnen war. Züge waren ein bevorzugtes Angriffsziel. Endlich fuhren wir in den Görlitzer Bahnhof ein. Der Zug hatte noch nicht gehalten, da erloschen die wenigen Lichter des Bahnhofs. Es war stockfinster. Aus den Lautsprechern wurde zur Eile gemahnt; englische Bomber seien im Anflug auf Berlin. Frauen schrien. Kinder heulten. »Mutter, Mutter, wo bist du?« Irgend jemand hatte im Dunkel die Stufe verfehlt und war gestürzt.

»Wo ist mein Koffer? Jemand hat ihn genommen! Diebe!« Alle schrien durcheinander. In dem Tumult flüsterte ich meiner Mutter zu:

»Das ist eine gute Idee. Auch wir haben unseren Koffer verloren. Natürlich mit allen Papieren.« Meine Mutter lachte kurz auf und sagte kopfschüttelnd:

»Du bist völlig wahnsinnig geworden.« Sie konnte kaum noch sprechen. Ihre Stimme versagte. Sie wirkte dadurch »sehr echt«. Rote-Kreuz-Schwestern und Hitlerjungen kamen auf uns zu, wollten helfen. Taschenlampen blinkten auf. Man wies uns den Weg in den Keller, denn mittlerweile heulten die Sirenen – Fliegeralarm. Ich war unruhig. Ein Keller im Bahnhof war mir unheimlich. Aber wir hatten Glück. Nach kurzer Zeit wurde Entwarnung gegeben. Nicht eine Bombe war gefallen. Der Angriff galt diesmal nicht Berlin.

Man führte uns nun in die Kantine der NSV. Zwei Hitlerjungen nahmen sich unser an. Offensichtlich gefiel ich ihnen. Es waren nicht viele junge Mädchen unter den Flüchtlingen. Ich ließ sie um mich werben.

»Woher seid ihr?«

»Aus Guben«, antwortete ich bereits mit großer Sicherheit.

»Wohin wollt ihr?«

»Wir wollen in Berlin bleiben. Wir haben hier Familie. Sie haben versprochen, uns aufzunehmen.«

»Gut«, meinte der Hitlerjunge, »wo wohnen eure Verwandten?« – »In Charlottenburg«, antwortete ich.

»Wir werden euch hinbringen.« Ich wehrte bescheiden ab. Das sei doch nicht nötig. Mir sei Berlin nicht unbekannt. Wir würden uns schon zurechtfinden.

»Nein, nein«, sagte der Hitlerjunge, »ihr wißt ja nicht, wie sich Berlin verändert hat.« Er spielte auf die Luftangriffe an. Einige Straßen wären längst unpassierbar geworden, erzählte er. Mir war nicht wohl bei dem Gedanken. Was würde Tante Lisa sagen, wenn sie uns in Begleitung von Hitlerjungen sah! Zunächst einmal setzten wir uns dennoch in Ruhe an den Tisch und aßen. Ich konnte gar nicht genug kriegen; so gut hatte ich lange nicht gegessen. Meine Mutter mahnte besorgt:

»Du wirst auffallen, wenn du so viel ißt.« Sie hatte recht, denn die meisten Flüchtlinge aßen kaum. Teils, weil sie apathisch waren, teils, weil ihnen dick gestrichene Leberwurststullen nicht so viel bedeuteten wie mir. Mir war es gleich. Meine Disziplin verließ mich.

»Was machen wir jetzt?« Meine Mutter sorgte sich. Die Begleitung der Hitlerjungen war ihr fatal.

»Ach, wir müssen ja noch den Verlust des Koffers anmelden«, sagte ich. »Natürlich«, bestätigte einer der Hitlerjungen, der wieder an meiner Seite stand, »das sollten Sie jetzt gleich tun«, und er wies mir den Weg zur Reichsbahn-Direktion. Meine Mutter blieb in der Kantine. Ein mürrischer Beamter fragte am Schalter, was ich wollte. Ich erklärte ihm, den Verlust eines Koffers zu melden. Er gab mir ein Formular. Ich beschrieb den Koffer und den Inhalt. Es fiel mir leicht. Ich unterschrieb das Formular mit dem Namen, den ich anzunehmen gedachte: Inge Elisabeth Marie Richter. Nichtjuden hatten meines Wissens meist mehr als einen Vornamen. Wir würden von der Reichsbahn hören. Der Beamte sagte es uninteressiert. »Ja, ja, Sie kriegen Bescheid; ja, ja, an die Adresse, die Sie angegeben haben.« Und dann schloß er schnell wieder das Fenster.

Ich ging in die Kantine zurück. Kaum hatte ich meiner Mutter berichtet, sagte sie hastig:

»Bloß weg von hier. Ich kann nicht mehr. Dieses fürchterliche Bild und die ganze Atmosphäre machen mich schrecklich nervös«, und sie deutete auf das Hitlerbild, das von der Decke bis zum Boden reichte und den »Führer« in brauner Uniform, Hand am Koppel und den Blick starr geradeaus gerichtet, zeigte. Aber da tauchte wieder einer der Hitlerjungen auf und flüsterte mir zu:

»Es ist wieder Voralarm gegeben worden. Die Engländer sind noch einmal im Anflug auf Berlin. Wir können noch nicht weg von hier.« Wir wurden sehr unruhig. Tante Lisa würde warten. Abermals zogen wir in den Luftschutzkeller. Wieder geschah nichts. Es war still im Keller. Jeder horchte hinaus. Die Flüchtlinge saßen auf ihrer Habe. Die Kinder waren meist eingeschlafen und wimmerten leise im Schlaf. Die Luft war zum Schneiden dick. Der Keller hatte keine Entlüftung. Die Ausdünstung vieler ungewaschener Menschen, die nicht aus ihren Kleidern gekommen waren, die Hunde, die sie mit sich führten, das alles füllte den niedrigen Raum mit unerträglichem Gestank. Meine Mutter stöhnte:

»Bloß weg von hier.« Ihre Hände zitterten vor Nervosität. Als endlich Entwarnung gegeben wurde und wir wieder in die Kantine gehen durften, sagte einer der Hitlerjungen:

»Es tut mir furchtbar leid, aber jetzt müssen Sie die Nacht hier verbringen. Es ist bereits 10 Uhr, und nun fährt kein Verkehrsmittel mehr.«

Was nun? Er bot uns das Massenquartier an, in dem auch die anderen untergebracht würden. In einer Schule in der Glogauer Straße nahe dem Bahnhof wären Betten aufgestellt. Wir hatten keine Wahl, nahmen unsere wenigen Sachen auf und folgten den anderen hinaus auf die dunkle Straße. Es war kalt und unheimlich. Eine Rote-Kreuz-Schwester wies uns den Weg. Die Leute stolperten mehr, als daß sie gingen. Nach wenigen Minuten erreichten wir das alte Schulgebäude.

In der Aula und im Turnsaal standen Betten, auf denen Wehrmachtsdecken lagen. Männer und Frauen waren im gleichen Saal untergebracht. Die Hunde teilten die Schlafstätten mit ihren Herren. Meine Mutter und ich wählten die oberen der zweistöckigen Betten, um unbemerkt sprechen zu können. Schlafen war unmöglich. Im Saal herrschte ständige Bewegung. Irgendeiner mußte zur Toilette, ein Kind weinte, ein Hund bellte, einer träumte laut, ein anderer schrie. Angezogen lagen wir auf den Betten. Beim ersten Lichtschein gegen 5 Uhr früh hielt ich es nicht mehr aus. Wir standen auf, wuschen uns notdürftig und wandten uns an die NSV-Schwester.

»Unsere Verwandten gehen zur Arbeit. Wenn wir nicht ganz früh am Morgen bei ihnen sind, dann treffen wir sie erst am späten Nachmittag an.«

Die Schwester hatte volles Verständnis. »Ich bestätige Ihnen nur, daß Sie als Flüchtlinge hier eingetroffen sind. Name?«

Ich sagte sehr ruhig: »Ella Paula Richter und Inge Elisabeth Marie Richter aus Guben.«

»Gut, das genügt schon. Gehen Sie bitte in den nächsten Tagen zur NSV in Ihrem Bezirk. Dort wird man Ihnen weiterhelfen.«

Ich bedankte mich für die Fürsorge. Meine Mutter machte eine Geste des Dankes. »Meine Stimme ...«, flüsterte sie entschuldigend.

»Natürlich«, sagte die Schwester, »das ist die Aufregung«, und nach einem Augenblick, in dem ich das Papier sorgfältig in meine Tasche steckte: »Aber wollen Sie wirklich in Berlin bleiben?« Die Stimme der Schwester klang besorgt. Ich erzählte wiederum, daß wir in Berlin Familie hätten. »Viel Glück!« wünschte sie, dann gingen wir. Das heißt – wir eilten, rannten fast zur S-Bahn und fieberten dem Zug nach Charlottenburg entgegen. Er war wie gewöhnlich überfüllt mit mürrischen und unausgeschlafenen Menschen, die zur Arbeit fuhren. Leute, die zustiegen, noch dazu mit kleinen Köfferchen, waren höchst unwillkommen. Böse rückte man zusammen. Von der Station hatten wir noch 15 Minuten zu laufen. Völlig außer Atem kamen wir in der Konstanzer Straße an. Meine Mutter schloß auf.

»Mein Gott! Ich habe die ganze Nacht nicht geschlafen«, Tante Lisa kam uns entgegen und umarmte uns. »Ich habe mir solche Vorwürfe gemacht, daß ich euch das geraten habe.«

»Aber es ist ja alles gut!« und wir erzählten. Nun lachten wir schon über unser Abenteuer, schilderten die herzliche Aufnahme bei der NSV, zeigten unsere Papiere. Und Tante Lisa freute sich mit uns.

»Wie nun weiter?« fragte sie.

»Wir müssen uns bei der NSV melden, um den Zuzug zu bekommen.« Aber dazu brauchten wir natürlich eine Adresse, ein möbliertes Zimmer irgendwo. Es schien uns sicherer, wenn einer unserer Freunde uns dabei half.

»Klar, mach ich«, rief Frau Grüger und lachte aus vollem Halse. Das war so richtig nach ihrem Geschmack. »Das ist prima, das ist ganz prima!« rief sie wieder und wieder aus, als wir ihr unsere Abenteuer als Flüchtlinge schilderten. Wir gaben ihr die bereits ausgefüllten Anmeldeformulare. Nicht ein einziges Datum entsprach der Wirklichkeit. Ich hatte mich älter gemacht.

»Warum?«

»Aber ich möchte doch Zigaretten und Alkohol kaufen können!« – damals wichtige Tauschmittel, um Lebensmittel zu erstehen, und die bekam man erst mit 25 Jahren. Wieder lachte sie schallend. Meine Mutter hatte sich als Witwe ausgegeben, den Mädchennamen einer ehemaligen Freundin aus der Schulzeit angenommen und vorgegeben, in Meseritz geboren zu sein. Ich hatte Guben vorgezogen. Wir hatten sorgfältig bedacht, daß Nachfragen über unsere Angaben bei Einwohnermeldeämtern vermieden werden mußten. Alle in den Meldepapieren angegebenen Orte mußten darum bereits in russischer Hand sein. Als unsere letzte Adresse gaben wir Guben, Am Markt 4, an, denn ich erinnerte mich, daß wir einst eine Radierung besessen hatten, die das Gubener Rathaus mit den umliegenden Wohnhäusern zeigte und die Unterschrift »Am Markt« trug. Frau Grüger unterschrieb die Anmeldung und bestätigte, uns als Untermieter aufzunehmen. Die Unterschrift des Hauswartes fälschte sie. Das schien ihr sicherer, als lange zu fragen. Wir versprachen ihr, nur kurze Zeit davon Gebrauch zu machen. Der Anfang war wichtig. Mit dem unterschriebenen Papier gingen wir zur NSV des Bezirks Charlottenburg. Ruhig zeigte meine Mutter das Papier und bat um die Aufenthaltsgenehmigung.

»Aus Guben sind Sie?« Die Beamtin schaute uns prüfend an und meinte:

»Für Sie ist doch das Osthavelland als Aufnahmegebiet zuständig.«

Meine Mutter antwortete:

»Ich weiß, aber wir haben hier Familie.«

Die Frau sah uns noch einmal an. Dann sagte sie:

»Aber warum kommen Sie denn ausgerechnet nach Berlin? Wenn hier nun etwas geschieht ...«

Meine Mutter blickte sie erstaunt an und fragte:

»Ja, aber was soll denn hier geschehen?«

»Nun, Berlin könnte zum Beispiel belagert werden«, meinte die Frau. Meine Mutter guckte sie nun völlig verständnislos an.

»Aber das kann doch nicht sein! Unser Führer wird das nicht zulassen!« Ich hatte Mühe, ernst zu bleiben. Die Schauspielkunst meiner Mutter überraschte mich. Man konnte, ja, man mußte ihr ohne weiteres glauben, daß sie das, was sie sagte, auch meinte. Die Frau von der NSV senkte den Kopf. Sie errötete betroffen. Sie mochte befürchten, ihre Äußerung könnte als Defätismus ausgelegt werden. Darauf stand die Todesstrafe.

»Natürlich, natürlich«, stimmte sie sehr beflissen zu, »Sie haben ganz recht«, sprach's, und nun ging alles sehr schnell. Sie stempelte unsere Papiere, empfahl uns als nächstes das Polizeirevier und die Kartenstelle. Wir dankten und gingen hinaus.

»Lach nicht!« flüsterte meine Mutter mir ernst zu, »wir müssen erst außer Sichtweite sein.« Dann allerdings schüttelten wir uns immer wieder vor Lachen.

Mit dem kostbaren Papier gingen wir zur Polizei. Ohne viel Aufhebens wurden wir in die Kartei aufgenommen. Noch ein Stempel und unsere Anmeldung war legalisiert. Bei der Lebensmittelkartenstelle konnte ich meinen Augen nicht trauen; so viele Marken und Karten und Bezugsscheine gab es.

»Bitte, wie können wir Ihnen noch auf andere Weise helfen?« wurden wir gefragt.

»Benötigen Sie Kleidung?«

»Natürlich«, antwortete meine Mutter, »als wir flüchten mußten, konnten wir nicht viel mitnehmen, und hier ist uns noch ein Koffer gestohlen worden.« Die Damen bemitleideten uns. Wir erhielten Bezugsscheine für alles, was uns gerade einfiel. Einige dieser kostbaren Scheine haben wir nie einlösen können, denn es gab damals in Berlin kaum noch etwas zu kaufen.

Ich wollte Weidt diese Wendung unseres Schicksals mitteilen. Als ich in die Werkstatt kam, fand ich ihn das erste Mal wieder fröhlich vor. Er lachte mich verschmitzt an.

»Ali ist in Berlin.« Ich sprang auf.

»Wo, wie, so erzählen Sie doch!« Er hieß mich leise sprechen. Und dann berichtete er, daß er nach Auschwitz gefahren sei. Das war kurz nach dem Eintreffen der Karte, auf der Ali mitteilte, daß sie von Theresienstadt nach Auschwitz gebracht worden sei. Dort, in der Stadt Auschwitz, hatte er ein Zimmer auf seinen Namen gemietet, es für einige Monate bezahlt und dort Kleidung und Geld für Ali hinterlegt. Er sei dann einige Zeit in Auschwitz geblieben, hätte Abend für Abend vor dem KZ gestanden und auf Zivilarbeiter gewartet, die im Lager ein und aus gingen. Unter ihnen hatte er schließlich einen ausgemacht, der als Vorarbeiter in der IG-Farben-Fabrik in Monowitz tätig war und Ali aus der Masse der jüdischen Arbeiter herausfand. Er bestach ihn, gab ihm einen Brief für Ali mit und erhielt auf dem gleichen Weg auch Antwort. Später hatte er über diesen polnischen Arbeiter Medizin, Verbandstoffe und Stärkungsmittel für Ali ins Lager geschickt. Ali wußte also, daß in Auschwitz ein Zimmer für sie bereit war. Nachdem es ihr gelungen war, sich bei der Evakuierung des Lagers im Januar, als die Sowjettruppen vor Auschwitz standen, davonzustehlen, fand sie dort Zivilkleidung und konnte nach Berlin gelangen. Hier hielt Weidt sie versteckt. Aber nun konnte es wirklich nur noch einige Monate dauern.

Meine nächste Sorge galt der Kriegslage. Die Russen kamen im Osten voran, die Amerikaner und Engländer im Westen. »Wir müssen wieder nach Potsdam«, sagte ich und erklärte meiner Mutter, daß ich nicht gern eine Belagerung der Stadt

Berlin miterleben wollte. Ihr war das gleichgültig. Sie glaubte felsenfest daran, daß uns nun nichts mehr geschehen könne. Mir saßen die Fliegerangriffe in den Knochen. Eine Belagerung mußte noch weitaus schlimmer werden. Potsdam mit seinen Gärten und Gärtchen war noch so friedlich.

»Wir könnten doch zu Frau Fabig in unseren Ziegenstall zurückkehren.« Und so fuhren wir auch eines Tages wieder nach Potsdam, sagten ihr, daß nun alles in Ordnung sei und wir keinen Grund hätten, nicht in unserem Ziegenstall das Kriegsende zu erleben. Frau Fabig war einverstanden. Sie war recht froh, uns wiederzusehen. Allein fühlte sie sich verlassen und verängstigt. Wir schlugen ihr vor, uns nun polizeilich anzumelden. Auch das war ihr recht. Sie unterschrieb unser Anmeldeformular als »Zweitmeldung«. Auf dem Revier in Potsdam wurden wir als »Flüchtlinge aus Guben« eingetragen. Wir fühlten uns nun sicher. Und wieder fuhren wir jeden Morgen nach Berlin zur Arbeit und am Abend nach Potsdam; jetzt allerdings nur noch der Sicherheit wegen, denn wir hatten inzwischen in Berlin auch ein neues »echtes« Quartier. »Ist ja ziemlich gleich, wo«, hatte ich zu meiner Mutter gesagt, als wir uns nach einem möblierten Zimmer umsahen. »Wir werden nicht viel dort sein.« Und wir lasen aufmerksam die Anschläge an Haus- und Bretterwänden oder an Bäumen, an denen Angebote und Suchmeldungen aushingen.

»Ludwigkirchstraße 6, möbliertes Zimmer im vierten Stock für zwei Personen, bei Hellweg«, lasen wir. Es lag günstig, nicht weit von der S-Bahn, schien nicht teuer zu sein und war wiederum weit genug von unserer früheren Wohnung entfernt, so daß uns niemand kennen würde. Wir gingen hin. Ein Mann öffnete uns, Herr Hellweg, Mitte Vierzig, der Wohnungsinhaber. Es schien mir seltsam, daß er nicht zur Wehrmacht eingezogen war. Er zeigte uns das Zimmer. Wir wurden einig. Wenn wir wollten, könnten wir am nächsten Tag einziehen. Wir wollten.

Unsere wenigen Sachen holten wir aus der Wohnung von Linkes und beschlossen, wenigstens einige Tage in diesem Zimmer zu verbringen.

»Sie müssen sich anmelden«, erinnerte uns Herr Hellweg. Ich fragte ihn, wann er im Hause sei, um zu unterschreiben. Wir bereiteten die Formulare vor. Am Abend klopfte ich bei ihm an und legte ihm die ausgefüllten Formulare vor. In dem Augenblick ging wie so oft das Licht aus.

»Verdammt«, sagte er und zündete eine Kerze an, »jetzt kann ich gar nicht sehen, was ich hier unterschreibe.«

»Ich kann ja morgen wiederkommen«, bot ich an.

»Ach was«, meinte er, »Juden oder Polen werden Sie schon nicht sein«, nahm den Federhalter und unterschrieb. Ich hatte kein Wort gesagt. Als er mir das Formular zurückgab, sagte ich nur kurz »vielen Dank« und ging hinaus. Ich kochte vor Wut. Meine Mutter klagte, warum wir nicht intensiver gesucht hätten. Einfach so das erstbeste Zimmer zu nehmen! Wie, wenn er Recherchen über uns anstellen würde. Ich versuchte, sie zu beruhigen. Schließlich konnte es ja nicht mehr lange dauern. Als wir noch diskutierten und überlegten, ob wir es recht gemacht hatten, gab es Fliegeralarm. Ich sprang hoch. Im vierten Stock war das besonders unangenehm. Ich drängte meine Mutter.

»Nur schnell, nur schnell!« und tatsächlich begann die Flak sehr bald nach dem Alarm zu schießen. Außer Atem kamen wir im Keller an. Der Luftschutzwart begrüßte uns als neue Mieter, er habe uns bereits auf seiner Liste, sagte er beruhigend. Wir würden also gesucht, wenn das Haus zusammenstürzte, meinte er lachend. Ich lachte höflich mit. Wir setzten uns. Plötzlich sah ich mit Erschrecken in einer Ecke des Kellers einen Mann sitzen, den Judenstern am Mantel. Er wagte nicht hochzublicken. Seine wohl arische Ehefrau saß bei ihm. Ich fühlte mich elend. Ich hätte ihn so gern gestreichelt ...

»So sieh doch nicht dauernd dorthin!« Meine Mutter war außer sich. Ich versuchte es, aber ich fühlte mich vor ihm so entsetzlich schuldig.

»Bleib übrig«

Am 20. April verließen wir Berlin. An jenem Tag war das Rumpeln, Dröhnen und Grollen des Geschützfeuers zum ersten Mal im Innern der Großstadt zu hören. Im Rundfunk wurde angesagt, daß künftig nur noch Inhaber von roten Fahrausweisen öffentliche Verkehrsmittel benutzen dürften. Mein grüner und mein gelber Fahrausweis nutzten nun nichts mehr. Wenn wir das Ende des Krieges nicht in Berlin erleben wollten, war es die letzte Gelegenheit, die Stadt zu verlassen.

Berlin befand sich zu jener Zeit im Übergang von einer Stadt zu einer Schutthalde. Trümmer und Ruinen, wo einst Häuser gestanden hatten. Aus ihnen ragten geborstene, verbogene Stahlträger hervor und verwandelten ganze Straßenzüge in surrealistische Landschaften. Hier und da stand noch wie vergessen ein Haus. Holz und Pappe ersetzten die Fensterscheiben, aus denen Ofenrohre herausragten. Die von Bombensplittern gezeichneten Fassaden gaben ihnen das Aussehen vergeblich gestürmter Festungen. Löcher im Asphalt der Straße und tiefe Krater zeugten vom Bombenhagel, der seit 1943 auf die Stadt niedergegangen und in den letzten Monaten vor Kriegsende immer grausamer geworden war.

Die amerikanischen und englischen Bomber operierten fast völlig ungehindert über der Stadt. Eine wirksame Flugabwehr gab es längst nicht mehr. Die Menschen lebten irgendwie weiter. Sie hausten wie Mäuse, die unter Tage wühlten und nur, wenn es hell war und sicher schien, an die Oberfläche krochen. Emsig rannten sie dann, um etwas Eßbares zu suchen. Überleben war die Devise.

»Bleib übrig!« So grüßte man sich damals. Nur einmal, am 19. April 1945, als der Tod Präsident Roosevelts gemeldet wurde, flackerte noch einmal die vage Hoffnung auf, daß nun alles wieder gut werden könnte, ohne daß jemand hätte sagen können, warum. Aber dieser Hoffnungsschimmer verblaßte schnell.

Ich hatte Angst. Die amerikanischen und englischen Luftangriffe auf Berlin hatten mich zermürbt. Die an den Berliner Straßenecken aufgefahrenen Panzer sowie die Panzersperren aus alten Kinderwagen oder ausrangierten Straßenbahnen und anderem Gerümpel ließen Schlimmes ahnen. Mir erschien es daher ratsamer und weniger gefahrvoll, das Ende des Krieges in unserem kleinen Ziegenstall inmitten von Obstgärten und kleinen Einfamilienhäusern zu erleben. Dort war es allerdings auch nicht mehr so friedlich, seit wenige Tage zuvor Potsdam das erste Mal bombardiert worden war. Es war ein Angriff mit besonders schrecklichen Folgen, weil die Menschen dieser kleinen Stadt sich daran gewöhnt hatten, daß auf Potsdam keine Bomben fallen, und nicht in die Keller gegangen waren. Auch unsere kleine Siedlung war arg in Mitleidenschaft gezogen. Wie es schien, hatten die Bomben das Schienennetz der Eisenbahn bei Potsdam treffen sollen. Die »Weihnachtsbäume«, wie die Leuchtkugeln genannt wurden, die zuerst abgeworfen wurden, um die Ziele abzustecken, müssen durch den Wind in die Richtung unserer Siedlung abgetrieben worden sein. Unser kleiner Splittergraben schwankte wie ein Kahn auf hoher See.

»War das immer so in Berlin?« fragte Frau Fabig nach den ersten Bomben voller Entsetzen. Die Nacht war hell erleuchtet, und um uns herum krachten die Bomben in die kleinen Häuser oder detonierten in den Gärten. Auch in unserer Siedlung gab es einige Tote. Von unserem Ziegenstall waren glücklicherweise nur die Dachziegel heruntergerissen worden. Mit viel Mühe deckte ich das Dach am nächsten Tag wieder mit Ziegeln und Dachpappe, die irgend jemand für die »Richters« brachte. In jener ersten Bombennacht von Potsdam begriffen einige erst, was der jahrelange Bombenhagel auf Berlin bedeutet hatte. Und wir galten als Ausgebombte aus Berlin.

Meine Mutter gab meinem Drängen schließlich nach, Berlin zu verlassen. Dank unserer falschen Papiere konnten wir ja nun unseren Wohnort wählen. Sonst hatte sich an unserem Leben nicht viel geändert. Ich arbeitete weiter als Verkäuferin in Königs Buchladen und half ab und zu im Milchladen aus, während meine Mutter als Lehrerin tätig war. Wir fühlten uns als Richters mit entsprechenden Dokumenten sicherer als jemals in den Jahren der Illegalität. Vor allem schienen uns die Lebensmittelrationen ein unermeßlicher Schatz, und wir fragten uns manchmal, wie über zu geringe Mengen geklagt werden konnte. Für uns war es viel im Vergleich zu dem, was uns in den Jahren zuvor zur Verfügung gestanden hatte.

Also packten wir abermals unsere wenigen Habseligkeiten zusammen und schleppten sie auf dem Rücken und in großen Taschen zur nächsten S-Bahn-Station. Es waren hauptsächlich Lebensmittel – eine Tüte Grieß, ein bißchen Mehl, ein paar

Kartoffeln, aber auch Kohlen und ein paar wieder und wieder gestopfte Wäschestücke.

Züge nach Potsdam waren selten geworden. Fahrpläne galten längst nicht mehr. Und wenn ein Zug stoßend und klappernd einfuhr, war er so voll, daß es unmöglich schien, auch nur stehend zum Ziel zu gelangen. Jeder schleppte Pakete, deren Inhalt sicher unserem ähnelte. Jeder war nervös, verstört, schweigsam. Was gab es auch zu sagen?! Wer glaubte noch an den »Endsieg«? »Defätisten werden ohne Gnade erschossen«, hatte es geheißen. Und einige, die dennoch »volksverräterische Bemerkungen« gemacht hatten, röchelten ihren letzten Atemzug an einem Laternenpfahl aus, an dem sie einige Tage zur Abschreckung hingen, mit einem Schild um den Hals: »Ich war ein Volksverräter.«

Vom Bahnhof Potsdam bis zu unserer Siedlung außerhalb der Stadt mußten wir gut 20 Minuten laufen. Straßenbahnen fuhren schon lange nicht mehr. Unsere Pakete belasteten uns. So überwanden wir unsere Abneigung, einen der vielen nach Deutschland verschleppten Fremdarbeiter – Russen, Polen, Franzosen –, die am Bahnhof nach Gelegenheitsarbeit Ausschau hielten, um Hilfe zu bitten. Sie waren besonders schlimm dran, denn ihre ohnehin primitiven Lager waren meist durch Bomben zerstört. Niemand kümmerte sich um sie. Ihre Wächter waren längst zum Volkssturm eingezogen. Die noch andauernden Kriegshandlungen hinderten sie daran, sich auf den Heimweg zu machen. Ein Russe nahm gierig unsere Pakete, obwohl er sicherlich genauso unterernährt war wie wir. Ich glaubte, ihm Mut zusprechen zu müssen, und gratulierte ihm zu dem nahen Kriegsende und der damit für ihn verbundenen Hoffnung, bald wieder nach Hause zu können. Er sah mich entsetzt an und erklärte mir, dies sei für ihn ein fürchterlicher Gedanke. Er hoffe, Hitler werde den Krieg doch noch gewinnen. General Wenck sei mit seiner Armee bereits auf dem Wege, Berlin zu verteidigen. Er sei Ukrainer und hasse das Regime in Moskau. Ich schwieg erschrocken. Nun sprachen wir nur noch über das Wetter. Am Ziel küßte er uns beiden die Hände.

»So und nun gehen wir nicht mehr von hier weg, bis der Krieg aus ist«, sagten wir unserer Frau Fabig.

»Ja, meinen Sie wirklich?« Und dann: »Wenn nur die Russen nicht kämen.« Sie sprach es wie ein Echo nach jedem Satz. Berichte über ihre Greueltaten gingen den Russen voraus und wurden fast zur Bestätigung, daß Hitler recht getan hätte, sie als

Untermenschen zu bekämpfen und zu dezimieren. Ahnungslos und hoffnungsvoll tat ich das alles als »Nazi-Propaganda« ab.

»Der Huth müßte es ja eigentlich wissen«, sagte die alte Frau. Huth, ihr Nachbar, sei Kommunist gewesen, »damals vor Hitler«, und würde es nun gewiß wieder sein. Ich wagte ein Gespräch mit ihm über den Gartenzaun. Er strahlte, offenbarte sich ohne Scheu und sprach voller Stolz über die Erfolge der Roten Armee. Es gäbe wirklich keinen Grund zur Furcht, besonders nicht für diese kleine Siedlung, deren Anwesen sich Arbeiter abgespart hatten. Als wir miteinander sprachen, sahen wir den Nachbarn, Herrn Ludwig, von der anderen Seite unseres Grundstücks in den Garten schleichen. Er war ein großer breiter Mann mit dunklen, immer speckigen Haaren, einer Drahtbrille und einem lauernden, unfreundlichen Blick. Er war Luftschutzwart, Blockwart und hatte auch andere Funktionen in der Partei, in der auch seine Frau aktiv tätig war. Nun schlich er in seinem Garten herum, spähte nach rechts, spähte nach links, uns konnte er nicht sehen. Er öffnete den Geräteschuppen und holte einen Spaten. Wieder lauschte er. Als er sich allein wähnte, begann er hastig eine Grube auszuheben, in die er irgend etwas hineinwarf. Dann schippte er die Grube zu, klopfte die Erde fest und verschwand wieder im Haus.

Polnische Fremdarbeiter aus dem nahegelegenen Arbeitslager haben später wieder ausgegraben, was er dort versteckt hatte – die Parteibücher und sonstige Unterlagen, die ihn und seine Frau als Nazis auswiesen. Die Polen kamen auch zu uns, als ihre deutschen Bewacher abgezogen waren, wenige Tage bevor die Kämpfe um Potsdam begannen. Sie wußten vorzüglich über die Einwohner der Siedlung Bescheid.

»Eure Spur verläuft sich – wer seid ihr?« fragten sie. Ich sagte es ihnen.

»Nenn mir die Nazis in dieser Siedlung!« Ich tat auch das und bestand so die Prüfung. Wenig später steckten sie das nahe Haus des Kolonialwarenhändlers, der ihnen auch jetzt noch den Proviant verweigert hatte, in Brand. Grün schlugen die Flammen aus dem Keller. »Seht nur, was dieser Kerl noch an Fettvorräten hatte«, sagten die Leute aus der Siedlung ohne Mitleid. Auch ihnen hatte er alles vorenthalten. In den folgenden zwei Tagen liefen die Frauen von Laden zu Laden, um einzukaufen, was ihnen den Marken nach noch zustand und was noch zu haben war. Einige fuhren mit Handwagen zu einem verwaisten

Lager der »Organisation Todt«* und kehrten mit Säcken voll Mehl und Zucker sowie ganzen Rollen von Uniformstoff zurück.

Das dumpfe Grollen der Geschütze war näher gekommen. Am Abend des 22. April ging ich an die nahe Hauptstraße, die von Rehbrücke nach Potsdam führt. Sie war im Laufe des Tages stellenweise aufgerissen und behelfsmäßig verbarrikadiert worden. Zehn sechzehnjährige Hitlerjungen, die nun dem »Volkssturm« angehörten, schleppten Schutt heran und versicherten, daß diese Sperre die herannahenden Russen mit Sicherheit bis zum Eintreffen der sagenhaften Armee Wenck aufhalten werde. Niemand wußte, wo diese Armee war und ob sie überhaupt existierte. Aber jeder sprach von ihr als der Rettung für die inzwischen eingeschlossene Reichshauptstadt. »Außerdem hat jeder von uns zwei Panzerfäuste«, sagten die Hitlerjungen mit kindlichem Stolz.

Am nächsten Morgen zählte ich die Abschüsse. Nach dem zwanzigsten war es einen Moment still. Und dann, dann hörte ich es ganz deutlich, saugte es in mich auf, lauschte immer wieder, um es glauben zu können, hätte schreien mögen vor Erleichterung – das Rasseln russischer Panzer. Ich habe es noch heute im Ohr. Ich verließ den kleinen Splittergraben in unserem Garten. Für mich war der Krieg zu Ende, obwohl die Nachbarn mich warnten, die SS sei im nahen Wald versteckt und würde zu gegebener Zeit den Russen den Garaus machen. Ich war an jenem Tage sehr glücklich und überlegte schon, wie ein normales Leben wohl sein würde. Ich konnte damit keine Vorstellung mehr verbinden.

Mit einem glücklichen Lächeln empfing ich den ersten russischen Soldaten, der sich in unsere Siedlung traute. Er kam langsam heran. Er war klein und hatte krumme Beine, ein typisch mongolisches Gesicht mit mandelförmigen Augen und hohen Backenknochen. Er lächelte verschmitzt. Sein Soldatenkittel war keineswegs sauber, seine Mütze saß schief auf dem Kopf. Ich versuchte ein Gespräch, während er so dastand und mich anstarrte. Das klappte nicht. Er starrte mich nur an, ohne den Mund zu öffnen. Neugierig guckte er schließlich in unseren

---

* »Die Organisation Todt ist eine Einrichtung zur Durchführung kriegsentscheidender Bauaufgaben aller Art.« (Führererlaß 2. 9. 1943). Die OT-Lager wurden gegen Kriegsende zu Zwangsarbeitslagern umgewandelt, in denen viele Mischlinge, aber auch die nichtjüdischen Männer aus Mischehen zur Arbeit gezwungen wurden.

Ziegenstall. Ich bot ihm etwas zu trinken an. Er lehnte ab. Er stand nur da und starrte mich an. Ich hatte nicht die geringsten Bedenken. Ich war nur glücklich. Am Nachmittag wagten sich andere russische Soldaten heran. Sie gingen umher, vorsichtig, mißtrauisch, prüfend, das Gewehr im Anschlag. Ich strahlte sie an. Ich suchte jemanden, der meine Freude mit mir teilte.

Plötzlich trat einer von ihnen vor, riß mich am Mantel und sagte nur: »Komm, Frau, komm.« Ich begriff zunächst gar nichts. Was sollte das? Von irgendwo hörte ich Schreie: »Sie vergewaltigen! Sie stehlen! Helft uns!«

Ich riß mich los. Ich begann zu rennen. Völlig außer Atem kam ich zu meiner Mutter. »Es ist also doch wahr«, sagte sie und fügte schnell hinzu, »wir müssen ihnen unsere jüdische Kennkarte zeigen«, die wir im Ziegenstall ›für den Tag danach‹ versteckt hielten, »sie werden verstehen.«

Sie verstanden gar nichts. Sie konnten die Kennkarten noch nicht einmal lesen.

An jenem Tag sprang ich noch viele Male über Hecken und Gräben, kroch durch Büsche und suchte Verstecke. Als es Abend wurde, beschlossen wir, zu unserer Wirtin ins Haus zu gehen. Die alte weißhaarige Frau würde sie vielleicht von uns abhalten. Es war kaum dunkel, da hörten wir, wie sie mit Gewehrkolben an die Türen schlugen, Frauen, die schrien, Schüsse. Sie kamen auch zu uns. Mit einer Pistole in der Hand trieb mich einer vor sich her. Meine Mutter warf sich dazwischen. Ich schrie und entkam irgendwie im Schutz der Dunkelheit. Es wurde eine schlimme Nacht.

Es war klar, ich mußte mich verstecken – wieder verstecken. Auf dem Dachboden des Nachbarhauses der Hentzes verbrachte ich mit anderen jungen Mädchen, einer Frau, die bereits vergewaltigt worden war, und ihrem Mann die nächsten Tage und Nächte. Zu den Mahlzeiten stiegen wir hinunter und aßen, während Tante Lisa oder meine Mutter Wache standen und »Alarm« gaben, wenn ein sowjetischer Soldat sich dem Hause näherte. Dann stürzten wir die Leiter hinauf, zogen sie ein, schlossen die Luke und stellten einen Eimer Wasser darauf, der demjenigen, der die Luke geöffnet hätte, auf den Kopf gefallen wäre. Einmal war eine von uns nicht schnell genug. Wir hatten die Luke noch nicht geschlossen, als zwei Russen sich mit Drohungen Einlaß ins Haus verschafften. Sie gingen auf die Luke zu und sagten: »Da deutscher Soldat!« Dann schoß einer durch die Luke. Wir drückten uns an die Dachziegel. Tante Lisa rief uns zu, herunterzukommen. Blitzschnell öffneten wir die Luke, schoben die Leiter herunter, und bevor die Soldaten begriffen hatten, was geschah, kletterten wir an ihnen vorbei und rannten ins Freie. Den Mann, den »deutschen Soldaten«, nahmen sie zunächst mit. Er kehrte später wieder, weil er beweisen konnte, daß er nie Soldat gewesen war.

Meine Mutter meinte, daß wir aufgrund unserer Vergangenheit ein Recht auf Schutz hätten. Mutig ging sie mit Tante Lisa zur russischen Kommandantur. Strahlend kamen sie zurück. Sie waren sofort zum Kommandanten geführt worden. Er zeigte sich begeistert, endlich wirkliche Antifaschisten kennenzulernen, und entschuldigte sich für die »Übergriffe«. Aber auch er sah keine Möglichkeit, uns zu helfen. Wir müßten uns eben selbst helfen, hatte er gemeint, denn er könne nicht jedem Soldaten einen Militär-Polizisten beigeben. Der Haß auf Deutsche sei zu groß, als daß man die Rachegefühle zügeln könnte.

Am Nachmittag des gleichen Tages erschienen zwei russische Soldaten bei uns. Artig klopften sie an und riefen auf Befragen, daß sie vom Kommandanten kämen. Sie seien Juden, sagten sie. Mit freundlichen Gesten traten sie ein. Meine Mutter rief, ich solle vom Dachboden herunterkommen. Wir setzten uns alle an den Küchentisch und begannen eine Unterhaltung, die aus Gesten und einigen jiddischen Sprachbrocken bestand. Sie lachten viel. Dann wandte sich der eine an mich und meinte, er würde gern »Chassene«* mit mir machen. Wir gaben vor, das Wort nicht zu verstehen. Sie sprangen auf. Ihre freundlichen Mienen waren plötzlich zu harten, bösen Grimassen erstarrt.

»Ihr seid gar keine Juden«, schrie einer von ihnen und schoß in die Luft. Während meine Mutter und Tante Lisa versuchten, die beiden zu beruhigen, rannte ich davon und suchte wieder einmal ein Versteck.

Am 1. Mai kam der Herr Kommandant persönlich. Ich hörte vomIzed Dachboden, wie meine Mutter Tante Lisa zurief, es sei der Kommandant. Eilfertig lief Tante Lisa zur Tür. Der Kommandant war so betrunken, daß er das Wort »Mädchen« nur lallen konnte. Es war nicht schwierig, ihn abzuweisen. Er stahl ein Fahrrad und fuhr selig wie ein Kind damit davon. Am Arm hatte er eine ganze Batterie von Armbanduhren, die begehrteste Beute russischer Soldaten. Von da an traute ich mich überhaupt nicht mehr, meinen Dachboden zu verlassen. Einmal mußte ich hilflos mit anhören, wie ein Sowjetsoldat, der sich durch Schie-

* Jiddisch für Hochzeit.

ßen Einlaß ins Haus verschafft hatte, meine Mutter zu vergewaltigen versuchte. Sie lockte ihn irgendwie auf die Straße und entkam auf diese Weise.

Meist lauschte ich auf die »Stalinorgel« und versuchte aus der Richtung, die ihre Geschosse nahmen, den Stand der Kampfhandlungen zu ermitteln. Die Geschosse schienen über unser kleines Giebelhaus hinwegzuzischen, zuerst in Richtung Potsdam, später nach Berlin. Dazwischen knatterte es, knallte es, krachte es: Lärm des Krieges. Wir hatten den Kontakt zur Welt verloren. Wir wußten weder das Datum zu nennen noch was außerhalb unserer unmittelbaren Umgebung vorging. Das Radio einzuschalten war ebenso sinnlos geworden wie der Versuch, Wasser aus dem Wasserhahn zu erhalten.

Und dann war auf einmal alles still, unheimlich still, unerklärlich still. Es war, als ob sich nichts mehr bewegte, als ob sich die Tiere nicht zu mucken wagten, als ob es kein menschliches Wesen mehr auf dieser Erde gäbe, als ob die Erde nicht mehr so war, wie wir sie aus den letzten Wochen kannten. Ich lag auf meiner harten, mit Stroh gefüllten Unterlage auf dem Dachboden und horchte der Stille nach. Durch die Dachluke sah ich, daß es Tag wurde. In der Ferne, dort wo Berlin lag, war der Himmel rot gefärbt. Ich konnte nicht unterscheiden, ob es Feuerschein oder Morgenrot war. Wichtiger aber war, zu wissen, was es mit dieser Stille auf sich hatte. Auch meine Bettnachbarin war aufgewacht. Wir flüsterten miteinander, als fürchteten wir, die Stille zu stören. Bis vor kurzem hatte noch die »Stalinorgel« unseren Tagesablauf beherrscht – ihr schreckliches Aufheulen, das in regelmäßigen Abständen erfolgte. Nun schwieg sie. Es war Wirklichkeit, worauf wir so lange und sehnsüchtig gewartet hatten: der Krieg war zu Ende. Freuen konnte ich mich nicht mehr.

Danach

Der Krieg war aus. Aber was bedeutete das schon? Wir hatten Hunger wie alle Deutschen. Und wie sie wußten auch wir nicht, wie es weitergehen würde. Wir waren noch »die Richters«, denn wir hatten keine Ahnung, wie wir zu unserer Identität zurückkehren könnten. Ich erkrankte schwer. Es war, als hätte meine physische Widerstandskraft bis zum Ende des Krieges gereicht. Nun schien sie erschöpft. Die Hoffnungslosigkeit, die wir empfanden, blieb gewiß auch nicht ohne Wirkung. Es gab keinen elektrischen Strom. Wir konnten nicht Radio hören. Zeitungen erschienen nicht. Dennoch wurde ruchbar, was englische Soldaten in Bergen-Belsen vorgefunden hatten und was in Auschwitz geschehen war. In den zurückliegenden Jahren hatten wir zwar in den Sendungen der BBC von schrecklichen Greueltaten der Nazis gehört, aber das, was nun offenbar wurde, war zu fürchterlich, um es fassen zu können. Und doch war es die Wahrheit. Freunde, Verwandte, Bekannte – sie alle lebten nicht mehr, waren auf grauenhafte Weise ermordet worden. Immer neue Namen fielen mir ein. Ich erinnerte mich an Gesichter von Menschen, die ich nun nie mehr sehen sollte, Menschen, die sich nichts hatten zuschulden kommen lassen, die sterben mußten, weil sie Juden waren. Ich weinte haltlos, und immer wieder von neuem überfiel mich eine entsetzliche, hoffnungslose Trauer.

Meine Mutter bemühte sich, mir gegenüber stark zu erscheinen. Sie versuchte, mich abzulenken und die Richtigkeit dieser Nachrichten zu bezweifeln. Aber nachts hörte ich ihr verhaltenes Schluchzen. Von meinem Vater gab es kein Lebenszeichen. Postverbindungen waren nicht wiederhergestellt worden. Meine Mutter tauschte ihre letzten Habseligkeiten gegen Lebensmittel ein. Frau Fabig hatte ihr ein Stückchen Gartenland zum Anbau von Gemüse überlassen. Als ich später schon im Garten liegen durfte, sah ich ihr zu, wie sie Erdschollen umbrach und Beete anlegte. Es machte mich noch verzweifelter, daß ich ihr nicht helfen konnte. Nur sehr langsam erholte ich mich. Ich mußte gehen lernen; als ich nach zwei Monaten die ersten Schritte auf einen Stock gestützt tun konnte, war das für uns ein Feiertag. Es gab keine Lebensmittelzuteilungen. Wir hungerten. Wovon wir lebten, weiß ich nicht. Jeder mußte zusehen, was er sich beschaffen konnte. Das war auf ehrliche Weise kaum möglich. Einmal begleitete ich meine Mutter bei einem ihrer »Raubzüge«. Ich staunte über die Geschwindigkeit, mit der sie von einem Kohlfeld 23 Kohlköpfe in den von mir bereitgehaltenen Sack warf. Als ich sie fragte, warum sie so viele genommen hätte, entgegnete sie gleichmütig: »Wie soll man beim Stehlen auch noch zählen?!«

Als die sowjetische Besatzungsmacht damit begann, begrenzte Verwaltungseinheiten von Deutschen aufbauen zu lassen, meldeten sich viele, die mithelfen wollten, endlich wieder eine Ordnung herzustellen. Den alten Sozialdemokraten Walter Rieck drängte es nach Berlin. Auch ich hoffte, dort eher Hilfe finden zu können. Ich wußte nicht, was ich tun sollte. Nie zuvor hatten wir in all den Jahren an den Tag »danach« gedacht. Alle unsere Energien hatten wir darauf konzentrieren müssen, die nächste Stunde, den nächsten Tag zu überleben. Aber zunächst mußte ich wieder zu Kräften kommen, denn nach Berlin konnte man nur zu Fuß gehen.

Einer unserer Freunde, Dr. Thaus, hatte einmal gemeint, ich könnte ja »dann« seine Sekretärin werden, da er damit rechnete, wieder in der Schulverwaltung eine maßgebliche Funktion zu erhalten. Vielleicht bot sich dort eine Möglichkeit. Aber noch konnte ich in dieser Beziehung nicht aktiv werden.

Anläßlich der bevorstehenden Potsdamer Konferenz, die Deutschlands Zukunft entscheiden sollte, kamen Mitte Juli 1945 Truppen der westlichen Alliierten nach Potsdam. Die amerikanischen und englischen Soldaten waren insbesondere für die weibliche Bevölkerung eine Sensation. Die Franzosen hatten ihnen gegenüber, was Geschenke anbetraf, weniger zu bieten. Die Tochter der Familie Hentze hatte einen »Tommy« mit nach Hause gebracht. Eine Verständigung war sprachlich nicht möglich. Sie verstand kein Englisch, er kein Deutsch. Ich wurde gelegentlich gebeten zu dolmetschen. So kam es, daß ich eines Tages Eddie Mathews meine Geschichte erzählte und dabei erwähnte, daß mein Vater in England sei. Ich hatte nicht erwartet, daß ein Engländer mein Schicksal verstehen würde. Es schien mir geradezu unmöglich. Aber Eddie, im Privatleben LKW-Fahrer, sagte nur: »Ich weiß, ich war bei der Befreiung von Bergen-Belsen dabei.« Er bot mir an, einen Brief an meinen Vater zu schreiben, den er über die britische Feldpost befördern würde. Ich gab ihm meines Vaters Anschrift, die wir vor Kriegsausbruch von ihm erhalten hatten. Eddie schickte den

Brief ab. Voller Ungeduld und Spannung warteten wir auf eine Antwort. Aber an jedem Tag, den er kam, schüttelte er schon von weitem stumm den Kopf.

An einem Sonnabend verabschiedete sich Eddie. Die Konferenz von Potsdam war am 2. August 1945 beendet. Potsdam gehörte nun zur sowjetischen Besatzungszone. Die Truppen der drei Westmächte hatten dort keine Rechte mehr. Sie wurden nach und nach abgezogen. Eddie sagte mir, daß er uns nun nicht mehr helfen könne, denn wenn er in der britischen Besatzungszone wäre, gäbe es keinen Kontakt mehr zu den anderen Teilen Deutschlands. Auch dieser Versuch, mit meinem Vater wieder in Verbindung zu treten, war also mißlungen. Es schien uns fast selbstverständlich in dieser Zeit der Hoffnungslosigkeit. Wir dankten Eddie für seine Bemühungen. Was konnten wir noch tun?

Am folgenden Sonntagmorgen hielt ein Motorrad mit zwei britischen Soldaten vor Frau Fabigs Grundstück. Einer von ihnen war Eddie. In seiner Hand schwenkte er einen Brief. Es war die Antwort meines Vaters. Am Morgen war der Brief eingetroffen, erzählte Eddie, als die britischen Soldaten schon abmarschbereit standen und das Lager nicht mehr verlassen durften. Er hatte sich daraufhin beim Kommandanten gemeldet, ihm unsere Geschichte erzählt und gebeten, diesen Brief bei uns abliefern zu dürfen. Der Kommandant entschied, daß er ein Motorrad nehmen und mit einem Kameraden zu uns fahren sollte, um den Brief zu übergeben. Die beiden Soldaten hatten den Befehl, dann unverzüglich ihrer Einheit zu folgen, die mit der Eisenbahn zur britischen Zone unterwegs war.

Wir konnten Eddie nicht mehr danken. Er saß schon wieder auf dem knatternden Motorrad, das mit ihm und seinem Kameraden davonraste, als meine Mutter noch völlig sprachlos den Brief in der Hand hielt, als fürchtete sie, er könnte sich ebenso in nichts auflösen wie so viele Hoffnungen davor. Langsam öffnete sie dann schließlich den Umschlag und las den Brief. Am 4. August, seinem Geburtstag, hatte mein Vater den Brief von Eddie erhalten und so erfahren, daß wir noch am Leben waren. Dieser Brief war lange unterwegs gewesen, ehe er meinen Vater erreicht hatte, denn im Verlauf des Krieges war mein Vater nach Birmingham umgezogen. Seine neue Anschrift war uns unbekannt gewesen.

An jenem 13. August 1945 wußten wir nun, daß mein Vater lebte und auf uns wartete. Es war uns, als hätte das Leben doch wieder einen Inhalt.

Unsere erste Reaktion auf diesen Brief meines Vaters war natürlich der Versuch, eine Einreisegenehmigung für England zu erhalten. Meine Mutter und ich machten uns zu Fuß nach Berlin auf, um bei der britischen Militärkommandantur eine Einreisegenehmigung zu beantragen. Nach sechsstündigem Fußmarsch erreichten wir unser Ziel.

»Warum wollen Sie denn nach England?« erkundigte sich der uniformierte Engländer in der britischen Militärkommandantur. Meine Mutter schaute ihn verständnislos an.

»Ich bin über sechs Jahre von meinem Mann getrennt«, entgegnete sie dann sehr ruhig.

»Ich auch von meiner Frau«, bemerkte der Engländer kühl. »Es war nämlich Krieg.« Er war nicht geneigt, eine nähere Begründung unseres Wunsches auch nur anzuhören. Wir erhielten lediglich die Auskunft, daß zunächst keinem eine Einreiseerlaubnis nach England erteilt würde, selbst dann nicht, wenn er dort nahe Angehörige hätte.

Während ich schimpfend die Treppe der Militärkommandantur hinunterlief, versuchte meine Mutter, den Engländer zu entschuldigen, meinte aber dann doch sehr niedergeschlagen: »Wir müssen uns darauf vorbereiten, hier noch längere Zeit auszuharren.« Seit dem ersten Brief meines Vaters hörten wir nun lange nichts mehr von ihm und wußten daher auch nicht, welche Möglichkeiten er hatte, unsere Ausreise nach England zu beschleunigen.

Nach dieser Auskunft war uns klar, daß wir den Ziegenstall in Potsdam verlassen mußten. Nur in Berlin konnten wir Arbeit und Auskommen finden. »Ich muß auch diesen fremden Namen loswerden. Ich will wieder legal sein. Das können wir hier nicht. Was würden die Leute in der Siedlung sagen, wenn sie feststellen, daß wir sie so betrogen haben?« erklärte meine Mutter, die wieder zu ihrer unverwüstlichen Energie zurückgefunden hatte.

Wir stellten Überlegungen an, ob es nicht sinnvoll wäre, für die Übergangszeit eine Wohnung in Potsdam zu beantragen. »Opfer des Faschismus« sollten, wie es hieß, bevorzugt werden. Bisher hatte sich das allerdings nur in der Zuteilung von Mohrrüben bemerkbar gemacht. Wir sprachen mit Walter Rieck darüber, der diesen Gedanken aufgriff und meinte, daß wir vielleicht gemeinsam ein Haus mieten könnten. Auch er und seine Familie waren es leid, in den engen möblierten Zimmern untergebracht zu sein. Auch Riecks waren Opfer des Faschismus, weil er vom NS-Regime zum »Staatsfeind« erklärt und aus seinem Beruf als Lehrer ausgeschaltet worden war. Auch Lisa Holländer gehörte dazu. So gingen wir gemeinsam zum Wohnungsamt. Dort wurden wir überaus zuvorkommend empfangen. »Bitte nehmen Sie doch Platz. Aber natürlich haben wir für Sie Wohnungen. Die Nazis lassen nämlich alles stehen und liegen und verschwinden klammheimlich«, erklärten die dort Tätigen beflissen.

Bald darauf wanderte ich wieder nach Berlin, um die Frage der Übersiedlung zu prüfen und Arbeit zu suchen. Zunächst suchte ich Dr. Thaus auf, der am Wannsee wohnte und uns daher am nächsten war. Ich erinnerte ihn an seine einstige Bemerkung. Aber das war nicht erforderlich, denn er hatte nichts vergessen. »Natürlich kannst du bei mir arbeiten«, erklärte er sogleich, obwohl ihm bekannt war, daß ich im Grunde nichts gelernt hatte. Er ermunterte mich sogar, als ich ihm meine Zweifel in dieser Beziehung äußerte, und meinte, ich würde es schon schaffen. Er berichtete, daß er in einer neu zu schaffenden Behörde, die man Zentralverwaltung für Volksbildung nennen wollte, Abteilungsleiter werden würde. Ich könnte mit ihm im September dort beginnen. Ich sagte begeistert zu. Wie aber den Zuzug nach Berlin erwirken? Der verfügbare Wohnraum dieser Stadt war durch die Bombenangriffe so reduziert, daß Berlin für jeden Zuzug gesperrt worden war. Auch dabei würde er helfen können, meinte Dr. Thaus. Das war weit mehr, als ich zu hoffen gewagt hatte.

Ich blieb über Nacht bei der Familie von Dr. Thaus und machte mich gleich am nächsten Tag auf, um ein möbliertes Zimmer in Berlin zu suchen. Da wir trotz der abschlägigen Auskunft der britischen Militärkommandantur doch hofften, zu einem nicht allzu fernen Zeitpunkt zu meinem Vater nach England übersiedeln zu können, erschien es mir sinnlos, eine Wohnung zu mieten. Überdies besaßen wir nichts mehr, womit wir sie hätten einrichten können. Alle unsere in einem Lift verpackten Sachen waren längst Opfer der Bombenangriffe geworden. Meine Mutter wußte das nicht. Ich hatte es ihr in den Kriegsjahren und allen mit unserem Dasein verbundenen Belastungen nicht zu sagen gewagt. Auch mit der Zimmersuche hatte ich Glück. Bei einer befreundeten Dame am Olivaer Platz fand ich ein unter den bestehenden Verhältnissen durchaus annehmbares Zimmer, das ich sogleich mietete. Dann wanderte ich, von meinen Erfolgen beschwingt, nach Potsdam zurück.

Als ich unseren Ziegenstall erreichte, stand die Tür offen. Der Raum war leer. Ich rief nach meiner Mutter, erhielt aber keine Antwort. Ich konnte mir nicht vorstellen, was das zu bedeuten hatte. Da öffnete sich im Nachbarhaus ein Fenster:

»Ihre Mutter wohnt nicht mehr hier. Die ist in die Wohnung der Frau M. gezogen!« rief die Nachbarsfrau unfreundlich und schlug das Fenster wieder zu.

Ich lief zu der genannten Wohnung. »Was soll das?« fragte ich meine Mutter, die mir zufrieden die Tür öffnete. »Die Frau M. ist eine hochgestellte Parteigenossin gewesen. Man hat ihr die Wohnung weggenommen und sie uns gegeben«, war ihre Erklärung für den überraschenden Umzug.

»Wie konntest du das nur annehmen? Ich kann mich in diesen Möbeln, die anderen gehören oder die vielleicht den Juden gestohlen wurden, nicht wohl fühlen!« rief ich empört. Ich weinte fast vor Verzweiflung. Meine Mutter entgegnete nur, sie hätte nicht weiter im Ziegenstall leben können, der durch die Kriegsschäden noch weniger bewohnbar geworden war. Überdies stand der Winter bevor. Sie brauchte mir ihre Frostbeulen an Händen und Füßen nicht zu zeigen, um ihr Argument zu bekräftigen. »Frau M. hätte ihre Wohnung in jedem Fall abgeben müssen«, sagte meine Mutter. Auf dem Wohnungsamt wäre ihr diese Wohnung angeboten worden. Sie hätte sich gleich entscheiden müssen, andernfalls wäre sie einem anderen Opfer des Faschismus zugesprochen worden. Hätte sie nein sagen sollen?

So bald wie möglich wanderte ich wieder nach Berlin, um unsere Übersiedlung zu beschleunigen. In unserer kleinen Siedlung, in der natürlich nichts verborgen blieb, fühlte ich mich nicht mehr wohl.

Nach Anträgen, etlichen Vorsprachen bei den dafür zuständigen Stellen wurden wir als »Opfer des Faschismus« anerkannt. Daß wir es in der Tat waren, ließ sich mit Hilfe unserer mit dem »J« versehenen Kennkarten, den Zeugen Walter Rieck und Lisa Holländer ohne Schwierigkeiten nachweisen. Ebenso, daß unser richtiger Name Deutschkron lautete und die Dokumente auf den Namen Richter von uns auf illegale Weise erworben worden waren. Bei dieser Gelegenheit konnte ich feststellen, wie leicht es gewesen wäre, den Namen und die Identität der »Richters« beizubehalten. Die Anerkennung als »Opfer des Faschismus« brachte uns einige Vergünstigungen. Wir erhielten von nun an Lebensmittelkarten für Schwerarbeiter, das Recht auf Wohnung, Unterstützung bei der Suche nach einem Arbeitsplatz und Fürsorge jeder Art.

Inzwischen hatten auch ausländische jüdische Organisationen Büros in Berlin eingerichtet, die zusätzlich Lebensmittel und Kleidung an jüdische Menschen verteilten. Bei Kriegsende gab es in Berlin noch etwa 12000 Juden. 1200 hatten wie wir »untergetaucht« das Dritte Reich überleben können. Einige tausend Juden lebten in Mischehen und waren daher nicht deportiert worden.* Außerdem gab es Tausende von Displaced Persons, die in Lagern rund um Berlin untergebracht waren. Über diese jüdischen Organisationen erhielten wir auch gelegentlich Briefe und Pakete von meinem Vater, der uns wissen ließ, daß er seinerseits einen Antrag gestellt hatte, unsere Einreise nach England zu genehmigen.

Mitte September begann ich, wie mit Dr. Thaus verabredet, als seine Sekretärin in der für die sowjetisch besetzte Zone zuständigen Zentralverwaltung für Volksbildung zu arbeiten. Diese Behörde war in der einstigen Reichskulturkammer in der Wilhelmstraße untergebracht. Nur ein Flügel dieses Gebäudes war noch benutzbar, aber auch er war beschädigt und nur notdürftig hergerichtet worden. Wir mußten zunächst bei Lampenlicht arbeiten, weil die Fenster noch nicht verglast, sondern mit Holz verschlagen waren. Viele Möbelstücke wiesen Wasser- und Brandschäden auf. Die einzelnen Räume mußten mit kleinen eisernen Öfen beheizt werden. Sie nicht ausgehen zu lassen, gehörte zu den Aufgaben der Sekretärin. Die uns zugeteilte Kohle verwahrten wir in den Schüben des Schreibtisches und in den Aktenschränken, während wir die Akten auf den Tischen stapelten. Da wir privat kein Brennmaterial zugeteilt erhielten, trugen mein Chef und ich Kohle in unseren Aktentaschen aus dem Büro nach Hause.

Die Zuständigkeit der Zentral-Verwaltung für Volksbildung erstreckte sich auf die fünf Länder der sowjetisch besetzten Zone. Ihr Chef, Paul Wandel, war Kommunist und mit Wilhelm Pieck, als dessen Sekretär er tätig gewesen war, aus sowjetischer Emigration nach Deutschland zurückgekehrt. Die leitenden Angestellten dieser Behörde waren zu 90 Prozent eben-

---

* Die jüdischen Partner aus Mischehen ohne Kinder wurden nicht deportiert. War der Ehemann Jude, mußte er jedoch den Stern tragen. Das galt nicht für die jüdische Ehefrau. Ebenfalls nicht deportiert wurden Juden aus sogenannten privilegierten Ehen, das heißt Mischehen mit Kindern, die nichtjüdisch erzogen worden waren.

falls Kommunisten, die entweder aus den Konzentrationslagern befreit oder aus dem Exil zurückgekehrt waren. Sie machten kein Hehl aus ihrer Parteizugehörigkeit. Dazu bestand auch kein Grund, denn es war klar, daß Antifaschisten die führenden Positionen in einer neuen Regierung oder Verwaltung übernehmen mußten. Es gab nicht viele. Sie äußerten auch oft, daß die KPD 1933 einen Fehler gemacht hätte, als sie ablehnte, gemeinsam mit den Sozialdemokraten gegen Hitler Front zu machen. Außer mir gab es nur wenige Sozialdemokraten in dieser Behörde. Ich fühlte mich deswegen nicht vereinsamt oder ausgeschlossen. Unter meinen kommunistischen Kollegen fand ich viele sympathische, idealistische Menschen. Sie hatten viel durchleiden müssen, und das verband uns verständlicherweise miteinander.

Bald begannen die Kommunisten für die KPD zu werben, die ebenso wie die SPD und die CDU von der sowjetischen Militäradministration im Juni zugelassen war. Sie wandten sich dabei vornehmlich an die zumeist parteilosen technischen Hilfskräfte und versprachen ihnen bessere Arbeitsbedingungen, vor allem aber Lebensmittel. Sie waren das wichtigste Zahlungsmittel in jener Zeit.

In unserer Behörde war ein Angestellter ausschließlich damit beschäftigt, Lebensmittel für die leitenden kommunistischen Mitarbeiter zu beschaffen. Trotz aller Bemühungen, diese Aktivität nicht offenbar werden zu lassen, konnte sie nicht geheimgehalten werden. Wenn nachts eine solche Lebensmittelsendung eingetroffen war, wurden wir vom Nachtportier oder den Putzfrauen darüber informiert. Da es zunächst keinen Betriebsrat in dieser Behörde gab, beschloß ich, dieser Heimlichkeit ein Ende zu bereiten, denn ich empfand diese einseitige Bevorzugung als bodenlose Ungerechtigkeit. So wandte ich mich einmal, als es wieder soweit war, an den dafür zuständigen Angestellten.

»Ich höre, heute nacht ist ein Lastwagen mit Fleisch angekommen. Wann wird es verteilt?« fragte ich, ohne auf seine Verlegenheit zu achten, die meine naive Offenheit hervorrief. Er murmelte etwas Unverständliches, aber meine Frage hatte Erfolg gehabt. Die Sendung wurde an alle Betriebsmitglieder verteilt. Das blieb auch so, denn von nun an wurde ich als erste über die Ankunft solcher Lebensmitteltransporte informiert.

Dies und meine Zugehörigkeit zur SPD führten zu einem zunehmend spürbaren Unbehagen führender kommunistischer Funktionäre dieser Behörde gegen mich. Wie die zahlreichen Mitglieder der KPD hatte ich auch aus meiner politischen Überzeugung und Bindung kein Geheimnis gemacht. Überdies hatte ich auch noch eine Jugendgruppe gegründet. Wir wanderten, organisierten gemeinsame Theaterbesuche oder diskutierten die zahlreichen Probleme, vor die uns die neue Zeit stellte. Mein wachsender politischer Einfluß auf die parteilosen Kollegen war manchem kommunistischen Funktionär ein Dorn im Auge. Dennoch fanden viele meiner Freunde in der KPD mein Verhalten richtig und verständlich. Mir wurde zugetragen, daß der Präsident der Zentralverwaltung für Volksbildung, Paul Wandel, Anweisung gegeben hätte, mich korrekt zu behandeln, denn ich sei Opfer des Faschismus. Erst später habe ich begriffen, daß ich in dieser Zeit noch so etwas wie Narrenfreiheit hatte. Die Situation wurde erst schwierig, als die KPD mit Unterstützung der sowjetischen Besatzungsmacht daranging, auf den Zusammenschluß von KPD und SPD zu einer einheitlichen Arbeiterpartei – der Sozialistischen Einheitspartei – zu dringen. Als die SPD unmittelbar nach Neugründung der Parteien einen solchen Plan auf der Basis der Gemeinsamkeit im Konzentrationslager und der nationalsozialistischen Verfolgung vertreten hatte, war die Ablehnung der KPD damit begründet worden, daß erst eine ideologische Klärung in ihren eigenen Reihen vorgenommen werden müßte. Tatsächlich hatte die KPD zunächst wohl damit gerechnet, die Bevölkerung für sich und ihre politischen Ziele gewinnen zu können. Als dies offensichtlich nicht gelang und nicht zu übersehen war, daß die SPD weitaus mehr Anklang fand, griff die KPD den Gedanken einer Einheitspartei ihrerseits auf. In der sowjetischen Besatzungszone konnte sie diese Vereinigung mit massiver Unterstützung der sowjetischen Besatzungsmacht ohne nennenswerte Schwierigkeiten vornehmen. In der Vier-Sektoren-Stadt Berlin, die von den Alliierten verwaltet wurde, war das nicht ohne weiteres möglich.

In unserer Behörde, die im Sowjetsektor Berlins lag, begannen die Kommunisten zunächst, um die wenigen Sozialdemokraten zu werben. Einige der älteren Genossen, die schon vom nationalsozialistischen Regime gemaßregelt worden waren, fürchteten nun erneut Pressionen aus politischen Gründen und gaben dem Werben nach.

Unsere SPD-Betriebsgruppe hatte nur 15 Mitglieder gegenüber 150 der Kommunisten. Die Mehrzahl der Mitglieder waren Frauen. In den von der KPD organisierten und inszenierten gemeinsamen Betriebsgruppenversammlungen wurde in überschwenglichen Reden das große Glück gepriesen, erstmals den historischen Traum von einer vereinigten Arbeiterbewegung verwirklichen zu können. Diese Versammlungen endeten in der Regel mit einem Bekenntnis zu der propagierten Einheitspartei, das mit Handzeichen zu bekräftigen war. Als ich einmal um die Gegenprobe bat und gemeinsam mit mir noch eine Kollegin gegen die Bildung der Einheitspartei stimmte, war die feierliche Einmütigkeit gestört. Von nun an waren Mißtrauen und Haß der führenden KPD-Funktionäre unserer Behörde gegen mich offenkundig. Welche Folgen sich daraus ergeben mußten, war mir zu dem Zeitpunkt unbekannt. Nach den Jahren der Illegalität, in denen es für uns um Leben und Tod gegangen war, empfand ich das, was nun die Gemüter dieser Funktionäre bewegte, als vergleichsweise bedeutungslos. Die Vorstellung, daß jemand die kaum errungene Freiheit des einzelnen und die demokratische Ordnung noch einmal untergraben könnte, erschien mir nach den Erfahrungen der letzten Jahre geradezu unerträglich. Und so bekämpfte ich jede Regung, die in diese Richtung zu deuten schien, und das war bei den KPD-Funktionären die Regel. Ich tat das mit der ganzen Naivität meiner Jugend und meiner politischen Unerfahrenheit in der Überzeugung, daß auch meine politischen Gegner das Recht auf freie Meinungsäußerung respektieren müßten.

Der Zentralausschuß der SPD hatte zum 1. März 1946 eine Versammlung in den Admiralspalast einberufen, an der die SPD-Funktionäre von Groß-Berlin teilnahmen. Ich gehörte zu den Delegierten und erlebte, wie es Otto Grotewohl* nicht gelang, die Delegierten von der politischen Notwendigkeit einer Einheitspartei mit den Kommunisten zu überzeugen. Die Mehrheit forderte eine geheime Urabstimmung innerhalb der SPD. Sie konnte nur in den drei Westsektoren Berlins am 31. März 1946 stattfinden. 82 Prozent aller SPD-Mitglieder lehnten eine Vereinigung mit der KPD ab. Ich war sehr stolz, an dieser historischen Versammlung teilgenommen und meinen kleinen Beitrag zur Erhaltung der Freiheit und der Demokratie in Berlin geleistet zu haben.

---

* Vorsitzender des Zentralausschusses der SPD in Berlin. 1946 nach der Vereinigung von SPD und KPD zur SED mit Wilhelm Pieck Vorsitzender dieser Partei. 1949 erster Ministerpräsident der DDR.

Die Zahl meiner Freunde in der KPD schrumpfte zusehends. Viele mieden mich – aus Angst, wie sie mir zuflüsterten, wenn sie sich unbeobachtet glaubten. Ich verstand das nicht und sagte es ihnen auch.

Eines Tages wurde ich telefonisch in das Zimmer 36 unserer Behörde gebeten. Da allerdings verließ mich meine bisherige Sicherheit. Ich wußte, daß dort ein Vertreter der sowjetischen Militäradministration, ein Russe, saß, der die Arbeit unserer Verwaltung zu beobachten hatte. Ich wußte auch, daß er gelegentlich meinen Chef, Dr. Thaus, zu einem Besuch in Zimmer 36 aufforderte, von dem er stets bedrückt und schweigsam zurückkehrte. Fragte ich ihn, ob etwas Unangenehmes vorgefallen sei, winkte er ab und äußerte sich nicht.

Der Mann, dem ich dann in Zimmer 36 gegenübersaß, trug die Uniform der Sowjetarmee. Seinen militärischen Rang konnte ich nicht erkennen, da mir die Rangabzeichen unbekannt waren. Er sprach fließend Deutsch und erkundigte sich freundlich, fast väterlich, nach meiner Vergangenheit und meinte, nachdem ich ihn kurz informiert hatte:

»Wie ich höre, sind Sie politisch interessiert. Warum sind Sie nicht Mitglied der SED?«

Ich antwortete, daß ich nicht Mitglied zweier Parteien sein könnte. Ich sei Mitglied der SPD. Die Antwort genügte ihm natürlich nicht. Er wollte wissen, warum ich nicht Mitglied der SED geworden sei. Als ich ihn darauf hinwies, daß die SED in meinem Wohnbezirk, der im britischen Sektor liege, nicht zugelassen sei, meinte er, ich könnte dennoch der SED im Betrieb angehören, wenn ich es wollte.

Meine Antwort war kurz: »Ich will aber nicht!«

Dann fragte er hintergründig: »Wenn Sie die Möglichkeit hätten, in die Sowjetunion oder in die Vereinigten Staaten zu reisen, wohin würden Sie fahren?«

Ich antwortete ihm: »Ich würde gern in die Sowjetunion reisen. Ich bin Sozialistin und natürlich daran interessiert, zu sehen, wie dieser sozialistische Staat funktioniert. Amerika würde ich ebenfalls gern kennenlernen, denn ohne Kenntnis und Erfahrung läßt sich nur schlecht über die Übel des Kapitalismus zutreffend urteilen«, und dann fügte ich triumphierend hinzu, »aber nach England werde ich sehr bald fahren!«

Er horchte auf und wollte mehr wissen. Ich erzählte ihm, daß meine Mutter und ich zu meinem Vater nach England übersiedeln würden.

»Sie haben von Ihrem Vater Nachricht?« erkundigte er sich. Der Ton, in dem er fragte, war scharf und streng, denn natürlich wußte er, daß es keine Postverbindung gab und daß es Deutschen streng untersagt war, alliierte Soldaten um die Vermittlung von Post zu bitten. Das hatten wir selbstverständlich getan, genauso, wie mein Vater uns auf solchen Wegen Nachrichten zukommen ließ.

Ich antwortete ihm kühl:

»Natürlich bekommen wir Post von meinem Vater nur über die jüdischen Organisationen.« Das nahm er zur Kenntnis und entließ mich sehr schnell. Der Gedanke war ihm offensichtlich nicht angenehm, daß ich schon bald über unser Gespräch im Ausland berichten könnte.

Wenige Tage später warnte mich ein kommunistischer Freund, der im Personalbüro tätig war, indem er mir heimlich sagte: »Die Russen haben deine Papiere nach Karlshorst* angefordert. Das bedeutet deine bevorstehende Verhaftung. Mach, daß du von hier wegkommst!«

Diese Warnung erschien mir von übertriebener Ängstlichkeit diktiert. Dennoch erkundigte ich mich bei der Parteizentrale der SPD. Dort erhielt ich den gleichen Rat. Ich nahm sofort meinen Jahresurlaub, mit der Absicht, ihn bis zu meiner Abreise nach England auszudehnen. Da ich im britischen Sektor wohnte, war ich einem etwaigen Zugriff des sowjetischen Geheimdienstes entzogen.

Der Gedanke, Berlin zu verlassen, fiel mir nicht leicht. In diesem ersten Jahr nach Kriegsende war Berlin ein Zentrum kultureller Lebendigkeit. Theater, Oper, Kabarett, Ausstellungen begannen und boten gewissermaßen aus dem Nichts neue Perspektiven, Experimente und Ideen. Es war, als wären jahrelang aufgestaute kreative Kräfte plötzlich ausgebrochen. Wir trafen Schriftsteller, Maler, Schauspieler, deren Werke die Nazis verboten und die sie verfolgt hatten. Wir verschlangen die zuvor verbotene Literatur. Wir nutzten jede Gelegenheit zum Feiern, durchtanzten die Nächte und freuten uns über eine Unbeschwertheit, die wir bis dahin nicht gekannt hatten.

Die Verbindung zu Hans Rosenthal, der den Zusammenbruch des Dritten Reiches mit seiner Mutter im Gefängniskrankenhaus in der Iranischen Straße überlebt hatte, löste sich all-

---

* In Karlshorst befand sich der Sitz der Sowjetischen Militäradministration in Deutschland (SMAD).

mählich. Ihm lag nur daran, so schnell wie möglich zu seinem Bruder nach Amerika auswandern zu können. Alles, was er tat und unternahm, stand unter diesem Zeichen und war nur eine Sache des Übergangs. Meine Interessen waren dagegen so andere. Ich arbeitete in der Jugendgruppe der SPD mit und erlebte bewußt, wie mein erstes politisches Engagement mich fesselte und interessierte. Meine ganze Aktivität, die in den zurückliegenden Jahren darauf konzentriert gewesen war, der überall drohenden Gefahr zu entgehen, war nun für andere Interessen frei. Und ich konnte morgens ohne Angst aufwachen und ohne Sorge sein, was der Tag wohl bringen würde.

Der Gedanke, ganz in Berlin zu bleiben und meine Auswanderungspläne aufzugeben, beschäftigte mich immer wieder. Es war so ungeheuer reizvoll, an einem neuen Aufbau aus dem Nichts mitarbeiten zu können. Aber auch England reizte meine Neugier. Es schien mir eine andere Welt zu sein. Auch empfand ich die Verpflichtung, meinen Vater, der mir durch die Jahre der Trennung fremd geworden war, wiederzusehen. Meinen Freunden in Berlin versprach ich, nicht länger als sechs Monate in England zu bleiben.

Als es soweit war, daß unsere Reise nach England konkrete Formen anzunehmen begann, teilte uns die jüdische Hilfsorganisation, die diese Reise organisierte, mit, daß wir die Fahrkosten selber zu tragen hätten. Über die dafür erforderlichen Mittel verfügten wir natürlich nicht. Daran hatte ich gar nicht gedacht. In dieser Zeit hatte Geld so wenig Wert. Wir lebten von meinem Gehalt. Das reichte für die wenigen Ausgaben aus, die vorgenommen werden konnten. Zu kaufen gab es nichts.

Es war fast wie ein Wunder, daß auch diese letzte Hürde genommen werden konnte. Wir erhielten ein Paket aus Amerika, in dem sich neben manchen anderen nützlichen Dingen hundert Zigaretten befanden. Der Schwarzmarktkurs einer Zigarette betrug zu jener Zeit 10 Reichsmark. So konnten wir unsere Englandreise bezahlen.

Die Fahrt war qualvoll. Unter Leitung einer jungen uniformierten Frau reisten wir in einer Gruppe von Displaced Persons, einstigen Insassen von Konzentrationslagern und Illegalen, zunächst einen Tag und eine Nacht im Autobus bis an die belgische Grenze. Dort konnten wir endlich die Eisenbahn benutzen und nach Ostende fahren. Mit dem Schiff wurden wir von dort nach Dover gebracht, wo wir am 2. August 1946 eintrafen.

Die Beamten der englischen Einwanderungsbehörde empfingen uns kühl, sachlich und unfreundlich. Meine Mutter erhielt die für Ausländer vorgesehene Kennkarte, da sie die Ehefrau eines seit Jahren in England ansässigen Fremden war. Mir wurde jedoch lediglich der Status eines »feindlichen Ausländers« zuerkannt. Mein Ausweis verpflichtete mich, nicht länger als sechs Monate im Lande zu bleiben, und es war mir untersagt, Arbeit zu suchen. Ich mußte mich in regelmäßigen Abständen bei der Polizei melden. Mir war untersagt, nach Mitternacht das Haus zu verlassen. Wenn ich mich weiter als fünf Meilen von Birmingham entfernen wollte, mußte ich die Genehmigung der Polizei einholen. Kleidung und Süßigkeiten, die in England noch rationiert waren, blieben mir vorenthalten.

Dieser Empfang war eine herbe Enttäuschung für mich. Ich hatte nicht erwartet, als Heldin begrüßt und aufgenommen zu werden, aber ebensowenig hatte ich daran gedacht, daß ich auch in England diskriminiert werden könnte. Ich war tief verletzt. Zwar erreichte schließlich ein in Birmingham angesehener Politiker beim Innenministerium, daß diese demütigenden Beschränkungen aufgehoben wurden, aber die Bitterkeit dieser Erfahrung blieb mir.

Was dann folgte, will ich nur kurz zusammenfassen. Es gehört nicht mehr in den für mich so entscheidenden Lebensabschnitt Berlin.

In England bemühte ich mich, meine in Berlin zwangsweise abgebrochene Schulbildung nachzuholen. Innerhalb weniger Monate legte ich das englische Abitur ab und begann, an der Londoner Universität Sprachen zu studieren. Als ich einsah, daß dieses Studium Jahre in Anspruch nehmen würde, in denen mein Vater für meinen Unterhalt aufkommen müßte, brach ich es kurzerhand ab und begann eine Tätigkeit als Sekretärin im Büro der Sozialistischen Internationale in London. Auch in England ließ mich der Gedanke nicht los, wieder nach Berlin zurückzukehren und den Menschen, die mir das Leben gerettet hatten, beim Aufbau einer demokratischen Ordnung zu helfen. Das mag pathetisch und überheblich klingen, aber die menschliche Solidarität, die mir in den so harten Kriegsjahren erwiesen worden war, empfand ich auch meinerseits als Verpflichtung. Zuvor reiste ich aber noch auf Einladung sozialistischer Parteien Asiens nach Indien, Burma, Nepal und Israel. Nach einjährigem Aufenthalt in einer anderen Welt mit anderen Gesetzmäßigkeiten kam ich 1955 nach Bonn und begann, meine Erlebnisse, Eindrücke und Erfahrungen für Rundfunk und Zeitungen auszuwerten. Zu Beginn des Jahres 1958 suchte die israelische Abendzeitung ›Maariv‹ einen Mitarbeiter für Bonn. Ich übernahm die Berichterstattung, die sich in den folgenden Jahren ausweitete, so daß ich 1960 als Deutschlandkorrespondentin dieser israelischen Zeitung akkreditiert wurde. 1966 nahm ich die israelische Staatsangehörigkeit an und arbeite seit 1972 in der Redaktion von ›Maariv‹ in Tel Aviv.

Das ist die nüchterne Feststellung zum Abschluß eines Berichtes, den ich keineswegs in einer distanzierten Rückschau auf meine Berliner Jahre, die für mich Kindheit und Jugend umfassen, schreiben konnte. Die Erinnerung an alles, was mir damals an Gutem und Bösem widerfuhr, ist unabhängig von meinen Aufzeichnungen so stark und lebendig geblieben, daß ich auch heute nicht ohne Gemütsbewegung daran denken kann. Es ist darum kein Zufall, daß ich es erst dreißig Jahre später unternahm, meine Erlebnisse niederzuschreiben, und es hier in Israel tat. Es hört sich sicher banal an, wenn ich sage, daß Israel mir eine Heimat geworden ist. Tatsache ist, daß es mir das gibt, was ich noch nie in meinem Leben zuvor gekannt habe: Sicherheit und Geborgenheit, Gefühle, die sich nur entwickeln können, wenn man der Umwelt ohne Hemmungen und ohne Furcht begegnen kann.

Als ich nach Deutschland zurückkehrte, fand ich vor, was ich nicht erwartet hatte. Auch alte Nazis oder solche, die für den Aufstieg Adolf Hitlers mitverantwortlich waren, saßen – wenn auch unter demokratischen Vorzeichen – in einigen wichtigen Stellungen. Hatte es so wenige Antinazis gegeben? Ich verstand das nicht. Die Hitler-Zeit war für meine Begriffe nicht nur eine unselige Phase in der Geschichte Deutschlands, über die man mit Stillschweigen hätte hinweggehen können. Hitler hatte die ganze Welt in einen fürchterlichen Krieg mit verbrecherischen Zielen gestürzt. Unter seiner Herrschaft mußten viele Millionen Menschen gewaltsam sterben. Millionen wurden ermordet, nur weil sie Juden waren. An diesen Morden, die bis in die letzten Kriegstage stattfanden, hatten Tausende von Deutschen mitgewirkt. Die wenigen, die ihren Kopf riskiert und Widerstand geleistet oder »untergetauchten« Juden geholfen und durch ihre oft nur bescheidenen Hilfeleistungen das schreckliche Los dieser Menschen gelindert hatten, fanden nur zwiespältig Anerkennung. Daß sie stille Zeugen der Menschlichkeit in einer unmenschlichen Zeit gewesen waren, wurde kaum zur Kenntnis genommen. Ich spürte bald, daß viele Deutsche, mit denen ich in der Bundeshauptstadt Bonn Kontakt hatte, mich und meine Einstellung nicht verstanden. Manchem mag ich als lebendige Anklage unangenehm und unbequem gewesen sein. Andere waren so ausschließlich damit beschäftigt, die Gegenwart und Zukunft zu bewältigen, daß sie keinen Gedanken an die Vergangenheit verschwenden mochten. Ich fragte mich, ob ich nicht zuviel von den Deutschen verlangte, wenn ich Verständnis für mich und Entsetzen über das Ungeheuerliche der Vergangenheit erwartete. Die Antwort war beängstigend. Ich erhielt Drohbriefe, mit SS-Runen verziert, anonyme Telefonanrufe, die Beleidigungen enthielten. Berichtete ich Deutschen darüber, so zuckten sie meist mit den Schultern und meinten, es gäbe immer eine unbedeutende Zahl von Unverbesserlichen. Im übrigen rieten sie mir, nicht die Vergangenheit zur Richtschnur meines Denkens und Handelns zu machen und dies auch nicht von anderen zu verlangen. Diese Haltung war mir um so unverständlicher, als ich bis zum heutigen Tag nicht begreifen kann, wie es möglich war, daß Menschen zu so bestialischen Morden fähig sein konnten. Diese schreckliche Frage mußte doch jeden quälen! Ich fühlte mich in Deutschland fremd, unsicher und allein. Darüber konnten mir auch Freunde nicht hinweghelfen, die mich verstanden und meine Einstellung teilten.

Je öfter ich in den Jahren meiner journalistischen Tätigkeit in Bonn nach Israel reiste, desto mehr fühlte ich mich dort hingehörig. Ich spürte die Solidarität der Menschen füreinander, ich empfand die, wie es schien, wiedergewonnene Kraft dieser neuen/alten Gemeinschaft, die mir die Gewißheit gab, daß sich Juden nie mehr wie Schlachtvieh abführen lassen würden. Ich hatte keine »Verständigungsschwierigkeiten« wie in Deutschland. Mein Unverständnis und meine Empörung darüber, daß beim Aufbau der Bundesrepublik auch alte Nazis in Regierungsämter eingesetzt wurden, daß Mörder von Tausenden von Juden oft sehr milde Richter fanden und daß Deutsche auch noch heute vielfach die Verbrechen in der Welt mit Lässigkeit übergehen, brauchte ich in Israel nicht zu erläutern.

So fand ich dort mein Zuhause unter Menschen, die entweder ähnliche Erfahrungen gemacht hatten wie ich oder die im Staat Israel Entfaltungsmöglichkeiten fanden, die ihnen die Diaspora vielfach versagte, und die wie ich in diesem Land Sicherheit und Geborgenheit gefunden haben. Diese Sicherheit ist seit dem Bestehen Israels von außen bedroht. Widersprüchliche Weltpolitik hat die Bedrohung der neu gefundenen Sicherheit dieses

Volkes nicht gerade vermindert. Umstrittene politische Reaktionen des Staates Israel sind oft Ausdruck des Trotzes und der Ungeduld, der Ungeduld eines Volkes, das so viel Leid erfahren hat und sein Überleben garantiert wissen will.

Inge Deutschkron
Milch ohne Honig
Leben in Israel

In 16 Gesprächen mit Israelis, deren Leben und Wirken, deren Intentionen und Visionen individuell verschieden aber immer ganz und gar mit ihrem Land verbunden sind, entsteht ein kontrastreiches, eindrucksvolles und genaues Bild des jetzt 40 Jahre alten Israels, seiner Entwicklung, seiner Erfolge und Probleme, seiner Ziele und Wünsche. Je nach politischem Standort der Gesprächspartner ist deren Haltung gegenüber den Arabern in den besetzten Gebieten extrem unterschiedlich. Die politische Lösung dieses Problems wird von entscheidender Bedeutung für die Zukunft Israels sein. Dies meinen auch die beiden jungen Israelis, mit deren selbstbewußten und leidenschaftlichen Bekenntnissen zu ihrem Land das Buch schließt.

236 Seiten
Paperback DM 24,–
ISBN 3-8046-8719-9

Verlag Wissenschaft und Politik